스토리텔링의 발견

별신제 · 오광대 · 최치원

스토리텔링의 발견 별신제·오광대·최치원

초판 1쇄 인쇄 2014년 12월 17일
초판 1쇄 발행 2014년 12월 31일

지은이 노성미
펴낸이 박재규
펴낸곳 경남대학교출판부

주소 경남 창원시 마산합포구 경남대학로7(월영동)
전화 055) 249-2074 | 팩스 0505) 999-2115
홈페이지 www.kyungnam.ac.kr/press
전자우편 ko10@kyungnam.ac.kr

ISBN 978-89-8421-373-9 03380

별신제 · 오광대 · 최치원

스토리텔링의 발견

노성미 지음

경남대학교출판부

책을 내면서

우리가 경험하는 문학과 문화현상은 과거 전통의 스토리텔링 과정이다

기차가 북쪽으로 올라갈수록 산비탈은 듬성듬성 잔설을 드러내기 시작했다. 그건 지도에 그어진 위도와 경도처럼 내가 지나는 위치를 알리는 표지가 되어주었다.

새싹이 되고 꽃을 피우고 열매를 맺고 잎을 떨구던 부산스럽던 어제는 모두 대지로 돌아가 쉬고, 산들은 고요한 묵상에 들어 있었다. 창밖 풍경을 응시했다. 눈이 지워버리고 남은 산 빛의 정갈하고 명료한 표정을 읽어나갔다. 풍경에 눈이 부실 때쯤이면 다시 시선을 거두어 책을 읽었다.

여행자의 손에는 시집이나 소설이 아닌 엘리아데의 「우주와 역사」가 들려 있었다. 처음 글을 배우는 아이처럼 '신화와 역사'의 한 구절 한 문장을 마음으로 소리 내어 천천히 읽었다.

이 풍경은 막막하고 고독한 시간을 지나온 내 품에 간직된 소중한 한 장 사진이다.

엘리아데가 들려준 원형과 반복, 시간의 재생, 불행과 역사, 성과 속, 신화와 제의……. 이 단어들은 이후 문학현상을 읽는데 있어서 중요한 나침반이 되었다. 내 연구는 홍경래라는 역사인물이 역사적 실제를 넘어 신화적 인물로 변화하는 현상을 해석하는 데서 출발했다. 그것은 임경업, 최치원 등으로 이어졌고, 지금은 '우리는 무엇을 보고 생각하고 실현하는가?' 라는 물음에 대한 답을 찾는 것에 이르렀다. 그 실현의 뿌리로서의 원형, 원형의 모방과 재생의 과정이 오늘날 이 시간 위에 행해지는 모든 것이라는 사실을 증명해나가고 있다.

마산문화원의 성신대제복원사업에 동참하면서 지역문화에 관심을 갖게 되었다. 별신제, 오광대, 최치원에 대한 연구는 이곳에서 일어나고 있는 문학적·문화적 실현의 근원을 밝히는 작업이었다. 태어난 곳이자 삶의 터전인 이곳에서 내가 연구자로서 감당해야 할 의무가 책의 차례처럼 하나하나 순서를 따라 내 앞에 나타났다. 쉽지만은 않았다. 헝클어진 머리카락 같은 시간의 숲을 헤치고 들어가 한 가락 온전한 실을 건지는 것 같았다. 사람을 만나고 문헌을 찾고 장소를 확인하는 과정에서 나를 이끄는 목소리를 들었다. 그 목소리는 스스로의 알아차림이었다.

책 이름을 「스토리텔링의 발견」이라 한 것은, 우리가 경험하는 문학과 문화현상은 과거 전통의 스토리텔링 과정이라는 의미를 담고 싶었기 때문이다. 여기 실은 글은 그동안 발표한 논문들을 정리한 것이기에 중복되는 말들도 있다. 가능한 쉽고 재미있게 읽히는 글을 내놓고 싶었는데 그러지 못한 아쉬움이 남는다.

도 닦는 것이 내 인생의 목표라고 장난처럼 말하곤 한다. 문학이라는 도구는 나의 도를 즐겁고 행복한 여행으로 만들어주었다. 나는 작가들의 삶을 조망하고 작품세계를 들여다보면서 세상에 대한 공감을 키워나갔다. 그리고 오늘의 삶과 문학을 있게 한 근원으로서의 신화를 만나는 경이로운 시간여행을 지금도 계속하고 있다.

당신의 자식인 것이 자랑스럽도록 살아주신 어머니 아버지, 두 분이 함께 살아계신 축복 속에서 이 책을 바치게 되어 감사합니다. 그리고 동지처럼 나의 든든한 버팀목이 되어준 남편, 이제 막 문학도의 길에 들어선 멋진 딸, 한창 꿈을 좇아 달리고 있는 아들도 소중한 인연으로 내게 와주어 고맙습니다.

이 책이 당신들의 사랑에 작은 보답이 되었으면 좋겠습니다.

좋은 책을 엮어준 경남대학교출판부에도 감사의 마음을 전합니다.

2014년 11월 小雪
월영대 언덕에서
노성미 씀

차례

삶의 현장에서 만나는 민속 현상들은 삶의 원형에 대한 끊임없는 스토리텔링의 과정이다. 그러기에 현재 우리가 경험할 수 있는 것들은 완전한 창조물이 아니라 과거에 이미 있었거나 기억에 전해지는 어떤 원형의 반복일 뿐이다. 민속연구를 위해 현장을 답사하고 자료를 찾으면서 느끼는 것은, 내가 시간의 역사 한가운데 서서 시간의 흐름을 따라 가느다랗게 이어지는 변하지 않은 삶의 원형을 마주하고 있다는 경이로움이다.

1부 — 삶의 원형을 찾아가는 스토리텔링

삶의 원형을 찾아가는 스토리텔링

삶의 현장에서 만나는 민속 현상들은 삶의 원형에 대한 끊임없는 스토리텔링의 과정이다. 그러기에 현재 우리가 경험할 수 있는 것들은 완전한 창조물이 아니라 과거에 이미 있었거나 기억에 전해지는 어떤 원형의 반복일 뿐이다. 민속연구를 위해 현장을 답사하고 자료를 찾으면서 느끼는 것은, 내가 시간의 역사 한가운데 서서 시간의 흐름을 따라 가느다랗게 이어지는 변하지 않은 삶의 원형을 마주하고 있다는 경이로움이다. 또 '거기 있는 것은 누군가에게 자기를 알리기 위해 끊임없이 말하고 있다. 단지 사람들이 알아차리지 못할 뿐이다.' 라고 느꼈던 순간이 많다. 그 경험의 산물을 나누며 스토리텔링의 발견으로서의 민속현상을 이야기하려고 한다.

하나. 도서관 서고의 어두컴컴한 구석 자리, 나는 평소에 가지 않던 그곳에 이끌려 들어가 책을 뒤적이고 있었다. 문득 1899년의 「러시아

공보관 보고집」에서 '아무르지방소식'이라는 낯선 기록을 뒤적이다가 온몸에 전율을 느꼈다. 당시 나는 마산농청놀이 '성신선고문'의 출처에 대해 의문을 품고, 성신대제와 조창의 연결고리를 찾고 있었다. 그런데 그 책에서 마산항의 개항업무를 맡은 사람이 조창전운사 감리아문이었던 안길수라는 기록을 읽은 것이다. 순간 눈앞이 환해지면서, 마산포를 휘어잡던 안길수의 거동이 눈앞에 펼쳐지고, 조창의 폐지로 한동안 어깨 힘이 빠졌던 그가 다시 호황을 누리던 어시장 속으로 의기양양하게 걸어가는 모습이 보였다.

마산창 인근의 동성·중성·서성·오산·성산·성호리의 번화한 거리에서 향리, 초공, 수부, 색전, 장사꾼들이 기생과 광대의 연예공연을 즐기는 흥청거림도 보였다. 그리고 함안, 의령 등지로부터 마산포로 조곡을 싣고 모여드는 수레들과 창촌의 연예와 오락을 맛보기 위한 발걸음이 뒤섞이는 거리의 풍경이 디지털기술로 복원된 동영상처럼 하나하나 눈앞에 펼쳐지기 시작했다. 단 한 줄의 글이 내게 많은 이야기를 풀어 보여준 셈이다.

조창이 폐지되고 마산항이 외국무역에 개방되자 조창전운사의 집무소인 유정당은 개항준비로 바쁘고 관속들도 분주하게 움직였다. 그리고 마산항으로 모여드는 배들은 남해안의 수산물을 해변에 쏟아놓고 사람들은 어시장으로 몰려들어 또 그것을 각지로 흩어 나누었다. 이런 장면 속에서 객주들의 부상과 마산포의 문화적 토양의 변화를 읽을 수 있었다. 이러한 변화는 먼저 천문현상을 읽는 일에서 시작되었다. 1906년 '황성신문', 1928년 '중외일보', 1954년 '마산일보' 기사에는 1905년 마산포에 몰아닥친 대폭풍우에 대한 민심의 해석이 담겨있었다. 마산포 주민들은 엄청난 자연의 위협 앞에서 별신을 소홀히 모신 자신들의 잘못을 자책하고 신주를 세우고 신위의 제단을 마련하여 별신제를 부흥시켰다. 이 과정에서 김한영을 비롯한 어시장 객주들은 환영수산에 모여 제의의 부활을 도모하게 된다. 그들은 바다에서 얻은 돈을 기꺼이 내놓으면서 관민일체의 해신제인 성신대제를 지냈다.

성신대제는 과거 그들 조상이 지냈던 별신제의 기억을 회상하고 별신의 신격을 성신으로 해석하여 새롭게 재현한 민속현상이었다. 별신제는 성신제라는 한자이름으로 개칭되었고 옥기환 등 이 지역 지식인들에 의해 유교식 제문과 복식으로 재정비 되었다. 이들은 넉넉한 자금을 풀어 축제에 참여한 모든 시민들에게 음식을 나누어 음복하게 했다. 1954년 마지막 성신대제의 대제관은 김준영이었다. 그는 1984년 성신대제에 대한 구술을 통해 별신대 세우기 형식과 의미를 다음 세대에 전해주었다. 그의 기억은 또 하나의 민속현상으로 구체화되어 마산성신대제보존회로 이어지고 있다. 컴컴한 서고의 한쪽 구석으로 어떤 목소리가 나를 이끌었고, 나는 그 이끌림 덕분에 마산별신제 이야기들을 퍼즐조각처럼 하나하나 맞추면서 전체 그림을 완성해나갈 수 있었다. 그렇게 하여 조창과 어시장의 역사, 장시의 번성에 따른 마산별신제의 변화과정들이 지도에 표시된 길처럼 또렷하게 연결고리를 찾아갔다.

그리고 「창원부읍지」의 '유정당기'에서 영남관찰사 조엄과 진주목사 조덕상의 대화를 읽었다. 거기에는 마산창이 설치되는 과정, 조운선이 출발하는 날의 축제가 기록되어 있었다. 유정당 뜰에서 여러 고을의 관리들과 뱃사람과 군관 400여명이 음식을 나누는 풍성한 잔치마당이 펼쳐지고, 창원과 진주기생들이 선악船樂을 울리며 뱃사람들을 위로하는 장면들이 보였다. 그리고 별신제를 지낸 후 조운선이 출항하고, 배가 노량 바닷길을 무사히 건넜다는 소식이 전해지고, '뭇 신령'이 제사에 응답한 것이라며 기뻐하는 포구의 풍경도 읽을 수 있었다. '밝으면 뭇 사람이 병들어 못 보아도 홀로 보고, 굳세면 뭇 사람들이 헛되이 떠들어도 흔들림 없네.'라는 '유정당기'의 내용은 조창 운영과 관련된 고난의 역사를 대변하고 있었다. 그날의 잔치에 참석했던 김이건의 '송조선가'는 마산창에서 조운선이 출항하는 날에 따른 축제 내용을 다시 확인시켜주었다. 이로써 나는 조창의 운영과 별신제의 필연적 만남에 대해 확신을 얻었다.

이런 경험을 바탕으로 마산창의 별신제가 성신제로 변하고, 제의의 주재 집단이 조창의 관속에서 어시장 객주집단으로 이전되는 과정들을 정리할 수 있었다. 민속 현상의 조각들은 그 자체로서 많은 유전적 정보를 이미 가지고 있었다. 현장에서 민속을 체험하는 사람들의 의식에 인지되든 안 되든 그것은 중요하지 않았다. 단지 그들은 자신들이 기억하는 범위 안에서 사실을 받아들이고 또 그것을 후대에 전승하는 것으로써 그들의 역할을 다할 뿐이었다.

둘. 현재 마산어시장의 전국수산물중도매인협회 마산지회 건물에 성신사당이 있다. 매년 어시장 공판장에서 초매식이 열릴 때 또 음력 3월 28일 성신제일에 이곳에서 '성신위'에 제사지낸다. 위패는 1905년 성신사당 건립 때 설치한 것을 지금까지 이어오고 있다. 현재 성신제를 이어가고 있는 사람들은 과거 어시장 객주조직과 연결된다. 환영수산을 운영한 김한영과 그의 동생 김준영, 제일수산을 운영한 전삼도를 거쳐 현재는 수협중매인협회장이 제를 주관한다. 조창의 관속, 어시장 객주, 어시장 선어상인, 마산수협중매인의 제사로 성신제가 전승되는 동안 변하지 않은 것은 '성신장군'에 제사함으로써 바다의 안전과 풍어를 기원한다는 것이다.

이렇게 성신사당의 역사를 거꾸로 밟아가는 동안 나는 나를 이끄는 작은 목소리에 귀 기울이며 집중했다. 석전동 봉화산에 있는 성황당봉수를 답사하고 내려오는 길이었다. 하산 길에 한 등산객을 만났는데 그는 무슨 일로 봉수대에서 사진을 찍느냐고 내게 물어왔다. 봉수대가 성황당봉수이고 제장이라는 사실을 들려주며 마산의 오래된 제장을 조사 중이라고 했다. 나의 대답을 들은 그 분은 등산길에 몇 번 이곳에서 열리는 잔치를 보았다며, 석전동 주민들이 제사를 지내고 음식을 나누어 먹더라고 했다. 그날 하산 길에 바로 석전동 주민센터를 찾았다. 직원에게 토박이 어르신을 소개해달라고 부탁하고 있었는데, 그때 곁에서 대화를 우연히 듣게 된 어떤 어르신이 이일종 씨를 찾아가 보라고 귀띔해주었다. 그렇게 해서 나는 현재 석전동민의 축제인 봉화제의 역사에 대해 듣게 되었고, '성황당 봉수제의 발전을 위한 제안'이라는 문서를 얻었다. 나를 이끄는 목소리가 시키는 대로 여기까지 왔다는 생각을 하며, 나는 역사를 밟아가는 발걸음 하나하나는 성스러운 종교의식과 같다고 믿게 되었다.

성황당봉수의 벼랑에는 '산왕대신'이라는 글이 새겨져 있고 오래된 반듯한 돌 제단이 있었다. 봉화제는 봉수대 안에서 지내고 제단은 무속인 차지였다. 근대에 회원현성이 있는 환주산의 산제당에 무속인이 '산왕대신'을 모시며 제장을 차지하려던 사건을 알고 있었기 때문에 지역의 공적 제장이 어떻게 민간신앙의 제장이 되는지 알게 된 중요한 경험이었다. '공신(貢臣 또는 公神)당산'이었던 산제당과 성황당이었던 성황당봉수의 제장이 다 같이 '산왕대신'의 자리가 된 것은 신격을 섬기는 사람들이 알아차린 장소의 신성에 근거한 것이다. 그들은 회원현성의 산제당이나 성황당으로서가 아니라 신격이 위치한 성소로서 그 장소를 의미화한 것이다. 신격은 어떤 형태로든 누군가에 자신을 알리고 있고 이를 알아차린 자에 의해 그들은 여전히 신앙의 영역 안에서 모심을 받는 것이다. 이들은 누가 언제 그곳에서 제사를 지냈다거나 그들의 역사를 재현한다는 것과 구체적으로 관계되지 않는다. 그러나 그들의 조상들이 그러했기 때문에 제사의 범주 안에서 사고하고 신격을 인지하여 지금 자신들의 삶의 현장에서 그 신격을 풀어내기만 하면 되는 것이다. 이러한 발견은 민속현장을 찾아가지 않으면 절대로 알려주지 않는, 그 장소를 지키는 어떤 목소리가 내게 들려준 전통의 비밀이었다.

회원현성의 산제당과 목신은 아직도 그 자리에 있다. 그러나 고려시대 회원현성의 역사와 제당의 의미를 기억하는 사람은 없다. 성황당봉수는 아직도 그 자리에 있다. 그러나 그것은 성황당이 아니라 봉화제를 지내는 석전동민의 축제장으로 인식될 뿐이다. 봉화제를 지내는 사람들과 산제당을 찾는 사람들은 그 장소의 신성에 대한 기억만으로 그들의 신성을 유지하고 있다. 신성을 유지하는 방법은 조상들이 그렇게 했던 것을 본받아 재현하는 것이며, 다만 후손인 그들로서 끊을 수 없었던 신성을 기억하려는 의지에 기대어 있다.

셋. 필자는 일찍이 홍경래, 임경업, 최치원 등 역사인물이 문학의 범주 안에서 신화적 인물로 변하는 현상에 관심을 가지고 있었다. 최근에는 최치원으로 범위를 좁혀 설화, 소설, 민속현상에서 역사인물이 신화화 되는 문제를 풀어가고 있다. 그러면서 최치원의 탄생과 관련된 서사를 살피고, 창원시 마산합포구의 월영대가 갖는 장소성에 집중하게 되었다. 설화에서 최치원은 돝섬에서 출생했다고도 하고, 어머니가 지하 굴의 돼지에게 납치된 뒤에 돌아와 최치원을 낳았다고도 이야기 한다.

인간과 이물인 돼지가 결합하여 인간을 탄생시킨 것은 비정상적인 잉태이다. 그런데 이 화소는 신화 주인공의 신비로운 출생을 드러내는 표지와 일치한다. 일상적 인간과 다른 탁월한 능력을 가진 주인공임을 드러내기 위한 화소이다. '최고운전'에서 주인공은 돼지의 자식으로 태어났다고 하여 아버지에게 버림받는다. 그러나 새들이 그를 감싸 보호하고 하늘에서 선녀가 내려와 젖을 먹여 키웠으며, 달밤에는 하늘의 선비들이 내려와 문장을 가르쳤다고 했다. 이같이 최치원의 기이한 탄생과 버려짐, 조력자의 보호, 신이한 존재의 도움 등은 고대 영웅 신화의 서사를 그대로 따른 것이다. 이렇게 최치원 설화의 조각들은 월영대라는 공간을 중심으로 환상적인 서사를 만들고 있다. 「삼국사기」 '최치원'의 '합포현 별서'와 관련하여 볼 때 현재 창원의 월영대는 최치원 스토리텔링이 풍부한 문화공간이다.

이렇게 최치원의 신화화 현상을 추적하는 과정에서 나는 또 한 번 어떤 신비한 이끌림을 경험했다. 무학산은 마산의 주산으로서 서원곡을 따라 많은 등산객들이 찾는 곳이다. 필자 역시 스무 번 정도는 그곳을 다녀왔다. 학봉으로 오르면서 바위를 어루만지기도 하고 고운대에 앉아 합포만이 남해를 열며 펼쳐 보이는 풍경을 먼 시선으로 좇기도 했다. 그 시선은 신라 이래 고려·조선시대를 거치면서 수많은 문인들이 바라보았던 그 길이었다. 그들은 최치원을 추모하며 월영대의 달빛에 자신의 마음을 비추어 보기도 했다. 달빛이 해문海門을 비추는 때, 비 갠 뒤의 짙은 산 빛이 난간에 드리울 때, 시인들은 월영대와 고운대를 찾아 술잔을 기울이고 붓을 휘두르며 각자의 방식으로 최치원을 추모하고 자신의 마음을 들여다보았다.

그들 각자는 이미 고인이 된 과거의 역사인물을 붙잡고 신선세계를 동경하기도 하고, 고래를 타고 하늘로 올라가 선계의 한 자리를 차지하고 있을 고인을 그리워하기도 했다. 그들이 최치원의 자취를 찾아 달려온 이곳에서 또 어떤 이야기를 만들며 달그림자와 최치원을 하나의 범주 속에서 노닐게 했을까 생각하는 일은 내게 놀이 이상의 즐거운 상상이었다. 그런 어느 날 서원곡을 지나다가 포장마차 장막 뒤에서 무언가 나를 이끄는 손짓을 느꼈다. 큰 바위 위에 세운 비석이 귀퉁이를 조금 내밀어 목을 빼고 나를 부르고 있었다. 나는 단숨에 바위를 타고 올라 그 부름에 응답했다. 비석은 시비였다.

옛적에 최치원이 가야산으로 들어가 신선이 되었다는 소식을 들었는데 지금 또 심취산이라는 사람이 고운대가 있는 무학산에 들어가 나오지 않았으니 고인을 만난 것인가 라는 내용의 시였다. 최치원은 당나라에서 성공을 거두고 신라로 돌아왔으나 신라말의 어지러운 정치상황은 그에게 뜻을 펼칠 기회를 주지 않았다. 결국 그는 정치에 대한 뜻을 버리고 산수를 유람하며 글을 읽고 시를 지으며 지냈다. 그 유람의 길에 머문 '합포현 별서'는 바로 마산 월영대와 고운대, 강선대 등과 함께 그의 발자취를 남긴 곳이다. 그 때문에 후대의 많은 시인들이 월영대를 찾아 최치원의 삶을 이야기하며 시를 남겼다. 또 뒷사람들은 그들이 남긴 시를 읽으며 시인의 여정과 최치원을 이야기한다. 나를 서원곡비로 이끈 목소리 역시 최치원 스토리텔링의 과정에서 생산된 하나의 작은 조각일 것이다. 그 조각 역시 문화영웅 최치원이 만들어낸 강렬한 울림이라는 것을 알게 되었다.

넷. 돝섬기우제에 대한 관심은 1938년의 조선총독부 보고서를 읽으면서 시작되었다. 마산부의 시장제 항목에서 별신제別神祭를 읽다가 그 뒤에 붙은 기우제에 대한 몇 줄 글이 내 안에 들어와 자리를 틀고 앉은 것이다. 마산부의 기우제는 밤에 제관 한 명만 돝섬으로 가서 제를 올린다는 것과 제의 방법, 제물의 처리방법, 제의 형식의 변화 등에 대해서 간단하게 소개하고 있었다. 먼저 「최고운전」의 기우모티프 연구에서 역사인물 최치원이 어떻게 기우제의 주체로 편입되는가에 대한 질문을 풀어나갔다. 그다음 최치원 탄생설화와 돝섬기우제 발생설화, 월영대 설화 등을 가능하게 한 생각의 원형을 더듬어 나갔다. 논문이 완성될 무렵 2014창원조각비엔날레 총감독의 방문을 받았다. 그는 이번 비엔날레에서 돝섬 원주민의 삶의 흔적을 표현할 작품의 소재를 찾고 있었다. 그렇게 해서 나는 최치원의 탄생, 돝섬기우제, 월영대, 돝섬 원주민의 삶을 이야기로 엮어내게 되었다.

돝섬 주민들은 1980년 돝섬 해상유원지 개발에 따라 모두 육지로 이주했다. 마산합포구 고운로에 위치한 함흥집 뒤편에 이주민이 산다는 제보를 듣고 나는 무작정 그들을 찾아 나섰다. 일제강점기의 적산 가옥이 남아있는 골목을 찾아들어가니 한 지붕 밑에 몇 가구가 방 한 칸씩을 차지하고 살고 있었다. 마당에 텃밭을 일군 풍경이 도시 주택가 안에 숨겨진 섬 같이 이질적이었다. 그들은 방문자에 대한 강한 경계심을 가지고 있었다. 하루아침에 삶의 터전을 잃고 자기 집을 마련하기에는 터무니없는 적은 보상금을 받고 뭍으로 나와야 했던 그들의 처지를 생각하면 너그러운 마음을 바랐던 것이 죄송했다. 내가 공무원이 아니라는 확신을 하면서도 이방인에게 마음을 열어주지 않았다. 그들의 마음을 다 받아주고 인사를 하며 뒤돌아 나오는데 등 뒤로 신창목욕탕 앞에 가면 제일 나이 많은 할머니가 산다는 말이 따라왔다. 인사에 대한 보답이기라도 하듯 그 말은 내 마음으로 들어왔고, 나는 얼른 돌아서서 허리를 굽혀 감사를 표했다.

이주민 중에 최고령자가 근처에 산다는 제보는 내 작은 노력에 비해 너무 큰 수확이었다. 결국 나는 신창목욕탕을 찾았고 나머지는 마음의 소리가 이끄는 대로 따라갔다. 그렇게 하여 나는 돝섬 이주민 중의 최고령 할머니를 만날 수 있었다. 할머니는 순한 눈빛으로 자기 말이 무슨 쓸모가 있다고 이렇게 찾아왔느냐며 독백하듯이 기억을 풀어놓았다. 할머니는 정신대를 피하기 위해 어린나이에 돝섬으로 시집을 갔다. 그때 동명호라는 배를 타고 갔다. 돝섬에는 신신바위라는 바위가 있고 그 앞에 샘물이 졸졸 흘렀다. 그 샘물은 돝섬의 유일한 식수원이었다. 그러나 양이 적어 그것으로 식수를 해결할 수 없었고 뭍으로 와서 물을 실어다 사용했다. 바위는 사람들이 기도하는 바위였고 누가 돌부처를 가져와서 신신바위 앞에 세웠다.

돝섬은 깨끗한 땅이라서 묘를 써서 더럽히면 안 된다고 했다. 그래서 사람이 죽으면 시신을 배에 싣고 육지로 나와서 장사지냈다. 이렇게 독백처럼 할머니의 이야기가 풀려나오는 동안 그 순한 마음으로 지금까지 살아서 기억을 내게 전해주시는 할머니, 그 할머니의 집으로 나를 이끈 어떤 힘이 내겐 마치 신비체험 같았다. 내가 조각비엔날레 참여 작가에게 들려주어야 할 불상 이야기는 그렇게 풀려 나갔다. 그래서 작가는 돝섬을 과거의 신성한 땅으로 회복하여 이곳을 찾는 방문객에게 조용한 사색의 공간을 만들어 주고 싶어 했고, 불상에 새로운 형태의 집을 선물했다. 그것은 '월인각月印閣'이라는 이름의 유리집이었다. 신성한 땅의 회복에 초점을 두고 석불에 유리로 된 네 개의 기둥을 설치하고 지붕을 덮고 네 개의 유리 기둥 안에 소금과 숯을 넣었다. 이 작품은 돝섬의 신성에 기대어 세워진 민불과 돝섬에 살았던 사람들의 역사를 하나의 스토리로 엮어낸 것이다. 이것은 최치원이라는 역사인물과 기우제라는 신성한 제의를 연결고리로 하여 재창조된 신성의 또 다른 모습이다.

월인각은 돝섬과 최치원, 기우제, 그곳에 살던 사람들의 삶의 역사를 밝게 들어 올린 작업이었다. 최치원 연구와 기우제 연구의 인연이 창원조각비엔날레 안으로 나를 이끌었고 콜로키움 형식을 통해 나는 월인각에 이야기를 입혀준 것이다. 아무도 주목하지 않았던 소박한 불상 하나가 돝섬에 얽힌 많은 스토리를 풀어내는 소재로 거듭나는 순간의 경험은 민속현장을 발로 뛰고 마음으로 느끼는 것이 얼마나 중요한지 다시 깨닫게 해주었다. 김형윤의 기억은 최치원과 돝섬기우제의 관련성이었다. 돝섬 이주민 할머니의 기억은 신신바위와 샘과 불상이었다. 그곳에 불상을 세운 사람의 기억은 자신의 할머니 때부터 그곳이 기도를 올렸다는 것과 기도를 끊어서는 안 된다는 어머니의 유언이다. 단지 그 이유만으로 불상이 세워지고 지금까지 기도는 이어지고 있는 것이다. 그리고 현대 지역민의 기억에서 망각된 돝섬 기우제는 월인각의 설치를 통해 다시 새로운 스토리를 만들어가는 기틀이 된 것이다.

역사인물 최치원은 구체적 실재로서의 개인성을 상실하고 돝섬기우제 속에서 신성의 영역으로 편입되어 있다. 「최고운전」의 기우모티프는 최치원의 신화화에 기여하고, 기우모티프의 서사적 기능은 문화영웅 최치원의 신성 드러내기에 기여한다. 즉 최치원을 이야기하는 사람들에게 그의 역사적 실재는 중요하지 않다. 다만 그들은 신화적 원형 속에서 최치원의 삶을 재창조하려 하는 것이다.

최치원이라는 역사적 인물은 그가 실제적 삶에서 어떤 모습을 보여주었던 간에 설화나 소설에서는 하나의 영웅을 모방하고, 영웅의 원형적인 모델에 가능한 한 더 밀접하게 접근하려고 한다. 최치원은 스토리텔링 과정에서 그의 역사적인 실재는 사라지고 그의 전기는 신화로 재구성된다. 그것이 설화, 소설, 기우제에 드러난 최치원의 모습이다. 이는 엘리아데가 역사적 사건이나 실재 인물에 대한 회상에서, 민간기억이 기능하는 구조는 사건 대신에 범주가, 역사적인 인물 대신에 원형이 그 구조를 이루고 있다고 하는 것과 일치한다.

다섯. 마산오광대의 스토리텔링 과정은 또 하나의 흥미로운 사실을 확인시켜준다. 마산오광대는 오광대 계열에서 가장 먼저 연희본이 채록되었고, 조창의 별신제가 끝난 뒤에 탈놀음을 했기 때문에 시장탈놀이와는 다른 성격을 보여준다. 마산의 별신제에서는 무당의 굿과 광대들의 탈놀이, 씨름 등 각종 오락이 연행되었다. 조창 유정당의 축제 모습을 담은 '송조선가'에 소개된 내용까지 더한다면 관변 기생의 뱃노래와 각종 기예에 이르기까지 다채로운 예능이 펼쳐졌던 것을 확인할 수 있다. 여기에 탈놀이 형성과정의 여러 층위가 보인다. 먼저 합천 초계의 밤마리 대광대패가 창촌이나 시장을 돌며 흥청거리는 놀이판을 열고 사람들을 불러 모은다. 이들 구경꾼은 자기 지역으로 돌아가 새로운 놀이판을 짠다. 이때 그들은 목격한 놀이에 대한 진술을 통해 이야기를 구성하고 각자의 삶터에 맞게 탈놀이를 재현한다.

남해안별신굿은 마산오광대에 독특한 개성을 부여한다. 남해안별신굿의 굿 놀이인 '해미광대놀이'는 늙은 무당과 젊은 무당의 세대교체라는 완결된 스토리를 가지고 있다. 늙은 할미가 오줌을 누고 구경꾼들에게 그 오줌을 끼얹으며 축원을 한다. 오줌은 생식에 대한 욕망과 관련된다. 젊은 무당에게 자리를 물려주고 물러나는 마당에 거짓 임신소동을 벌이고, 구경꾼들로부터 미역국과 해산 국밥 마련 비용을 거둔 뒤에 물러난다. 여기에는 늙은 무당에 대한 동정과 연민이 투영되어 있다. 그런데 해미광대놀이의 스토리는 탈놀이의 할미·영감과장에 고스란히 들어와 있다.

할미는 옷 밖으로 피 묻은 월경띠를 노출시키고 엉덩이를 흔들며 다닌다. 영감을 찾아 자신의 생산력을 발휘할 것이라는 욕망을 표현하는 것이다. 별신굿 할미광대의 오줌세례를 그대로 연출하는 것도 같은 맥락이다. 할미의 죽음과 첩의 출산은 굿 놀이의 의미를 그대로 가져온 것이다. 이는 스토리텔링 과정을 통해 탄생된 민속예술의 한 단적인 모습이다. 광대가 놀았던 탈놀이가 오광대 탈놀이를 만들고, 무당이 놀았던 굿 놀이가 탈놀이 속으로 들어간다. 또 시장의 기생은 그들의 상업적 흥행을 위해 탈 놀이판으로 스며든다. 고성과 통영이 마산의 인적·문화적 교류 속에서 관속과 기생들이 놀이판에 영향을 미치고 이들이 직접 탈놀이 구성에 참여하면서 지역 탈놀이를 만들어 간 것도 같은 맥락이다.

이상과 같이 탈놀이의 스토리는 경험의 기억과 진술의 과정을 거쳐 탄생된다. 이때 대사의 관용적 표현은 기억의 재현에 유용한 도구로 작용한다. 마산별신제에서 오광대를 놀았던 사람들은 별신굿의 할미광대놀이의 스토리를 기억한다. 그리고 굿판의 무당은 할미·영감과장의 할미광대가 되어 탈놀이 판에서 춤추고 굿을 한다. 탈놀이에 대한 기억의 전승과 또 그들 기억 속에 존재하는 축제의 원형은 이렇게 계속 새로운 모습으로 대중 앞에 이야기를 만들어가는 것이다.

마산만은 풍랑을 피하기 쉽고 기후가 따뜻하여 항만에 유리한 입지조건을 갖추고 있다. 그래서 고려시대는 여몽연합군의 일본정벌을 위한 정동행성이 설치되었으며, 남해와 서해를 거쳐 서울까지 뱃길을 잇는 조창이 설치된 곳이기도 하다. 또 조선후기는 개항과 더불어 마산포가 번성하여 전국의 15대 장시로 성장하기도 했다. 마산별신제는 이와 같은 지리적 여건 위에서 발생하고 전승되었다. 마산별신제에서 연행된 여러 민속연희도 별신제의 전승기반의 변화 위에 존재한다.

2부 — 별신제로 읽는 민속의 현장

별신제를 지내는 사람들

조창과 시장의 축제

마산별신제(성신제)는 성신대제, 별신대제, 성숙대제, 별신장군제사, 성숙대장제사, 사당할배제사, 성신장군제사, 비신장군제 등으로 불린다. 현재 전국수산물중도매인협회 마산지회에서 현대식 제당에 용신도 탱화와 <星神位> 목각 위패를 모시고, 정초와 음력 3월 28일에 유교식 제사를 지내고 있다. 그리고 어시장 상인들이 주최하는 어시장 축제와 수협중매인협회의 그해 초매식 등에서도 그들은 성신사당에 먼저 제를 올린다.

마산만은 풍랑을 피하기 쉽고 기후가 따뜻하여 항만에 유리한 입지조건을 갖추고 있다. 그래서 고려시대는 여몽연합군의 일본정벌을 위한 정동행성이 설치되었으며, 남해와 서해를 거쳐 서울까지 뱃길을 열어 일찍부터 조창이 설치된 곳이기도 하다. 또 조선후기는 개항과 더불어 마산포가 번성하여 전국의 15대 장시로 성장하기도 했다. 마산별신제는 이와 같은 지리적 여건 위에서 발생하고 전승되었다. 마산별신제에서 연행된 여러 민속연희도 별신제의 전승기반의 변화 위에 존재한다.

여기서는 고려시대 포浦에서부터 현대 어시장의 성시에 이르기까지 마산포의 변화과정을 정리하고, 그 과정에서 별신제의 주재 집단과 제의의 목적이 어떻게 지역민의 요구를 수용하며 유지되었는지 이야기하고자 한다. 그리고 별신제에 연행된 선악, 오광대탈놀이, 별신대 세우기의 특성을 마산별신제라는 공통된 존재기반 위에서 해석해보기로 한다. 제의와 민속연희의 변화과정과 특성을 이해하면, 남해안별신제의 범주 속에서 마산별신제가 마산지역의 사회문화적 환경에 어떻게 대응하면서 유지 전승되었는지 이해할 수 있을 것이다. 이로써 남해안별신제의 지역거점의 하나인 마산별신제의 민속 문화적 위상을 정립할 수 있다.

마산별신제가 전승되는 토양

조창의 운행과 별신제

마산지역에 별신제가 행해진 시점은 포浦를 중심으로 마을이 형성된 시기까지 거슬러 올라갈 수 있다. 그러나 구체적으로는 조창의 설치로 인한 인적·물적 자원의 풍부함과 조창 운영에 따른 신앙적 요구가 마산별신제를 생성시켰다고 본다. 다음 <중외일보> 1928년 5월 22

일 기사는 마산별신제의 생성기반과 변화과정에 대한 중요한 내용을 기록하고 있다.

> 마산에서 조선인의 경제계에 있어서 가장 중요한 기반을 밟고 있는 어선창합포사에서는 지난 17일 오전 10시경에 별신星神대제를 성대히 거행하였는데, 그該 제祭는 거금距今 약 200여 년 전 마산이 합포라는 이름으로 일소一小 어촌에 불과할 때부터 어상들이 수호하여 오는 습속이라는 바, 그 습속이 점차 쇠멸하여 유야무야한 가운데 있었던 것을 그該 연고자들은 유감으로 생각思하고 25년 전 즉, 갑진년에 이此를 부흥시키어 5년과 10년에 나누어 중제, 대제를 행한다는데, 금회가 마치 10년 대제인 만큼 어상들의 총출동으로 성신대제는 성대히 또且 원만히 마치었다더라.
>
> 「중외일보」: 1928. 5. 22.

어선창 합포사에서 성신대제가 열린 1928년 5월 17일은 음력 3월 28일로서 10년 주기의 별신대제가 열린 날이다. 이 별신대제가 '200여 년 전부터 어상들과 관계되는 제'라는 것과 '중간에 유야무야 되었던' 시기가 있음을 알 수 있다. 합포부락의 별신제가 소멸한 것은 마을제로서만이 아니라 조창이라는 공적 기반 위에 있었기 때문에 조창의 폐지는 제의의 기반에 영향을 줄 수밖에 없다. 1894년 세제개혁으로 조창의 기능이 무력화되고 조창이 공적 기능을 할 수 없게 되자 자연히 별신제도 쇠멸할 수밖에 없었음을 알 수 있다. 이 별신제의 단절을 연고자들이 안타깝게 생각하여 부흥시킨 때가 1905년이니 조창 폐지 후 10년간 별신제를 지내지 않았고, 별신제 부흥 후 1928년까지 두 번의 대제를 지낸 것이다. 그 부흥의 중심에 합포사가 있다. 어시장 객주들은 바다를 생업의 기반으로 하는 사람들이며 200년 전 조창의 운영과 어시장의 번영은 그 생업의 기반이 공통적이다. 따라서 조창제의의 연고자들이 곧 어시장 상인들이 될 수 있었다.

고려 성종11년(992)에 지방에 60개 포가 설치되었다. 경남에는 사천의 통조포와 합포현(마산)의 나포가 있었다. 이 나포에 석두창이 있었다. 고려 초기에는 지방에 외관外官을 파견하지 않고 세곡수납과 조운에 관한 것을 지방 호족에게 위임하여 시행하였다. 고려시대의 포는 관, 역, 강과 더불어 군현의 하부행정기구로 존재하고 있었다. 즉 촌락을 기본으로 하는 포는 본래 호족의 지배하에 주·부·군·현에 예속되어 있었다. 포는 세곡을 운반하는 하나의 기점이었다. 성종 때부터 본격화한 군현제는 현종9년(1018)에 이르러 재정비되는데, 지금의 마산지역은 이때에 의안군과 합포현이 금주(김해)의 속군, 속현이 되었다. 이 시기를 전후하여 지방호족들이 향리로 개편되었다. 따라서 마산포 조창의 창리(倉吏)는 조창운영의 책임자인 동시에 마산별신제의 주재자가 되는 것이다.

대동법이 실시되기 전에 경상도의 세곡은 낙동강 수로를 통하여 충주 가흥창에 수납되었고, 대동법 실시 이후에는 각 군현이 주체가 되어 경창까지 직접 납입하였다. 이때 먼 거리로 인한 운송비의 과도한 부담과 잦은 조운선의 패몰 등으로 인한 폐단이 컸다. 지방의 조창에서 조운을 담당한 사람은 색전으로 불리는 향리였다. 이들은 본래 호족출신으로 포를 관장하다가, 중앙정부의 지배력이 강화되면서 조창의 향리로 개편된 존재들이다. 색전은 조운선을 움직이는 초공·수수와 더불어 사고가 일어나면 책임을 져야하는 보상의 주체였으므로 사실상 조운의 책임자였다. 즉 조창 소속의 색전은 판관의 지휘 하에 세곡을 조창에 수송하고, 조운선에 승선하여 조운을 감독하며, 서울에 도착하여 경창에 납입시키는 임무를 가지고 있었다. 이와 같은 조창에는 향리와 초공, 수수 등의 책임자들이 있고 주민들은 공역을 담당하면서 이들은 운명공동체가 되었다. 이로써 조창의 제의는 향리가 주재하는 공적 제의로서, 뱃길의 무사안전과 조창의 순조로운 운영을 통해 지역민의 안녕을 도모하기 위한 제의로 제도화될 수 있다.

『마산항지』에 의하면, 현종 4년에 오산진 경내 한 귀퉁이의 갈대밭에 조창이 설치되었다. 이때 창원군수가 조창전운사를 겸했다. 조창의 설치로 인근지역이 갑자기 발전되어 공관과 민가 건물이 줄을 이어 들어섰다. 동성, 중성, 서성, 오산, 성산, 성호 등 여섯 마을이 생겼는데, 마을 이름은 현재 창원시립마산박물관이 있는 환주산성을 기준으로 명명된 것이다. 마을이 들어서고 조창인근이 번성하면서 해변의 갈대숲은 흔적을 찾아볼 수 없게 되었다. 이 지역을 신마산포라 불렀다. 본래의 마산진은 산호리 또는 구강이라 불렀다. 이곳은 현재 용마산에서 마산자유무역지구 방면으로 연해있는 곳이다. 이 시기의 조창은 창고시설을 갖추지 못한 상태의 노적창이었다.

마산창이 지붕이 있는 창고시설을 갖추게 된 것은 1760년(영조 36)이다. 이때 마산창의 수세관할구역은 김해, 밀양, 현풍, 창녕 등 12읍이 속했다. <중외일보> 기사의 '200년 역사 성신제'라는 것은 이 시기 마산창을 기점으로 한 것이다. 즉, 마산별신제가 의례로 정착된 것은 조창 유정당의 건축과 관계된다.

조창의 설치는 곡식의 노적과 물화의 풍부한 유동으로 인하여 왜구나 도적들의 식량 약탈의 대상이 되었다. 뿐만 아니라 조운선의 운항에 따른 잦은 해난사고는 창리뿐만 아니라 뱃사람이나 주민들의 삶을 위협하게 된다.

> 영의정 서명선徐命善이 아뢰기를, "영남嶺南의 삼조창三漕倉에 흠축欠縮이 많이 나는 것은 모두 도차원都差員이 엄히 계칙시키지 않은 소치인 것입니다. 창원昌原에 무당하武堂下가 처음 수재守宰로 나아갔기 때문에 거행하는 것이 생소합니다."……정민시가 아뢰기를, "영남 조운선漕運船이 흠축欠縮을 내는 폐단은 대개 선주船主가 부실한 것에 연유된 것입니다. 이 뒤로 조운선과 조졸漕卒이 이런 폐단을 저질렀을 경우에는 도차원都差員을 나문拿問하여 감처勘處하는 것이 마땅하겠습니다."……하교하기를, "나처해야 할 뿐만이 아니라, 금고禁錮시키고 귀양 보내야 한다." (『조선왕조실록』 정조 12권 5년 8월 10일: '영의정 서명선·호판 정민시와 영남 삼조창과 조운선의 폐단을 의논하다')

이러한 사건들은 창원도호부 마산창의 운영 부실로 인하여 수재, 선주, 조졸 등이 문책을 당한 내용이다. 즉 조창의 운영은 예측할 수 없는 자연재난 뿐만 아니라 조창에 딸린 사람 모두에게 고난을 불러왔음을 말한다. 조창이 있는 지역은 민가와 부두, 주막, 수부들의 가옥, 객주집 등이 있어 교통상 거점이 되고 인구증가와 더불어 마을이 발전된다. 생활의 풍요라는 이면에 이들에게 있어서 바다는 그들 개인은 물론 집단적 삶을 영위하는 데 가장 중요하고 두려운 대상이 아닐 수 없다. 험난한 항해에서 겪게 되는 주민들의 수난은 세곡을 실은 조운선이 거센 파도를 못 이겨 노량을 벗어나지 못해 빈번한 사고를 당하게 되고, 이것은 세곡이나 배의 손실은 물론 책임자들의 문책으로 돌아와 뱃사람들이 도망가고 관리가 파면되는 등의 고난을 불러왔다. 따라서 조창의 운영은 인간의 힘으로만 되는 것이 아니기 때문에 신격에 의지하는 제의를 수반할 수밖에 없다.

조창의 운영은 국가적인 중대사였으므로 중앙정부 차원에서도 제사를 지냈다. <전료발선제축>과 <태창행백신위사토제> 등의 제문에서 조창을 수호하는 신격의 위상과 제의의 중요성을 알 수 있다.

마산창 유정당에 대한 기록은 김이건의 한시 <송조선가>와 박사해의 한시 <조창 유정당>, 조덕상의 <유정당기>(『창원부읍지』, '창고') 등이 있다. <송조선가>와 <유정당기>는 창원부 마산창의 별신제와 연희에 대한 중요한 단서를 제공한다. 김이건은 마산창 전운어사의 집무소인 '유정당' 뜰에서 열린 축제에 초대되어 여러 고을 관리들과 더불어 잔치를 즐기고 그 의미를 한시로 기록했다. 이 시의 내용은 기문의 내용과 일치하는 것으로 보아 작자는 축제의 경험을 그대로 시에 드러내고자 했음을 알 수 있다. 기문을 적은 조덕상 역시 마산창의 축제에 참가했다가 물러나 그동안의 이야기를 기록했다. 마산창의 축제라는 동일한 경험내용을 조덕상은 기문으로 김이건은 한시로 기록했다.

<송조선가>의 전반은 조창의 창건에 얽힌 역사적 배경과 조운선에 삶을 의탁하고 살아온 뱃사람들의 고난의 역사를 기술했다. 중반에는 조운선의 출항을 앞둔 잔치마당을 묘사하여 조창 유정당 뜰에서 열린 제의와 민속적 연희의 내용을 담고 있다. 후반에는 조운선이 출

항하는 과정을 기술하고, 하늘의 감응을 기뻐하는 주민들의 노래로써 신격에 대한 감사의 의미를 드러냈다.

百神護送大洋外	백신이 호송하여 큰 바다로 나서서는
前棹後檣指西北	앞 노와 뒤 돛대 서북으로 향하여
過去瞿塘若康莊	무서운 여울을 지나도 끄떡없었네.
爭來婦孺頌功德	아낙네와 아이들 다투어 공덕을 칭송하기를
噫吁戲皇天應感 我公誠	아아 하늘이 응당 우리 관찰사의 정성에 감응했으리라 말하니
野歌巷謠於焉作	어언간에 항간의 노래가 되었다네.

<태창행백신위사토제>가 태창에 백신의 신위를 모시고 제사했다는 것과 <송조선가>에서 마산창에서 제사를 지냈기 때문에 백신이 조운선을 호송하여 큰 바다로 끄떡 없이 다다르게 했다는 내용은 신앙적인 관점에서 동일하다. 시의 마지막에는 항간의 노래를 빌어 관찰사가 올린 제사에 신들이 감응하였다는 주민들의 믿음을 드러냈다. 이미 항간에서 주문呪文과 같이 노래되고 있는 내용은 관찰사가 뱃길의 수호신에게 정성을 다해 제사를 지냈으므로 뱃길이 무사하리라는 선언적 주문이라 할 수 있다. <송조선가>에서 조운선이 남해바다를 지나 서울로 가는 "십년 동안 침몰한 곡식은 칠만 포요, 수중 귀신들의 통곡은 하늘에 사무쳤다"는 내용에서 조운선의 안전항해를 위한 강렬한 기원과 제의의 효험에 대한 주민들의 믿음을 읽을 수 있다. 기문의 말미에도 조창의 원만함은 "사람이 가지고 있는 꾀로 된 일이

아니라 뭇 신령들이 이루게 해 주었기 때문에 된 일"이라 적고 있다. 이와 같이 마산창의 설치는 조창제의의 생장 기반이 되었다.

즉, 마산은 석두창에서 마산창에 이르기까지 조창이 도시발달의 중요한 기반이 되었다. 다른 한편, 고려시대 정동행성의 설치와 그로 인한 뱃길의 수난, 삼별초의 해안 침입, 왜구들의 식량조달을 위한 조창의 습격, 조운선의 운항에서 겪게 되는 생명의 위협 등, 바다는 지역민들의 삶을 위협하는 공포의 대상이 되기도 했다. 이와 같은 삶의 기반 위에서 조창 관리와 마산포 주민은 그들의 공동체의식을 공고히 하기 위하여 마산별신제를 제도화한 것이다.

마산포 장시의 별신제

조창제로서의 마산별신제는 그 전승기반인 조창이 폐지됨으로써 공적 기능을 상실하게 된다. 1894년 마산창이 폐지되고 5년 뒤에 마산포가 외국무역에 개방됨으로써 마산포는 새로운 번성기를 누리게 되고, 어시장 객주가 제의 주체로 새롭게 등장한다. 이로써 10년 만에 부흥된 마산별신제는 민간주도의 시장제로 변화되었다.

1663년(현종 4)에 산호리의 석두창이 오산진 구역으로 옮겨감으로써 본래의 마산진은 구강이라 불렀다. 이 당시는 창원군수가 조창전운사를 겸직했다(『마산항지』, 「馬山浦の出現」, 1926: 43-44). 신마산포는 노적창 상태로 유지되다가 1760년 지붕이 있는 창고시설을 갖춘 것이다. 이후 다시 개항을 맞아 정부는 마산포에 창원 감리서를 설치하고 창원부윤 안길수를 감무서리로 겸무하도록 했다. 안길수는 구조창전운사아문이었는데, 그를 감리아문으로 임명하여 1년 이내에 개항 준비를 마치

도록 훈령을 보냈다. 자연히 조창전운어사의 집무소인 유정당이 개항 준비를 위한 집무소가 되었다. 이 과정은 조창의 인적·물적·문화적 자원이 어시장으로 이전되었음을 의미하기도 한다. 즉, 조창제의 주체가 사라지면서 마산별신제는 어시장 객주라는 새로운 주체로 이전되었다.

<마산일보>에는 해방 후 첫 별신대제를 기록하고 있다. "기념식에는 어시장을 비롯한 관민유지 다수가 참석하였으며 대제위원장인 김준영씨의 인사와 함께 많은 인사들은 이 유서 깊은 기념일을 축하하였다."고 했다. 이로써 어시장 상인들에게 별신제의 주도권이 넘어갔음을 확인할 수 있다. 이어 '성신대제의 유래'를 부연해두었다.

> 1904년(甲辰年)에 돌발한 대폭풍우는 항해는 고사하고 합포부락에 치명적인 피해를 주었다. 부락민은 성신님의 발작이라 보았다. 신심만으로는 부족하다는 것을 깨닫게 되자 익년 1905년(乙巳年) 음력 3월 28일 비로서 神住를 건립하고 신위제단을 마련하였다. 우연기적이었는가 항해는 무사했으며 <합포>만은 어떠한 바다의 침해도 입지 않았다. 부락은 근대적 물질문명의 餘적을 입어 도시형태를 갖추기 시작하였다. 「星神」사상은 자손들에게 끊을 수 없는 전통으로 되었다. 그리하여 5년을 두고 중제를 10년을 두고 대제를 합포가 창원으로부터 독립되고 오늘의 마산으로 이르기까지 통산 무려 300년 204회에 달하는 대제가 면면히 마산 성신제전의 전통을 자랑하게 되었으니 마산 출신 고노층은 말할 것도 없이 대제전을 소홀히 하지 않은 것은 唯單 종교적 신념 만으로서는 이해할 수 없는 일이다.
>
> 「마산일보」: 1954. 5. 1.

앞의 기사에 의하면, 마산주민은 대폭풍우의 피해를 "성신님의 발작"으로 인식하였다. 그래서 "신심만으로는 부족하다는 것을 깨닫"고 이듬해 신위제단을 마련했다.

성신신앙을 부흥해야 한다는 발상의 주체는 마산포 주민들이지만 더 구체적으로는 어시장 객주집단이다. 그들은 마산포의 성시를 기회로 새롭게 등장한 부호들이다. 1905년 신주를 설립할 당시의 합포사는 바로 객주들의 협의기구이며 대표 김한영은 환영수산 대표로서 대제관이 되었다. 이후 1954년의 마지막 대제관은 김한영의 동생 김준영이 계승했다. 김준영 역시 환영수산을 운영했다. 대제가 단절되고 기제로만 유지되면서 제관은 김용복(수협 중매인), 전삼도(제일수산 대표), 이천제(마산수협중매인), 마산수협중매인협회장으로 계승되었다. 이 과정에서 전삼도씨가 30년간 성신제를 주제하면서 제사는 거의 개인제와 마찬가지가 되었다. 당시 제당은 전삼도씨 사무실 위에 있었는데, 제당에는 <성신위> 목패와 바다에 떠내려 온 장군상을 모셨다고 한다(이경미, 2008: 84-91). 이들이 별신제를 계승한 것은 어시장의 번성을 통한 주민의 안녕이라는 목적도 있었지만, 일본인 상인에 대한 조선인 상인의 단합이라는 보다 현실적 목적에 부응하는 것이었다.

개항으로 일본인 상인들이 마산포에 들어와 구강과 신마산포는 경쟁적인 관계가 되었다. 이로 인해 1902년 6월 조선인 밀집지역에 열린 일본상인들의 구강탈취사건이 일어났다. 신마산 일본 조차지 상인들은 그들의 상권 확장을 노려 당시 일본 영사와 일본 거류민단 이사를 앞장세워 창원감리를 위협 회유하여 마산포 정기장시를 빼앗았다. 매월 음력 10일, 20일, 30일에 개설되고 있던 구강장을 그들의 조차지로 옮겨 개설토록 한 것이다. 이에 격분한 주민들은 일제히 창원감리서로 몰려가서 구강장의 반환을 강력히 요구했다. 이때 마산상호회에서는 대표단을 중앙에 보내서 정부요로에 진정하는 등 시장반환운동에 적극적으로 앞장섰다. 그리하여 4개월 만에 구강장을 다시 되찾았다(마산상공회의소, 1987: 143-144).

이와 같은 사건을 계기로 마산포의 상인들은 조선인 상권을 보호하기 위한 단합된 구심점이 필요했다. 이를 위해 별신제당을 지어 정신적 단합을 도모했다. 1900년 5월에 마산포 객주들을 주축으로 하는 '마산상호회'의 설립 역시, 일반적인 상인들의 친목과 상권옹호라는 차원을 넘어서 개항 이후 밀려드는 외국상품과 외국자본에 대항하여 자신들의 생존권을 보호하겠다는 의식의 표출로 해석된다(마산상공회의소, 1987: 143-144; 김형윤, 1973: 204-206 참고). 마산별신제를 시장제로 부흥한 김한영씨가 대표였던 '합포사' 역시 객주들의 협의기관이었다. 이들은 객주조합을 통하여 개항이후 밀려드는 외래자금 즉, 일본상인들의 자금침투를 철저히 방어해왔으며, 구강 장시 탈취사건과 일본인에 의한 해안매축 반대, 외국인에 대한 토지 불매, 사립일어학교 설립 반대, 어용단체인 신성상회 철폐, 국채보상운동 참여 등을 통해 일제에 항거하였다. 이러한 투쟁의 조직화는 1908년 마산민의소와 조선인 상업회의소의 탄생으로 정점에 이르게 된다.

이러한 시장의 변화 속에서 합포사가 마산별신제를 주도했다는 것은 별신제의 전통이 여전히 지역민을 단합시키고 그들의 삶을 일체화하는 기능을 했기 때문에 가능했을 것이다. 따라서 별신제의 부흥은 어상들이 총출동하여 마산주민의 단합된 힘을 과시하는 계기가 된 것이다. 1954년 대제관을 지낸 김준영씨의 증언(『성신대제조사자료』, 2007: 23)에 의하면 대제 때에는 이웃 각 고을사람까지 수만 명이 운집하였으며, 무속, 걸립패 등 온갖 놀이가 겹친 대축제였고, 선주와 어장주는 물론이고 영세어민이나 고기장수까지도 다투어 큰 고기를 바치고 재정지원도 꺼림이 없었다고 했다.

별신제가 시장제로 전환될 수 있었던 것은 조창을 대신하여 시장이 인적·물적 자원이 풍부했기 때문에 가능했다. "시장제가 조선민중의 학수고대하는 바인 이유는 무무巫舞와 기타 여흥이 열리고 아울러 옛날에는 도박이 묵인되어 활발하게 열리고 또 음식점과 시장상인의 노점도 많이 열려 나들이 인파가 무수하고 밤낮이 따로 없이 흥성거렸기 때문인데, 병합 이래 도박을 금지하고 풍기위생을 엄격하게 단속함에 이르러 이른바 폐풍이 정화되었으나 동시에 나들이 인파가 감소하여 드디어 이 제사가 자연 폐지되는 지경에 이르렀다."는 데서 시장제가 유지될 수 있었던 경제사회적 조건을 확인할 수 있다. 이같이 별신제는 지역민의 정신적 구심체가 되기도 하면서 시장의 활성화에 기여했다. 그러므로 시장제의 주체로서 어시장객주들은 별신제의 부흥을 통한 시장의 번영을 추구하는 새로운 제의 목적을 추구하게 된 것이다.

이와 같이 마산별신제는 조창의 폐지로 인하여 주재집단의 해체를 가져왔지만 개항과 어시장의 번성을 기반으로 새로운 공리적 목적에 의해 부흥된다. 어시장 객주는 일본인 상인과의 경쟁에서 조선인들의 단합을 도모하고 상권을 지켜내기 위해 정신적 구심점이 되는 별신제를 주재하기에 이른다. 그것은 조창이 인적·물적 자원을 기반으로 뱃길의 무사안전이라는 공리적 목적에 의해 유지된 것처럼, 어시장은 마산포 주민들의 생존권을 상징했기 때문이다. 거기에 더하여 1904년의 대폭풍우는 마산포 주민들에게 별신(성신)님에 대한 신심을 더욱 확고히 해야 하는 위기로 인식되고, 그들은 생존의 터전인 어선창에 성신제단을 마련하게 된 것이다.

즉, 마산창의 공적제의로서 향리가 주재하던 마산별신제는 어시장의 번성과 객주집단의 부상이라는 새로운 환경에 부응하여 장별신제로 변화하게 되었다. 마산창의 조운선은 3월에서 4월 사이에 좋은 날을 가려 출발했다. 그래서 1905년 어시장 신전을 건립하고 별신제를 3월 28일 지냄으로써 마산창의 별신제를 계승한 것임을 확고하게 표방했다고 볼 수 있다.

별신제의 신격과 제당

마산별신제의 가장 오랜 제당은 환주산 산제당이다. <매일신보> 1932년 6월 21일 기사에 "천여 년의 고건물로 지금은 썩은 상태에 이른 것을 앞서 기록한 대로 제씨가 발기하고 일반의 깨끗한 재물로 약 천여 원을 들여 전부 회구목재로 사사社祠를 조영"한다고 되어 있다. 환주산은 고려시대 성이 있었던 곳이며 황신산荒神山, 공신산公神山, 공신당산供神堂山, 공신당산貢神堂山 등의 여러 이름으로 불렸다.

이곳은 별신제의 상당으로서 천여 년의 지위를 유지했다. 성덕암 절 경내로 편입된 지금도 마산사람들에게 산제당은 어시장 사람들의 기도처로 인식되고 있다. 산제당의 산신각 아래에 용왕샘이 있었고 샘을 묻어버린 지금도 샘자리에 거북모양의 바위를 올려놓고 그 옆에

1932년 개축된 산제당

용왕당이 있다. 산제당은 산신과 해신을 같이 모시는 구조이다. 현재는 성덕암의 산신각으로 사용되고 있다. 이 산신각 뒤에 천년 수령의 엄나무 당산목이 있다. 즉 이 제당은 마산의 가장 오랜 제당으로서 지역의 수호신격이 좌정한 곳이었다.

1905년 어시장 신당이 설치되는 것을 기점으로 마산별신제의 제당은 시장으로 내려오게 된다.

송석하(1934: 석남 0401)의 사진과 무라야마 지준(1938)의 보고서를 통해 새로 지은 어시장 신당이 일본풍의 목조건물이라는 것과 신당 안에 다리가 높은 상을 안치하여 그 위에 <성신위>의 목각 위패를 안치한 것을 알 수 있다.

무라야마 지준은 마산별신제의 사당은 약 4칸 기와지붕으로 가운

경남 마산 합포 어시장 '성신지위'

데에 정방형의 각진 돌 축단을 놓고, 그 위에 일본의 주길신사풍의 목조신전이라고 했다. 환주산의 산제당을 두고 다시 어시장에 일본신사 형태의 당을 마련한 것은 1904년 마산포에 들어선 일본식 건축물들의 영향으로 보인다. 무라야마는 신당의 형태에 대해 "내부에는 더욱 작은 신명조의 신묘를 수용해 이 안에 신위를 봉안하고, 입구는 나무 격자로 된 목책이 있으며 중앙에 전등을 켜놓았다. 외부에서 참배할 수 있도록 되어 있다. 신전 내부는 석회바닥이며, 외벽과 천정은 판자를 붙였다고 했다. 또 신위는 밤나무로 만들었고 위판의 길이는 7치수, 중앙에는 <星神位>라고 검은 글씨로 썼고, 푸른 비단자리를 깔아놓았다."(무라야마 지쥰, 1938: 210-211)고 상세하게 설명해 놓았다. 이 신당은 헐리고 어시장 수협자리로 옮겨졌다가 다시 현재의 신당으로 이전되었

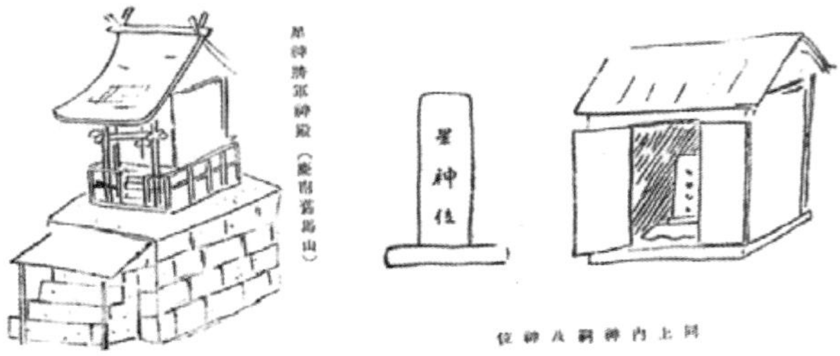

성신장군신전(경남 구마산)

다. 신당의 위치와 형태는 변화를 거듭했으나 위패는 그대로 유지되고 있다.

현재 마산합포구 수산 1길 186의 마산수협중매인협회 사무동 옥상에 설치된 현대식 콘크리트건축인 성신사당은 2002년에 지었다. 당시 위패를 모신 감실이 너무 낡고 삭아서 감실을 현재와 같은 모습으로 새로 만들었다. 제단 후면의 용신도는 근래에 새로 만든 것이다.

현재의 성신사당에 안치된 〈星神位〉 위패

지역민들은 마산별신제를 성신제, 별신장군제 등으로 부른다. 이는 지역민들이 별신제의 신격을 하늘의 '별'로 인식하고 거기에다 '장군'의 신격을 붙인 것이다.

조창제가 단절되고 장별신제로 부흥되기까지 기간은 10년이었다.

별신제를 지내지 않은 이 기간에도 신앙은 여전히 존재했으므로 신격의 왜곡이 일어나기는 어려운 상황이다. 그러므로 별과 장군신격은 이전부터 있었다고 보아야 한다. 장별신제의 주제집단은 '별'을 하늘의 별로 인식하고 '별신星神' 또는 '성신星辰'으로 표기했다. 그리고 신당에 <성신위> 목패를 신체로 모시고, 제당의 명칭을 '성신장군신전星神將軍神殿'이라 하였다. 또 축문에는 제사를 받는 대상이 '星宿大將之神'으로 명기되어 있다.

> "維歲次 月 朔 日干支大祭官 某 敢昭告于星宿大將之神曰. 日月流邁 感時參謁 成造復臨 勿爲驚怖 經之緯之 惟我浦項 照臨下土 萬口攸止 吳楚航舶 補其輔佑 海物惟錯 降玆遐福 壽我民生 如川方至 利道物産 如日恒升 敬陳俎豆 謹以泂酌 苾芬有香 敢竭齋誠 歆哉尙饗"

이 축문은 1905년 복식과 의례를 유교식으로 정비하면서 당시 마산의 갑부이며 학자였던 옥기환, 구성득 씨가 지은 것으로 알려져 있다. 1980년 마산문화원에서 성신제를 재현하면서 당시 생존해있던 김준영씨(1954년 마지막 성신대제의 대제관)의 구술을 토대로 작성했다. 현재는 한글 제문이다(『성신대제조사자료』, 2007: 23-24). 어시장 신당의 명칭이나 '신전 안에 바다에 떠내려 온 장군상을 모셨다'(이경미, 2008: 91)는 데서도 별신과 장군신은 마산별신제의 신격으로 동일하게 인식되었음을 알 수 있다. 그러나 실제 나무로 된 장군상이 있었는지에 대해서는 목격자의 진술이 있을 뿐 실체가 분명하지 않다.

다음으로 별신을 하늘의 별로 인식한 것이 주목할 만하다. 무라야마와 아키바의 자료들과 현재 조사된 민속지를 근거로 정리된 각 지역별 별신의 양상과 전승 상황(윤동환, 2005: 215)을 보면, 강원도 정선지역 별신제가 대상신을 자연대상으로서의 '별'로 인식하고 있고, 전남 장흥군 부산면 호계별신제의 경우는 명칭은 별신제를 쓰고 있지만 천문天文사상을 바탕으로 천제天祭를 지낸다. 호계별신제의 제장을 설치하는 대나무의 개수가 28개인데, 마을 사람들은 이 숫자가 하늘의 28별자리를 뜻한다고 믿고 있다. 즉 28개의 신대는 성신星神으로서의 28수를 뜻한다(박흥주, 2011: 393-400)는 것이다. 이들은 마산별신제와 같이 별신을 하늘의 '별'로 구체화한 경우다.

김준영의 고증(『성신대제조사자료』, 2007: 17)에 의해 재현된 1984년의 마산별신제 <星辰告天文>에는 "紫微大帝統星君 十二宮中太乙神 七政齊臨爲聖主 三台共照作賢臣"이라 되어 있다. 그리고 이 주문을 불러 마을 대표가 거룩한 옥황(자미성)상제와 이가 거느리는 별을 하늘로부터 땅으로 내려오게 하고, 무당이 상제와 별신 부림復臨을 축복하고 송액영복을 빈다고 했다. 또 다음과 같이 무당의 축문에도 별을 구체화하고 있다.

> "휘익, 삼가하라 옥황상제님 강신하셨다. 여기는 해동 조선국 경상도 합포 땅 마산 선창이요. 북두칠성 앞세우고 이십팔수 거느리고 이 땅에 내려오셨네. 잡귀는 썩 물러가라."라고 외치면 신이 강림한다. 그 다음에 "삼월이라 이십팔일 어진 백성 고기잡이 목욕재계 분향재배. 비나이다 비나이다 상제님께 비나이다 星神님께 비나이다. 합포 땅 마산선창 고기잡이 저 배들이 열두 곳(岬角) 잘 둘러 아홉 파도 잘 넘어 북두칠성 인도대로 쏜살같이 돌아오네. 집집마다 화

목하고 부모공경 형제우애 일 잘하고, 무병장수 안택 번창 비나이다. 풍신, 지신, 별신, 용왕님, 월영대 신령님, 돝섬 여신님. 어질고 착한 어부 소원을 들으시고 많이 자시고 응감하시고 집집마다 올해도 탈 없이 지내시고 복을 많이 내려주이소."하고 복을 빈다.

『성신대제조사자료』, 2007: 17-18

이상과 같이 무당의 축문에서도 무당이 여러 신들을 부르지만 주신은 하늘의 별인 것이 확인된다. 이같이 별을 신격으로 제사하는 것은 고려시대 소격전에서도 있었다. 소격전 제사에서 별신은 '액운과 재변'을 당하거나 '군사를 행하려' 할 때 제사지내는 신격이다. 이 별에 대한 제사는 병역과 재난을 막기 위한 것이었다. 이러한 제의의 전통으로 보아 마산별신제의 신격은 고려시대 환주산성과 정동행성과 관련된 제의의 대상 신격에서 출발했을 가능성을 배제할 수 없다. 성신제의 상당이 환주산성에 위치한 산제당이라는 사실에서 그 개연성을 찾을 수 있다.

신격을 별신장군으로 부른 것은 별도로 신격에 제사한다는 뜻인 '별신別神'을 하늘의 '별신'으로 인식하게 되고, 이것이 또 '장군신'과 어느 시기에 합치된 것으로 보인다. 즉, 별신→別神→星辰→星神의 단계를 거치면서 '별'을 하늘의 별로 인식하고 여기에 장군신격을 붙인 것이다. 마산과 같이 조창제이면서 조창의 폐지로 제의가 단절된 동일한 역사과정을 거친 것으로 경남 사천의 천룡제가 있다. 가산천룡제의 제당에 모시는 신위가 조창이 폐지된 1989년까지는 '천룡부군신위'였고 현재는 '당산할매신위'로 바뀌었다. 가산천룡제는 마산창과 마찬가지로 조창의 운영을 기반으로 생성된 제의다. 그러나 조창의 폐지 이후 가산창의 제의와 연희는 전승기반을 상실하고 급속히 쇠퇴하였다. 마산창이 개항이라는 새로운 기회를 맞이하여 별신제가 시장제로 변화할 수 있는 전기를 얻은데 비하여, 가산창은 조창의 폐지와 운명을 같이 한 것이다. 그리고 가산창의 제의는 쇠퇴과정에서 천룡제와 당산제가 결합되면서 신격도 합일되는 과정을 거쳤다(이훈상 2004: 97 참고). 이러한 천룡제의 변화과정은 전북 고창군 성내면 송암마을, 전남 담양군 남면 인암리 등 여러 지역에서 볼 수 있다.

제의 명칭이 별신제이면서 신격이 장군신으로 나타나는 또 다른 예로 은산별신제가 있다. 은산별신제의 유래담에서 백제의 전몰장병을 위로하는 특성이 드러나는 것은 마산별신제의 신격을 이해하는 데 시사하는 바가 크다. 은산리의 경우, 여러 상인들의 다양한 욕구와 시장의 부흥책을 기반으로 하여 장군신을 산신과 함께 합사하면서도 형식상에서는 산신을, 실제상에서는 장군신 중심의 별신제를 구성했던 것으로 보인다. 이필영(2002: 80-81)은 은산별신제의 마지막 절차로서 산신에게 모든 제사가 무사하게 끝났음을 고하고 또한 산신에게 감사의 뜻을 전하는 독산제가 별신당 안이 아닌 독산제당에서 모셔진다. 그 까닭은 어쩌면 원래의 산신제당이 바로 그곳이기 때문인지 모른다고 하였다. 이와 같이 은산별신제는 마산별신제의 산제당과 성신장군신전과의 관계, 그리고 별신과 장군신의 혼재 등 제당과 신격의 측면에서 유사성이 많다.

은산별신제의 배경설화에서도 백제부흥운동에서 전몰한 장병들을 위로한다는 내용이 나온다. 그러나 이런 내용이 모든 자료에 존재하는 것은 아니다. 그것은 은산별신제의 전승과정에서 점차적으로 백제의식을 확산시켜 백제와 관련된 역사적 사실을 부각하면서 발생된 것으로 보고되고 있다. 은산별신제의 <산신당중수기>에서도 은산리가 백제시대의 전쟁터였고, 그 전망장졸의 원혼이 흩어지지 않아 늘 재앙이 뒤따랐다는 데서 제의의 근거를 찾고 있다(강현모 2007a: 90). 마산별신제의 경우, 장군신격의 유래담이 확인되지 않아 별신이 장군신과 합사되는 배경에 대해서는 근거를 확보하기 어렵다. 단지 산제당이 있는 환주산이 여몽연합군의 일본정벌을 위한 정동행성의 근거지였다는 것, 산제당의 산신각 옆에 있는 엄나무 전설에서 '총각신'인 남성신격(『성신대제조사자료』, 2007: 노성미 채록 자료)의 존재를 확인할 수 있을 뿐이다. 그러나 이 산제당의 위치와 역사성에 근거해 볼 때 장군신격의 존재 가능성을 배제할 수는 없다. 그것은 정동행성에서 전쟁의 승리를 위한 제의와 전장에서 희생된 장졸들을 위로하는 제의가 열렸다면, 장군으로 표상되는 남신의 영웅화 또는 신격화가 가능하다고 보기 때문이다.

이상과 같이 산제당은 지역수호신격이 자리한 곳이며, 어시장 선창에 제당을 세우기 전까지는 마산별신제의 상당이었다. 그러므로 산제당의 신격에 잠재된 장군신이 별신과 합해지면서 별신장군으로 좌정했을 가능성도 배제할 수 없다. 즉, 산제당의 신격과 어시장 제당의 신격이 '뱃길의 안전'을 통한 '지역민의 수호'라는 공통적 목적을 위해 결합된 형태로 해석된다. 성신장군신전의 형식이 일본의 항해신인 주길신사 풍을 수용할 수 있었던 것도 이러한 장군신격이 바탕에 깔려 있었기 때문에 가능했을 것으로 보인다.

별신제의 연예와 오락

유정당 마당에서 춤추는 기생들

마산별신제가 조창제의 하나로 행해지던 시기에 가장 뚜렷한 흔적을 남긴 연희는 '선악船樂'이다. 선악은 교방의 기생들에 의해 연희되는데, 조창제의 주재 집단이 관속이었기 때문에 그들의 관리대상이었던 관변기생들에 의한 연희가 가능할 수 있었다. 조창제의 굿 행사 뒤에 열리는 유흥적인 연희에는 검무나 한량무, 승무 등도 연희(최상수, 1984: 87-88)된 것을 알 수 있는데, 여기서는 1760년 조창 유정당에서 열린 축제에서 선악이 연희되었음을 기록한 <송조선가>를 중심으로 살펴보기로 한다.

김이건은 마산창 유정당 뜰에서 열린 축제를 목격하고 축제의 전후사정과 감회를 <송조선가>(1760)에 남겼다. 이 시에는 그날 기생들이 연희한 선악의 내용이 기록되어 있다.

> 餞別津頭舞粉黛 전별하는 포구에서 기생들이 춤을 추고
> 群娥爲奏行船樂 여러 기생들이 선악을 연주하니
> 簇立士民皆動色 가득 모인 양반과 백성들이 모두 즐거운 기색이네

『교방가요』에 의하면, '선악' 또는 '선유락'은 조선 후기 영조 또는 정조 이전에 궁중으로 유입된 향악정재의 하나이며, 문헌에는 박지원의 『열하일기』, 「막북행정록」에 그 첫 기록이 나타난다. 그러나 그 형성의 연원은 훨씬 거슬러 올라가 16세기 말 17세기 초에 청에 의해 점령된 요동의 육로를 피해 해로로 중국에 사행을 가던 정황과 결부된

다. 사행이나 관변의 공사 연향에 정재로 두루 쓰였으며, 지방 교방에서는 주로 「배따라기」라고 불렀다(『교방가요』: 198). 따라서 위험한 뱃길에 조운선을 떠나보내는 자리에서 뱃사람들을 위로하고 신께 뱃길의 무사운항을 기원하는 자리에서 '선악'은 정서적으로 가장 잘 어울리는 공연이 된다.

『교방가요』에는 '선악'이 진주나 김해 등 어떤 지방의 교방에서든 보편적으로 연행되던 일반적 공연물이었으며, 실제로도 그렇게 드러난다고 했다. 마산창과 진주 가산창의 설치가 같은 시기에 이루어졌고, 영남관찰사 조엄과 진주목사 조덕상, 기타 여러 고을의 목사, 부사, 군수, 현감 등의 지방관들이 이 축제에 참가했으므로 이날 마산창에서는 영남지역 교방의 기예가 화려하게 선보였을 것이다. 그리고 4월 병술에 마산창에서 조운선을 출발시키고, 5일 경인일, 즉 4일 뒤에 다시 가산에 도착하여 마산창과 같이 행했다(『국역 창원부읍지』: 76)는 데서도 가산창과 마산창의 제의와 연희구성이 유사했을 것을 알 수 있다.

'선악'의 내용에는 집사, 순령수, 병방군관, 형리 등이 등장하여 배가 출항하기 전에 점고한다. 다음에는 여러 기녀들이 배를 끌고 들어와 마당 가운데 세워둔다. 병방이 포수에게 방포하도록 명하고 노래하는 기생이 배를 돌며 무리 지어 서서 <어부사> 노래를 부른다. 마지막에 여러 기녀들이 배를 끌고 나가고, 풍악이 울리면 집사와 병사가 함께 춤을 추다가 절하고 그친다(『교방가요』: 194-199). 이러한 연희 내용은 실제 조창에서 조운선이 출발할 때의 풍경을 무대에서 연출하는 것과 같다. 정현석은 <선유락>의 해설 말미에, "비단 돛 높이 걸고 무늬 배는 가벼이/ 닻 들자 포성 나고 고각은 일제히 우네/ 이제가면 언제 돌아오시려나/ 흡사 조천하러 바닷길에 오르는 듯"이라고 읊었다. 이는 <선악>의 연희가 중국으로 떠나는 사신들을 전별할 때 부르는 노래와 같다는 것이다. 즉, 조운선의 출항이나 조천을 위한 바닷가의 이별은 다 같이 위험을 전제한 슬픈 이별이기 때문에 그 곡조의 구슬픈 정서도 동일할 수밖에 없다.

'선악'은 창원, 진주, 김해, 밀양 등의 교방에 공통된 기예장르였다. 마산창의 조운선 출항에 앞서 좋은 날을 가려 별신제를 지내고, 여러 지방의 관리들을 초청하여 관민일체의 축제를 벌이는 마당에 '선악'이 연주되었다. 그 연희내용은 정현석이 소개한 진주교방의 것과 같은 것이다. 창원, 김해, 밀양, 진주 기녀들은 유사한 기예들을 가지고 있었고 그들은 서로 소통하고 있었다. 조선통신사들이 일본으로 건너가기 전 부산의 '영가대'에 머무는 동안 벌어진 기생들의 잔치 기록에서 그것을 확인할 수 있다.

> 창원 관속 대령하여 支供 凡百 거행하니 三重席도 화려하고 병풍안석 휘황하다. 通引 茶母 現身하고 낮 차담茶啖 드리는가? 黃山 말 갈아타고 永嘉臺 올라가니 동남의 요충이요 山海의 咽喉로다. (중략) 응구첩대하여 글 하나 지어내면 창원기생 운정이를 상을 줌세. 어서 짓소!
>
> 『일동장유가』 8월 23일

> 위의도 정제하고 풍류도 장할시고 경상도 일대 기생 다 모였다 하네. 위로는 사신부터 아래로 기생까지 이 연석에 드는 이는 채화를 다 꽂았네.
>
> 『일동장유가』 9월 10일

작자는 숙소에서 각 고을에서 찾아온 관속들과 기생들의 대접을 받기도 하고, 근처 명승지를 구경하기도 했다. 그가 머문 영가대는 통신사행들이 부산에서 배를 타기 전에 바다 귀신에게 제를 바치던 곳으로 유명한 곳이다. 제사를 지내고 경상도 일대 기생을 다 불러 춤과 노래 등으로 통신사 일행들의 향락을 도왔던 것을 알 수 있다. 여기서 창원부의 기생들이 차출되어 가는 상황을 확인할 수 있고 그들이 '선악' 등의 기예를 펼쳐보였을 것으로 보인다. 『교방가요』 총목에 육화대, 연화대, 부학무, 헌선도, 고무, 포구락, 검무, 항장무 등 14종의 정재에 '선악'이 실려 있는 것에서 당시 경상도 기생들의 기예의 종목을 확인할 수 있다.

이상과 같이 마산별신제에 기생들의 '선악'이 연행되었다는 사실을 <송조선가>와 <유정당기>에서 확인할 수 있다. 이 '선악'은 경상도일대의 관변기생들의 공통된 기예로서 진주 가산창에도 같은 내용의 기예가 펼쳐졌음을 알 수 있다. 이와 같이 마산별신제에 교방의 기예가 연출될 수 있었던 것은 조창제의가 관속들과 뱃사람들이 함께 하는 축제이기 때문에 가능했다. 그리고 조창이 유지된 시기의 마산별신제의 주체는 조창의 관속이었기 때문에 이들이 관변문화를 별신제의 연희에 선보인 것이다.

놀이 속에 스며든 무당과 기생들

마산오광대는 별신제의 전승기반이 변화함에 따라 탈놀이의 주체가 변화되는 현상을 보여준다. 이러한 현상은 마산오광대가 발생기에 별신굿의 굿놀이에서 연희되다가 상업적인 오광대탈놀이와 결합되어 전문연희로 발전되고, 그 과정에 연희 주체가 다층화된 것을 말한다.

오광대탈놀이의 발전은 전문 연희집단인 광대와 그들의 기예를 소비할 경제·문화적 환경이 충족되었을 때 가능하다. 조창이 있는 마을은 인근 조세수납 지역으로부터 모여드는 인적 물적 자원으로 인하여 소비와 유흥이 촉진된다. 이 때문에 조창에서 창고를 열 때가 되면, 잡류들이 모여들어 창촌의 기강을 문란하게 하는 사회적 문제가 지적되기도 했다. 정약용은 창촌에서 금지해야 할 잡류들은 우파(優婆: 사당), 창기娼妓, 주파(酒婆: 소주나 약주를 앉아서 파는 자), 화랑(花郎: 무당의 지아비, 광대), 악공樂工, 굴뢰자(窟儡者: 초라니), 마조(馬弔: 투전), 도사(屠肆: 소 잡고 돼지 잡는 일) 등이라 했다. 이들 잡류를 금해야 한다는 주장의 근거는 이들이 노래와 여색과 술과 고기 등으로 사람들을 유혹하므로, 창리가 이에 빠지고 뱃사람이 빠진다는 것이다. 이들의 소비가 넘치고 탐욕이 깊어지면 백성들로부터 횡포하게 거두어 들여 그 축난 것을 채우려 하므로 그 폐단이 창민들에게 미치게 된다. 따라서 창촌에 이들 잡류를 엄금하도록 해야 한다고 했다. 이 기록을 보면 광대, 무당, 사당패, 악공, 탈놀이꾼 등의 예능이 넘쳐나고 술과 음식, 투전 등의 오락이 넘쳐나는 창촌의 풍경이 그려진다. 여기서 '창리'의 탐욕과 횡포를 지적하고 있는 것은 이들 유희집단과 창리의 관계가 얼마나 밀접한지를 말해주는 것이기도 하면서, 조창의 운영이 오광대탈놀이와 같은 연예오락의 발전을 촉진했음을 의미한다.

마산창의 경우도 조창이 번성하면서 인근마을로부터 사람들이 몰려들고 시장이 번성하자, 매월 10일 날은 오산진에, 5일 날은 신마산포에 정기시장을 열어 사방 4리 권 안의 사람을 끌어들였다. 이때 창원군수 겸 조창전운사는 신마산포를 창원항으로 부르며 이곳에서 살다시피 했다. 전운사는 "산자수명 속에 성악에 빠져 주구를 일삼고 악정을 베풀었다. 그러면서도 주민들에게 자신의 선정비와 불망비를 세워줄 것을 촉구했다. 그래도 중앙정부에서는 내치외교의 다망함 속에서 이를 알지 못"(『馬山と鎮海灣 馬山港誌』, 1926: 63)했다고 한 것으로 보아, 과도한 유흥으로 인한 관리들의 가렴주구가 문제되었던 것을 알 수 있다. 이러한 상황들은 조창 관속과 연희집단간의 관계를 더욱 밀접하게 하고 연희의 발달에도 영향을 미쳤을 것으로 보인다.

별신굿과 오광대 탈놀이의 상관관계는, "마산지방의 오광대 가면극 공연은 음력 3월 그믐께 혹은 4월 초순에 별신굿이 있으므로, 그 굿 행사가 끝난 뒤에 행하나, 이 역시 이러한 이유에서이다. 마산의 별신굿은 해상의 평온함과 고기가 많이 잡히는 것을 원하는 뜻에서 행하는데, 3년마다 행하는 소제와 10년마다 행하는 대제가 있다. 주재자는 동민 중에서 특히 선임된 이가 되지만, 신사神事는 무당이 한다."(최상수, 1984: 20)는 데서 확인된다. 별신굿이 3월 그믐에서 4월 초순인 것은 바로 조운선의 출항기간이다. 이 기간에 별신제를 지내고 무당의 굿이 끝난 뒤에 탈놀이를 했음을 의미한다. 또 마산오광대의 광대들이 극을 연희할 때 자산동 타작마당에서 주과포를 차려놓고 연희자 일동이 산신제 고사를 지낸다고 했다. 그 뜻은 동리의 무사태평과 오늘 연희의 무사와 사망한 전 연희자의 혼령을 위로함에 있다고 하며, 이때는 무녀를 불러 거리제를 지낸다고 했다. 이때의 고사는 탈놀이에 앞서 행한 탈제로 보인다. 그리고 주목할 것은 마산과 고성에서는 오광대의 놀음판을 좀 더 화려하게 하기 위하여 기생들이 나와서 가면극과는 관계가 없는 검무나 한량무, 승무 등을 먼저 한다고 했다(최상수, 1984: 87-88). 이러한 연희 구성은 별신제를 마친 뒤에 유희적인 놀이 구성에 기생들의 기예와 광대들의 놀음이 함께 어우러졌음을 말해준다. 기생들은 선악이나 검무, 한량무 등의 독립적인 연희뿐만 아니라 탈놀이에도 참여했다. 마산오광대 탈놀이의 소무小巫역을 여자인 기생이 했으며, 마산오광대의 주동자 김순일은 기생조합장을 지냈고 고성으로 전승되는 과정에서도 기생이 관여했다는 사실이 이를 말해준다.

그러나 광대들의 놀음으로서 오광대가 형성되기 이전에 별신굿에서 무당 굿놀이의 한 형태로서 탈놀이가 이미 존재했다. '오광대 소고'(송석하, 1935)에 의하면, 할미영감마당에서 할미의 오줌 누는 형용이 거제별신굿의 굿놀이에서 연희된 사실을 알 수 있다. 거제별신굿은 남해안별신굿의 한 범주로서 통영, 고성, 마산 등이 모두 같은 내용이다. 별신굿 연희에서 무당이 오줌 누는 형용을 하는 장면은 지역민들에게 농사 및 어로의 풍흉에 대한 주술적 힘이 있는 것으로 믿어졌다. '거제도 하청면 유계리 노무老巫의 증언에 의하면 유계(柳溪: 각구)에서 별신굿을 할 때에 할미광대가 오줌 누는 형상을 하는데 이는 풍어 풍농을 비는 것이라 한다.'는 기술은 바로 이러한 사실을 말해준다. 이러한 굿놀이가 풍요기원의 상징이라는 일반적 범주를 드러내면서 또한 오광대 탈놀이의 생성기반이 되었다는 점에서 중요한 의미를 가진다.

굿과 탈놀이의 연관은 마산오광대의 과장의 특징에서도 확인된다. 마산오광대는 오방신장무, 중과장, 문둥과장, 말뚝이양반과장, 영노과장, 할미영감과장, 사자무과장으로 구성된다. 오방신장무과장은 제의성이 가장 강한 과장으로 초계·마산·진주·가산오광대에만 있다. 이

과장은 굿의 절차에서 제당의 잡신과 잡귀를 제거하는 부정굿의 역할을 하고 있다. 마산오광대의 경우 신장들이 재담 없는 춤만 추고 퇴장하는데, 이것은 마산오광대가 오락성보다 제의성에 가깝다는 것을 의미한다. 할미·영감과장의 경우도 제의성이 강하다. 할미가 영감을 찾기 위해 다니면서 대를 손에 들어 방울소리를 내는 장면이 있다. 신대인 서낭대를 잡고 등장하는 할미의 모습은 다른 오광대에서는 볼 수 없는 것이다. 이것 또한 마산별신제 속에 연행된 오광대의 잔영으로 보인다.

이와 같이 마산오광대는 별신굿이 중요한 생장의 기반이 되었으며, 여기에는 기생과 광대, 무당이 각각 독립된 역할을 하면서도 상호 공존하는 현상을 보인다. 마산오광대의 과장의 특성과 후대 상업적 연희로 변화하는 과정에 기생이 연희자로 등장하는 경우에서도 이를 확인할 수 있다. 그러나 조창이 폐지되고 별신제가 그 공적 기능을 상실하는 시기부터 별신제는 제사의식이라는 목적성보다 시장의 오락적 욕구를 충족하는 방향으로 변화하였다. 따라서 오광대의 연희도 시장 상인들과 기생들의 요구에 부응하는 상업적 연희로 변해갔다.

제당에 입혀진 신목의 변신

별신대 세우기는 마산별신제에서 가장 마지막까지 유지된 민속의례다. 남해안별신굿의 별신대 세우기에 대한 기록은 송석하(1935)와 무라야마 지준(1938)의 보고서가 가장 오래되었다. <줄다리기에 관한 고찰>에 "남해안 일대에는 다른 지방과 마찬가지로 별신(別神 또는 星神이라 하여 장대를 세우는 立竿信仰)의 민속이 있다."고 하였다. 여기서 '성신'은 이 시기 마산별신제의 명칭인데, 송석하는 마산의 사례를 직접 기술하지 않고 아키바다카시의 기술을 빌어 남해안별신대의 일반적인 내용으로 소개하고 있다. 즉, 그는 거제, 통영, 마산 등 남해안별신굿 지역의 별신대 세우기를 같은 것으로 보고 있다. 그에 비해 무라야마는 별신대의 내용을 구체적으로 소개하고 있다.

> 그 신체는 소나무로 길고 곧은 것이다. 길이 14-5간(큰 배의 돛대 정도의 것) 되는 것을 세워 그 밑둥치에는 돌로 네모나게 겹쳐 깔고, 그 위에 가로목을 덧대어 양 끝에 주먹 크기 정도의 방울을 매달고, 그 땅에는 황토를 둘러 뿌려 신의 영역으로 했다. 이 신체를 새로 세울 때에는 사전에 산중에 곧은 나무를 선정해서 그 나무에 「성신체로 쓰는 나무」라는 뜻을 써 붙여 손이 타지 않게 소중하게 길러내어 그것이 장대하기를 기다려 바꾸어 세우는 것이다. 그런데 지금부터 32-3년 전 이 신목으로 적당한 것이 없었기 때문에 신사를 지어 그 안에 신위를 봉안하여 완전히 그 규모 형식을 바꾸어 버렸다.
>
> 무라야마 지준, 1938: 210

이 보고서에 의하면, 별신대의 재목은 소나무이고 신목을 지정하여 10년간 보호하여 길러 사용했다. 별신대를 세우는 구체적인 방법과 신목을 중심으로 별신굿이 행해지는 내용도 확인된다. 그리고 별신대 세우기의 변화과정에서 주목할 것은 1905년 시장제로 전환되는 시점이다. 어시장에 신당이 설치됨으로써 별신대는 상시적으로 세워두는 것이 아니라 신당 안의 신위로 안치되었다는 것이다. 이러한 변화는 1954년의 별신대 세우기에서 더 구체적으로 확인된다.

자산동 송림 중 한 그루를 10년 동안 신목으로 지정하고 이 나무에는 금줄을 치며(범신론적) '성신신목'이라 이름 지어 신성시하였고 이 소나무는 아름드리의 거목巨木으로 자란 것을 신사당辰祠堂 개축 보수 등에만 쓰였다.

신목을 벌채할 때는 수백 명의 어부들이 목욕재계에 반드시 희고 깨끗한 옷을 갈아입고 나무 앞에 제를 모신 후에 벌목을 다듬어서 자산동 뒷산에서 선창 사당 옆에 미리 만든 제단까지……운반된 신목(1개)은 단 한가운데 전주電柱 모양으로 세워 상부에 나무를 가로질러 거기다가 방울을 여러 개 달고 제를 지낸 후 목수의 손에 넘겨져 사용하였다.

『성신대제 조사 자료』, 2007: 22-24

이 시기 별신대는 제당의 개보수를 위한 재목으로 사용되었다. 즉 일반적으로 별신대는 굿이 끝난 뒤에도 항시적으로 세워두고 신목이 낡았을 때나 주기적으로 새로 세운다. 그런데 마산별신제에서는 별신제가 끝난 뒤에 신목을 제당의 개보수에 사용함으로써 신당과 일체화하는 의식을 한 것이다. 마지막 대제 때의 목격담에 의하면 이 별신대는 자산동 뒷산에서 선창까지 운반되었고, 그 과정에서 주민들이 목도꾼에게 술과 음식을 대접하기도 했다. 중간에 쉬었다는 자산동회 마당은 타작마당으로도 불리는데 현재 자산동 약수터 아래에 있었다. 이곳은 오광대탈놀이 광대들이 탈제를 지내고 탈놀이를 한 장소와도 일치한다.

이상과 같이 마산별신제에서 별신대 세우기는 남해안별신제의 일반적인 형식과 일치하면서 제당의 변화에 따라 형식상의 변이를 보인다. 조창제에서 시장제로 전환되는 시점에 어시장 제당이 설치되고 별신대는 굿이 끝난 뒤에 제당에 합일되는 형식을 취한다. 즉, 별신대가 하당에 항시적으로 설치되는 것이 아니라 신당의 개보수에 쓰인다. 이것은 신당에 입혀져 별신대의 독자적 형태가 사라지는 마산별신대만의 독특한 형식이다.

변화하는 삶의 현장

마산별신제는 조창의 운영과 어시장의 번성에 기반을 두고 전승되었다. 마산포는 조창의 설치로 인하여 사회경제적 환경이 변했고, 이러한 환경은 신앙과 민속연희를 생성 발전시키는 토대가 되었다.

마산별신제는 조창의 폐지와 함께 한시적으로 단절되었다가 개항과 어시장의 번성을 계기로 시장제로 부흥되었다. 이 과정에서 주재집단도 관속에서 민간 객주로 이전되었다.

마산별신제의 제당은 상당인 산제당과 하당인 어선창의 2당 구성이었다. 그것이 개항기를 거치면서 하당에 성신장군신전이라는 제당을 설치함으로 1당 구조로 통합되었다. 신격은 별과 장군이라는 인격신의 복합체이고, 이것은 산제당이 있는 환주산의 남신, 고려 정동행성의 설치 등과 관련된 장군신격의 존재가 후대에 통합된 것으로 보인다.

마산별신제에 연희된 기생들의 선악은 조창제로 유지되던 시기의 것이다. 이 시기는 창리들이 제의 주체가 됨으로써 관변예능이 마산별신제에 연행될 수 있었다.

마산오광대 탈놀이는 별신굿의 탈놀이와 상업적 탈놀이가 서로 영향을 미치면서 제의성이 강한 탈놀이로 정착했다. 이 과정에서 무당, 광대, 기생 등이 별신제라는 무대에서 연희자로 공존했다.

마산별신제의 민속연희에서 별신대 세우기는 가장 오랫동안 유지되었다. 마산의 별신대는 남해안별신대의 내용과 동일한데, 시장제로 변하는 시기에 신목을 제당에 입힘으로써 항시적으로 세워두는 별신대가 아니라 별신굿을 마치면 소멸되는 형식으로 변하였다.

성황당과
산왕대신山王大神

지역을 수호하는 신격의 자리

마산의 오래된 공적 제당으로서 현재까지 그 흔적이 유지되고 있는 곳은 환주산의 산제당과 봉화산 성황당봉수의 신단이다. 이들은 과거 성지와 관련된 지역수호신격의 제당이 있던 곳이었으며, 민간신앙과의 상호작용을 통해 현재까지 성소로서 위상이 유지되고 있다. 따라서 이곳은 마산지역 성황당 또는 성황신앙의 변천을 고찰할 수 있는 중요한 자료이다.

마을 집단신앙으로서 '부락제'는 당산제, 당제, 산제, 산신제, 장승제, 동제, 대동제, 성황제, 노신제, 목신제 등으로 다양하게 불린다. 그리고 집단제의의 명칭은 그 제를 거행하는 지역의 명칭, 제장의 위치, 제의의 목적, 그리고 제신祭神의 신격 등에 따라 각각 달리 명명된다. 마산의 집단신앙의 명칭은 성신제이다. 이는 산신제, 성황제, 별신제와의 상호관련 위에서 제도화된 것으로 보인다. 마산지역의 경우 마을은 포浦를 중심으로 발생했으며, 삼국시대의 골포, 고려시대의 합포, 나포, 조선시대의 마산포 등 포구의 기능이 발전되는 것과 도시발전이 같이 진행되었다. 뿐만 아니라 포를 기반으로 한 조창의 발전과 쇠퇴에 따라 마을 신앙이 형성되고, 신앙의 집단화 또는 제도화가 이루어진 것으로 보인다.

그러므로 고려시대 회원현성의 성황당과 산제당, 봉화산의 성황당과 산왕대신이 시대의 변화를 따라 어떻게 관계 맺었는지 살펴볼 필요가 있다. 그래야만 고대로부터 전승되어온 지역수호신격인 별신(성신)이 이들 신당과 어떻게 접맥되어 유지되고 변천되었는지 이해할 수 있다. 또한 성황신앙과 민간신앙의 상호관계를 이해함으로써 마산지역 민속신앙의 원형을 찾을 수 있다.

성황당의 신을 모시다

성황의 '성'은 외적으로부터 자기 고을을 방어하기 위하여 구축한 방어물을 말하며, '황'은 성의 주변에 움푹 파인 못을 말한다. 이처럼 성황은 국가나 고을의 방어시설에 대한 단순한 명칭이었다. 그러나 한편으로는 성읍의 수호신에 대한 호칭이기도 했다.

성황사에 대해서는 유홍열의 선구적인 연구가 있었다. 그는 "성황신은 원래 국가 사전祀典에 재載하야 각 지방관으로 하여금 입묘入廟하야 춘추로 치제致祭케 하는 국가 수호의 의미를 가진 신이나, 그 후 이는 점차 민속화 하여 민간신앙과 합류하야 금일에는 전 조선 각지의 모든 고개와 산마루터기에서 석첩石疊과 사묘祠廟의 형태로 편재遍在" 하게 된 것임을 지적하였다. 그러나 성황신앙이 민속화한 것인지, 민간신앙이 성황신앙화 한 것인지에 대해서는 일률적으로 말하기 어렵다. 마산의 경우도 다양한 형태의 제의와 신격이 있으므로 이들이 지역수호 신격과 어떤 관련이 있는지 규명될 때, 성황신앙과 민간신앙의 관계가 밝혀질 것으로 보인다.

우리나라에 성황신과 관련된 성황당이 처음 보이는 것은 「고려사」 종실열전의 '안종 욱'의 기록이다. 태조의 아들이었던 안종 욱이 자신이 죽으면 사수현의 성황당 남쪽에 묻어달라는 부탁을 했다고 되어 있다. 그런데 여기서의 성황당이 전쟁과 관련된 성황신을 제사지내는 곳이었는지에 대해서는 확인할 수 없다. 그러나 문종 9년(1055)에 오면 고려의 변경인 선덕진(지금의 함경남도 정평군 선덕면)의 새로운 성에 성황신사를 설치하고 춘추로 제사를 지냈다는 기록이 보인다. 여기서의 성황신사는 변방의 새로운 성에 설치된 것으로 미루어 방어를 위한 수호신적 의미가 있었음을 알 수 있다. 고려시대의 성황신이 고을에 대한 수호신적 의미가 있었음은 성황사에 배향된 인물을 통해서도 알 수 있다.

정승모는 당대에 씌어진 「북제서」에, 성안에는 이미 신사한 곳이 있었는데 속칭 성황신이라 하여 공사로 매번 기원하였다는 기록에 주목했다. 또 중국에 당 이전에 이미 성황사가 존재했다는 것이 확인되므로 당의 영향을 받은 신라에서도 성안에 이것이 세워졌을 가능성이 있다고 보았다.

이와는 달리 우리나라에서 고려중기 이후에 지방 토호가 자신들의 시조를 모신 성황사를 건립하는 등 사적이고 자의적인 성황사가 출현하기도 한다.

이상과 같은 지방토호 시조에 대한 성황신화 외에도 고려시대에는 그 동기와 배경이 다양한 성황사가 설립되어 존재했을 것으로 짐작된다. 또한 성황사는 그 설치과정과 이후의 발전과정이 일률적이지 않았고 중앙정부의 관여 정도와 지방토호세력의 성격 여하에 따라 존폐되는 등 다양하게 전개되어 갔다.

성황신은 이전에 있었던 토속신앙과의 관계 위에서 발전되고 전개되었다고 본다. 성황당 또는 성황신의 이름으로 전승되는 민간신앙은 중국 전래의 성황사에 모셔지는 성황신의 이름을 빌리거나 원래부터 있었던 지역수호신으로서의 신격이 성황사에 모셔지거나, 이들은 상호의존적인 관계 속에서 지역민간신앙으로 존속되었다고 본다.

즉, 성황신앙이 성황당의 폐쇄와 더불어 그 지위를 상실하게 되면, 그것이 민간신앙과 결속되거나 민간신앙화 되어 오늘날의 마을신앙이 되기도 하고, 원래 전승되던 마을신앙이 성황당에 올려지기도 하면서 존속된 것이라 할 수 있다.

회원현성지의 산제당과 목신

회원현성은 고려시대 진성으로서 군사상의 요충지였으므로 지역 수호의 의미를 갖는다. 이곳은 정동행성의 근거지로 여몽연합군의 일본정벌 당시 충렬왕이 직접 행차하여 열병할 만큼 군사상의 중요한 지역이며 국가방위의 요충지였다.

회원현성지 발굴조사 결과 이 성은 11세기 이전에 축조된 것으로 보인다. 북쪽 정상부에 건물지로 추정되는 곳이 발견되었는데, 온돌시설을 포함한 연소시설이 확인되지 않았다. 망루나 장대로 추정되는 건물지가 성벽에 연해 따로 발견된 것으로 보아, 정상부의 건물지는 일상생활과 관계없는 신당지로 추정된다. 유적의 상태로 보아 이 제당의 형태는 노천제당이 아니고 배수시설을 갖추었으나 주혈이 없는 건물로서 기단석을 갖추었음을 알 수 있다. 또한 지상부에 건조된 기와지붕의 제당이었을 것으로 추정된다.

지역민들은 회원현성이 있던 환주산을 공신당산貢神堂山 또는 공신당산公神堂山이라고도 불렀다. 앞의 공신은 공물을 저장하는 조창과 관련된 신격을 제사하는 곳이라는 의미이고, 뒤의 공신은 마을의 공적제당이라는 의미다. 이들 모두 회원현성이 이 지역의 중심산으로서 성산이었으며, 가장 오래된 성황신격을 제사하는 신당이 회원현성 내에 있었음을 의미한다. 또 지역민들은 환주산의 중턱에 자리한 성덕암을 산제당절이라고 부른다. 이들에게 있어서 절은 불교사찰로 인식되기 이전에 산제당이 있는 곳에 세워진 절로 받아들여지고 있음을 알 수 있다. 이를 통해 환주산은 지역의 수호신격이 좌정한 신당이 있는 중심산으로 인식했음이 확인된다.

성덕암 뒤편에는 천년노거수 엄나무 한그루가 있고 그것을 목신각이라 부른다. 1933년 성덕암이 들어서기 전부터 목신각 바로 앞에 산신각과 용왕전이 있었고 이곳은 지역민들의 오랜 공적 기도처로 유명한 곳이었다.

산성의 정상부에 제당이 있는 것으로 전남 신안도 흑산도 읍동마을 중턱의 산성과, 상라봉 정상에 제사터가 있는 것, 그리고 전남 벌교 대포리의 당제에서 그 유사성을 발견할 수 있다. 대포리 당제는 원래 할아버지당과 할머니당, 그리고 갯제당의 3당으로 구성되어 있었으나 지금은 상당제는 없어지고 하당제와 하당 아래서 지내는 갯귀신제만 지내고 있다.

성황당이 성을 끼고 성내 혹은 성 가까이 있었던 것은 「조선왕조실록」(선조 97권 31년 2월 13일)에 임란 때 왜적이 동래·울산 지역의 성황당에 진을 치고 수시로 왕래하고 있었다는 기록을 통해서도 확인된다.

현재 전승되고 있는 산제당의 영험담에서 신격은 '총각', '산신(호랑이)', '흰 곰', '큰 뱀' 등으로 다양하게 나타난다. 이로 보아 그 신격에 대한 뚜렷한 인식은 없는 것으로 보인다. 이는 고려시대 회원현성이 왜구의 침탈에 의해 불타 퇴폐된 지 오래됨으로써 성황당의 신격에 대한 인식은 없어지고 성소로서의 중심상징만 전승되어 민간신앙으로 이양된 것이기 때문이다. 그럼에도 불구하고 산제당에 자리한 엄나무 목신은 성덕암이 들어선 뒤에도 오랜 기간 민간신앙의 제당으로 기능을 해왔다.

오동동 기생조합에서 소리를 잘하게 해달라고 집단기도를 했다거나 사업가나 개인의 소원성취에 이르기까지 이곳은 집단제의나 개인제의의 장소가 되었다. 특히 이곳은 전통적으로 어시장 상인들의 기도가 특히 많았던 곳이기도 하다. 근래까지 산제당에서의 제의는 계속되었는데, 성덕암의 세력이 점점 강해지자 이 절의 주지스님이 절 뒤에서 돼지머리 놓고 기도하는 것을 금지시켰다. 그래도 밤이나 새벽에 몰래 하는 기도가 종종 있었고, 절에서도 신목을 위해 막걸리를 붓고 제를 지냈다는 것으로 보아, 엄나무 목신은 절과 민간신앙의 경계를 넘나들었다고 할 수 있다.

목신각 아래 산제당샘은 물의 영험이 알려져 환자들이 많이 찾아오는 것을 꺼려하여 인위적으로 메운 상태다. 그리고 용왕전은 바다일이나 뱃길의 무사안전을 기원하는 기도처로 기능하여, 산제당 또는 공신당산은 신목과 산신의 영험, 샘물의 영험까지 어울려 마산의 대표적인 기도처로 자리매김하고 있었던 것이다.

주목할 것은 수성동에 거주하는 지학삼이라는 사람이 오랜 전통을 이어오던 산제당을 공짜로 점유하고 산왕대신이라는 큰 글을 써 붙여놓고 알 수 없는 주문을 외면서 어리석은 부녀자 신도를 모으고 있었으며, 출발 수개월 만에 청년들의 미신타파의 회오리바람에 휩쓸려 세인의 기억에서 사라지고 말았다는 것이다. 지학삼은 이 제당의 신격을 인식하고 그것을 유지하고자 했던 것으로 보이는데, 당시 미신타파라는 명목 하에 많은 전통문화와 민간신앙의 제당들이 파괴되던 과정에 그의 의도를 관철시키지 못했던 것으로 보인다. 그러나 지학삼 이후에도 많은 무당들이 이곳을 제당으로 삼아 굿을 해 왔다는 것은 많은 증언을 통해 확인된다.

이러한 사건들을 통해 볼 때 산제당 자리에 성덕암이 세워진 후에도 성덕암과 산제당은 별개의 공간으로 인식되었다는 것을 알 수 있으며, 이곳이 지역민들의 기도처로서 공적 공간이었음을 확인할 수 있다. 그리고 기도의 영험에 대한 믿음은 성덕암 창건 이후에도 불교신앙보다 민간신앙으로서의 산신각 기도에 대한 영험을 더 많은 구전을 통해 확인할 수 있다.

특히, 임진왜란 때는 이곳 산제당에 줄을 지어가며 모여드는 이 고장 사람들이 나라와 백성을 구해달라고 산제당에서 불공을 올렸다는 구전은 주목할 만한 일이다. 1950년의 늦은 봄 어느 날 갑자기 이 고목나무에서 붉은 물이 흐르기 시작하여 2·3일 동안이나 계속되었는데 그 후 얼마 안 되어 6·25의 수난이 있었다고 한다. 이에 대해 신도들은 목신이 시대의 변란을 예고한 것이 분명하다고 말했다. 이것은 산제당의 목신과 지역 수호신격과의 관련을 말해주는 것이다. 지역신격을 제사하는 제당으로서의 산제당은 목신과 용왕신, 산신을 포함한 포괄적인 제당을 말한다. 그리고 이것은 공물의 신을 제사하는 공신당산으로서의 지역수호 신격을 모시는 기능과 그 인식의 저변이 그대로 유지되어 전승되고 있었음을 증명하고 있다.

이러한 사실은 순천 해룡산사가 산천신 제의의 전통을 이어받아 지역수호신격의 사당이 된 것과 같은 논리다. 순천에는 고려시대부터 운영되던 상황사, 해룡신사, 인제신사가 있어서 거기서 고을 단위의 의례가 이루어졌다. 이들 신사는 당시 널리 퍼져있던 성황신앙과 산신신앙의 배경 속에서 건립되었으며, 조선조에 들어 군현제로 재정비되어 조선 후기까지 존속하였다.

고려시대는 산천신과 성황신에게 봉작을 내릴 정도로 성황신앙과 산천신앙이 활성화 되었다. 이로 보아 마산의 회원현성의 성황당의 위상도 확고했을 것으로 짐작된다. 명산대천과 성황신이 국가적인 위기와 재난을 평정하는 데 음조하였다고 해서, 또는 그렇게 되기를 축원하면서 훈호를 가한 것은 산천신과 성황신의 고을 수호신격으로서의 위상을 보여주는 것이다.

즉 회원현성의 군사상의 위상과 발굴된 추정건물지, 산제당의 지리적 환경, 엄나무목신의 영험에 대한 인식 등을 통해 볼 때, 환주산은 마산의 중심산으로서 지역수호신을 제사하는 제장으로서의 조건을 갖추고 있으며, 성황당의 멸실과 관계없이 오랜 세월 지역 제당으로서의 기능을 유지하고 있었던 것으로 보인다.

「조선왕조실록」(성종 174권 16년 1월)에 "향축을 내리는 다른 악독·산천에는 모두 폐백이 있으며, 성황도 산신의 종류이므로 특별히 향축을 내리는데, 별제 때에만 폐백이 없으니, 이치에 온당치 못합니다."라고 한 것은 당시 성황신을 산신과 같은 종류로 인식하고 있었음을 증명하는 것이다. 따라서 성의 신당에서 산신을 제사했든 성황신을 제사했든 지역수호신으로서의 신격은 동일한 것으로 볼 수 있다.

회원현성의 신당은 성의 퇴폐와 더불어 지역수호신격의 제당으로서의 위상은 상실했지만 산제당(공신당산)을 통해 지역수호의 신앙적 전통은 주민들이 의식 속에 계승되고 있었다. 또한 산제당 목신과 산신각을 근거로 하여 산왕대신을 모시려 했던 지학삼의 사건 등에서 볼 때, 미신타파의 대상으로 인식된 성황당의 신격은 더욱 적극적으로 훼손되었다고 본다. 그럼에도 불구하고 여전히 이곳은 성덕암이 아닌 산제당으로 인식되고 있으며, 성황당에 대한 인지여부에 관계없이 공적인 지역수호신격의 제장으로서 중심상징을 유지하고 있었다.

봉화산에는 성황당봉수가 있다

마산시 석전동 산56번지의 봉화산 봉수대는 고려 말에 설치되어 조선시대까지 사용된 봉수대다. 봉화산이라는 이름도 봉수가 있던 산에 근거하여 부른 것이다. 고려 공민왕 23년(1374년) 왜구의 침입으로 회원현 관아와 현성이 병화를 당하자 고려 우왕 4년(1378년)에 현재의 합성동에 합포성을 신축하여 경상우도병마절도사영으로 사용하게 된다.

「신증동국여지승람」 32권 '경상도 창원도호부' 사묘에 의하면, "성황사는 부의 북쪽 검산에 있다"고 했고, 「창원읍지」 '단묘'에 의하면 "창원도호부의 성황단은 창원도호부 북쪽에 있는 첨산에 있는데 관문에서 1리의 거리다"고 했다. 검산은 첨산의 또 다른 이름이며, 첨산은 지금의 천주산이다.

고려시대 회원현성이 있던 시기의 성황단은 지금의 마산시 자산동에 위치한 환주산에 있었고 합포성 시기의 성황단은 마산시 석전동 봉화산의 봉수에 일시 합사된 것으로 추정된다. 그 이후 「신증동국여지승람」이 편찬될 1530년 당시의 성황당은 의창읍성이 있던 지금의 창원시 천주산으로 옮겨간 것으로 보인다.

봉화산의 성황당봉수가 있는 석전동은 고려시대는 환주라 불렸으며, 이곳은 환주역과 함께 봉수가 있던 교통과 통신의 중심지였다. 환주역의 흔적은 사라졌지만 봉수대와 신단은 지금까지 존재한다. 뿐만 아니라 복원된 봉수대 아래 평평한 신단의 형태가 유지되고 있으며 그곳에서 무속에서 '산왕대신'을 제사하고 있다. 봉수대에서는 석전동 주민들이 '봉화제'를 올림으로써 제당의 전통은 두 갈래로 전승되고 있다.

「세종실록지리지」(조선 태선 원년(1401)에는 봉화를 올리는 곳으로서의 성황당이 경상도의 개녕현, 창원도호부, 영천군 및 평안도의 안주 4곳 있다고 되어 있다. 여기서 말하는 창원도호부의 성황당봉수는 현재 봉화산 봉수대를 가리킨다. 「창원부읍지」 '봉수'에 "성황당봉수는 창원도호부에서 서쪽으로 15리에 있다. 동쪽으로 웅천고산에 응하고 북쪽으로 칠원 안곡산봉수에 보고한다. 서로의 거리가 25리이다."고 했다. 또 「경상도지리지」 '고회원'에는 "성황당봉화가 현에서 북쪽으로 5리에 있다."고 했으며, 「신증동국여지승람」에는 "성황산봉수가 창원도호부에서 서쪽으로 15리에 있는데"라고 되어 있다. 「창원부읍지」와 「신증동국여지승람」은 의창에 도호부가 있던 때를 기준으로 한 것이고, 「경상도지리지」의 현은 회원현을 말하므로 성황당봉수는 현재 봉화산의 봉수를 말한다.

즉, 합포성 시절의 성황당이 있던 곳은 현재 봉화산이며 이곳 성황단은 환주산 성황당의 폐허화로 인하여 봉수가 있던 이곳에 성황당이 이전된 것으로 보인다. 그리고 이 성황당봉수는 합포성의 폐지와 더불어 첨산으로 이전된 것으로 보인다.

이를 입증하는 것으로 「창원부읍지」 '단묘'에 따로 '성황단'이 나오는 것으로 알 수 있다. 창원도호부의 단묘로 사직단과 문묘, 성황단, 여제단이 있었고, 성황단은 "창원도호부 북쪽에 있는 검산에 있는데 관문에서 1리의 거리다."고 했다. 이 검산을 민긍기는 "검산은 첨산의 또 다른 이름이다. 첨산은 요즈음은 천주산이라고 일컬어지는데 이보다 뒤의 기록인 「창원읍지」를 보면 "성황단이 창원도호부 북쪽에 있는 첨산에 있는데 관문에서 1리의 거리다."라고 하였다. 또 「신증동국여지승람」의 검산에 있는 성황사는 창원도호부가 합포성에 있을 때의 성황단이라 하고 임진왜란 후 창원도호부 관아를 옮길 때 성황단도 같이 옮겼을 것이라고 했다.

회원현성이 있던 환주산과 성황당봉수가 있는 봉화산은 두척산에서 바다로 돌출되어 나온 자그마한 구릉의 봉우리여서 제의의 장소로 지리적 여건이 동일하다는 것을 한 눈에 알 수 있다.

현재 봉화제를 지내고 있는 석전동민들도 그곳에 성황당이 있었다는 것을 알지 못할 정도로 성황당 제당으로서의 인식은 소멸되었다.

그러나 현재 산왕대신을 제사하는 무속의례가 이어지고 있으며 정상부의 봉수대 아래 바위벼랑 밑에 평평한 제단이 남아 있다. 그리고 봉화제를 올리는 석전동민들은 조상들이 옛날부터 그곳에서 제를 지냈기 때문에 자신들이 그 전통을 이어가는 것이라고 했다. 그러면서 봉수 아래 산왕대신의 제의에 대해서는 무속인들이 하는 것이지 그것이 봉화제와는 다르다고 하여 미신타파에 대한 인식의 여파가 여전함을 보여준다.

현재 지내는 봉화제도 원형이 단절되어 있던 것을 1989년 근주향우회가 발족되어 1990년 4월 봉화문화제를 만들고 제의의 전통을 계승하게 된 것이다. 봉화문화제 발기문에 "봉화대로 오르는 길목의 성황당에서 천지신명께 복을 빌고 재난을 없애며 소원성취를 바라는 마음을 표출"하였던 조상의 민속전통을 계승한 것임을 표명하고 있는 바, 봉화제는 성황당 제의의 현대적 계승이라 할 수 있다.

이 봉화제를 지내게 된 주민들은 조상들이 지내던 제의의 단절로 인하여 이 마을에 인재가 나오지 않는다고 인식했다. 그래서 마을의 안녕과 발전을 위해 제의의 복원이 필요하다고 판단했다. 그리하여 원형이 사라진 제의를 유교식 의례로 재구성하게 된 것이다.

따라서 현재 지역주민들이 지내는 봉화제는 "성황당에서" 지낸 조상들의 제사를 이은 것임에도 불구하고 제의의 원형과 내용은 무시되고, 그곳에서 조상들이 제의를 행했다는 그 사실에만 초점이 맞추어져 있는 것이다. 즉, 장소의 신성성에 근거하여 제의가 부활된 것인데, 그 장소는 성황당봉수이지만 성황당의 의미를 소외시키고 봉수에 초점을 두어 봉화제로 명명하고 있다.

즉 산왕대신을 모시는 성황당 신단의 무속제의와 봉수대에 지내는 봉화제는 현재 두 개의 제의로 분리되어 있다. 그렇지만 신격은 성황당이라는 동일한 원형에서 비롯된 것이며 제장 역시 동일한 것이라 할 수 있다.

조선시대 유교를 표방한 시기에도 지역의 성황제는 민간에서 크게 유행하였다. 그리고 나라에서도 그 제사를 금할 수 없었던 오랜 전통을 가진 민간신앙으로 자리 잡았다. 「신증동국여지승람」에 성황사가 336개에 이를 정도로 조선 전기에는 각 지방마다 성황사가 보급되었다. 또한 「조선왕조실록」에 보듯이 당시 민간에서 산천, 성황신에 제사하는 풍습이 더욱 확산되었음을 알 수 있다. 그리고 "원단·적전·사직·산천단·성황당의 단장과 난원을 수리하게 하고, 인하여 수호하는 人丁을 차등 있게 주었다."고 하여 나라에서 각 지역의 오래 되어 낡은 성황당을 수리하고 관리하도록 지원했음을 알 수 있다. 이후 성황당을 짓는다는 핑계로 탐오한 관리들을 추핵한 사건을 기록하고 있고, 탐오한 수령을 추핵하기 위해 경상도와 전라도에 감찰을 보낸 사건이 있었다.

태종 6년은 1406년이니 합포현의 성황당이 아직 봉화산에 있을 때의 일이다. 중종 대에 이르면, 성황당의 성황신이 '외방의 음사'로 규정되고 배격의 대상으로 논의되기에 이른다. 그럼에도 불구하고 민간에서는 그 영향력이 완전히 소멸되지 않은 채 지역민이나 토호세력 주도의 제의로 재생산되고 있었다.

이 같은 변화를 길안석성의 어구향도에서도 확인할 수 있다. 길안석성은 지금은 허물어져 있으나 성 위에 성황당이 있다. 여기에 촌민들이 매년 입춘 때면 제를 올리고 공양을 드리며 온갖 놀이를 하여 풍년을 기원하는데, 이를 어구향도라 한다.

봉화산의 성황당봉수는 고종 31(1894)년에 8로의 봉수를 모두 폐지함으로써 그 기능이 소멸된다. 현재 봉화대는 몇 년 전 주변의 흩어진 돌을 모아 복원한 것인데 원형을 정확하게 복원했다고 할 수는 없다. 원래의 제사터에 봉수대가 세워진 곳은 전남 신안도의 상라산 봉수대에서도 그 예를 찾을 수 있다. 이곳도 현재 제의가 단절되고 그곳이 봉수대인 관계로 주민들은 제사 터로 인식하지 않는 경향이 있는데, 봉화산에서 봉수제를 올리고 있는 석전동민 역시 자신들이 제를 올리고 있지만 그것이 성황당 제의에 연유한 것인지에 대해서는 인지하지 못하고 있는 것과 같다.

회원현성의 퇴폐와 신당의 소멸에도 불구하고 산제당 혹은 공신당산이 민간제의의 성소로서의 기능을 유지하고 있는 것과 마찬가지로, 봉화산 성황당은 제의의 폐지와 봉수의 폐지에도 불구하고 봉화제나 산왕대신의 제당이 됨으로써 성소로서 그 전통이 유지되고 있다. 즉, 성황제의는 소멸되었지만 이 지역은 민간신앙의 제장으로서 지역민들에게 또 다른 신격이 강림하는 중심상징으로 재생산되고 있는 것이다.

제사에서 신화를 발견하다

앞 장에서 마산지역 성황당의 입지적 변천과정과 민간신앙과의 상호 작용 양상을 살펴보았다. 여기서는 성황당의 신격이 지역수호신, 혹은 지역방위신격이었다는 전제에서 마산주민의 오래된 공적 제의로서 현재 그 제의명칭과 신주를 유지하고 있는 성신제와의 관련을 살펴보기로 한다.

이것은 지금까지 성황신앙이 민간신앙화 하는 과정을 살핀 것이라면 또 다른 관점에서 지역의 공적 제의로서의 성신제가 성황신앙과 어떻게 상호작용했는가 하는 문제를 살피는 것이다.

어떠한 제의든 그것은 신적인 모델인 원형을 가지고 있다. 종교의 모든 관습과 의례는 조상들로부터 전해 받은 정해진 관습과 불문율에 의해 행하는 것인 바, 마산지역의 성신제가 어떻게 전대의 신앙을 의례화하며 형식화되어 갔는가 하는 문제와 지역제의의 신화적 원형을 살피고자 한다.

마산지역의 성황당 제의는 성의 퇴폐와 더불어 폐지되거나 유명무실해진다. 반면 이것은 민간신앙의 제당으로 전이되거나, 다른 한편이 지역의 포 또는 조창을 중심으로 성장한 지역토호들이 주체가 된 성신제라는 새로운 제의로 확대재생산 되었다.

현재 마산 어시장 수협중매인조합에서 신주를 유지하고 있는 성신제는 마산의 수호신인 성신에게 뱃길의 무사안전을 비는 오랜 연원을 가진 집단제의다. 바다와 뱃길의 안전을 통해 마을을 수호한다는 신격의 기능은 바다에 삶을 의탁했던 고대 합포의 주민들은 물론이고,

여몽연합군의 일본정벌 당시의 삶과 조창으로 인한 수많은 뱃사람들과 주민들의 삶에 이르기까지 그 지배력의 범위는 마산의 역사를 관통한다고 할 수 있을 것이다.

성신은 다른 말로하면 별신이 된다. 별신굿에 대한 정의는 각기 다르지만 무속굿의 하나로 축제적인 마을굿을 말하는 것임은 공통적인 의견이다. 그러므로 별신이란 사적 민간신앙의 신이 아닌 초가정적이며 공적인 부락 공동수호신의 개념이라는 의미가 더 크다. 따라서 별신이 전 부락의 공동신격이라는 점에서 성신제의 신격이나 성황신의 신격, 또 산왕대신의 신격은 동등한 자격을 가진다고 할 수 있다.

또한 '별'은 바다에서 육지로 돌아오는 뱃길의 길잡이인 자연대상으로서의 별인 동시에 곡식창고를 상징하는 말이기도 하다. 왜냐하면 고려시대에 곡식창고의 상량문에 의하면 "집에 있어서는 곳집이라 하니 실상 곡식을 저장하는 근원이요/ 하늘에 있어서는 별이 되니 곳집을 상징하는 것이다/ 나라에 있어서는 곳집이 가장 중요하니"라고 했고, 도읍을 정하고 사방의 貢稅를 받는 내력을 적고 있다. 수로와 육로로 운송된 많은 공물을 노적하여 저장이 허술했던 것을 곳집을 지어 보관하면서 지은 상량문이다.

마산은 포를 기반으로 형성된 촌락이며 고려시대 포는 해운교통의 중심이었다. 이 포가 나중에 석두창, 조창으로 발전하게 되고 조창은 마산항의 개항과 더불어 마산이 본격적인 항구도시로 발전하는 결정적인 견인차 역할을 하게 된다.

1760년(영조36)의 마산창이 형성됨에 따라서 인근지역으로부터 사람들의 왕래가 빈번해지고 조창에 달린 관원, 소공 등의 인구가 상주하면서 마산은 인구집중 현상과 더불어 문화적 발전의 전기를 맞게 되고 도시발전이 급속도로 진행되었다. 마산창 주변에는 동성, 중성, 오산, 서성, 성산, 성호 등 6리가 형성되었는데 이들 지명은 모두 회원현성이 있는 공신당산, 즉 산제당을 중심으로 형성된 마을이며 지명도 성을 중심으로 만들어졌다. 「고려사」에 환주라는 지명이 나오고, 「세종실록지리지」에 '회원별호환주'라 했으며 「신증동국여지승람」, 「경상도읍지」 등에도 군명으로 환주가 나온다. 즉, 환주산은 포를 중심으로 발달한 마산의 중심산이며 성산으로서 지역수호신에 대한 제의를 모시던 제당이 있었음을 알 수 있다.

성신제가 조창과 관련해서 행해진 관민일체의 대규모 축제행사에서 비롯되었음을 '송조선가'에서 발견할 수 있다.

이 시에는 조창 유정당 마당에서 조운선이 출발하기에 앞서 초공 수백 명을 불러 모아 자리를 마련하여 뜰에 벌려 앉히고 음식을 돌리고 격려하고, 나루터에서 기생들이 전별하는 춤을 추고 '선유락'을 연주하고, 가득 모인 백성들이 즐거워하며 깃발을 나부끼며 출항하는 모습을 떼 지어 서서 바라보고, 북과 나발이 불고 세 발의 포를 쏘고 돛을 걸어 조선이 떠나며, 온갖 신神들이 큰 바다 밖으로 배를 호송하는 모습이 그림같이 묘사되어 있다. 여기서 배를 호송하면서 많은 신을 모시고 축제적인 굿을 하는 별신굿의 모습을 확인할 수 있다. 그리고 이러한 별신굿의 기원 대상은 조운선의 무사 항해를 비는 것이다.

이 시의 말미에 "아아, 하늘이 응당 우리 관찰사의 정성에 감동했으리라"라는 구는 7언의 형식을 파괴한 것으로, 이것은 또 "야가항요어언작"라고 하여 어언간에 항간의 노래가 되었음을 말하고 있다. 즉 9

언의 노랫말이 민간에서 뱃길의 안전을 신께 비는 주문과 같은 기능을 했음을 말한다.

이 시를 지은 때가 마산창에서 1760년 4월 병술일에 처음 조운선이 출발하는 날이다. 이때 김이건의 나이 63세로, '조창유정당' 시를 지은 박사해와 더불어 여러 고을의 수재들이 모인 이 자리에 참석한 것으로 보인다. 그가 여러 고을의 수령을 거쳐 청주목사로 승진하였으며, 환곡의 관리를 잘하고, 흉년에 떠돌아다니며 빌어먹는 사람이 없도록 진휼에 힘써 선치수령(善治守令)으로 칭송을 받았다. 이로 보아, 당시 환곡을 담당하던 중앙관리의 자격으로 마산창 유정당의 의례에 참석하여 시를 지은 것으로 보인다. 시의 내용에 조창의 건립경위와 조창에 관련된 많은 사람들의 고통 조운선 출항의 과정 등이 잘 정리되어 있는 데서도 책임자로서의 그의 지위를 알 수 있다.

'유정당 기문'에 의하면, 영남관찰사 조엄이 군의를 물리치고 뭇 사람의 원망을 들어가며 장계를 갖추고 조정에 알리어 창원 마산포에 경상우도 좌창을 설치했다. 5개월 만에 공사를 마치고 여러 고을의 지방관들을 초청하여 마산에 도착하여 뱃사람들 4백 인에게 음식을 내려 위로하고 많은 기생들이 '선유락'을 연주하게 하는 등 '송조선가'의 내용이 순서대로 기문에 적혀 있다. 말미에 조창의 원만함은 '사람이 가지고 있는 꾀로 된 일이 아니라 뭇 신령들이 이루게 해 주었기 때문에 된 일'이라 적고 있어 '송조선가'에서 백신이 배를 호송한다는 내용과 같은 종교적 인식을 바탕에 깔고 있다.

성신을 '마산의 수호신'이며 '뱃길의 무사안전을 지켜주는 신'으로 제사한 것은 조운선의 험난한 항해에서 겪게 되는 주민들의 수난에서 비롯된 것이다. 세곡을 실은 조운선이 거센 파도를 못 이겨 노량을 벗어나지 못해 빈번한 사고를 당하게 되고, 이것은 세곡이나 배의 손실은 물론 책임자들의 문책으로 돌아와 뱃사람들이 도망가고 관리가 파면되는 등의 고난을 불러왔다. 이러한 사정은 바다에 대한 공포를 만들었고, 뱃길 무사안전을 기원하는 제의의 요구는 필연적일 수밖에 없는 것이다. 조선시대 통신사들의 뱃길노정을 보여주는 신유한의 「해유록」이나 김인겸의 「일동장유가」 등에도 출항에 앞서 부산의 '영가대'에서 해신제를 지낸 기록이 나온다. 이들 제의는 출항 전 뿐만 아니라 항해 중에도 재난을 당하면 수시로 행해진 것으로 보인다. 이는 바다의 귀신에게 뱃길의 무사안전을 기원하는 아주 구체적인 목적을 가진 제의라는 점에서 조선의 무사 운항을 기원하는 조창제의와 동일한 범주의 관주도의 제의라 할 수 있다.

그러나 바다에 대한 공포는 조창이 있던 시절만의 것이 아니라 바다에 삶을 의탁했던 조그만 포구마을이 형성될 때부터 있었다고 보아야 한다.

성신제가 성황당제의와 어떤 상관관계에 있는지 구체적인 증거를 확보하기는 어렵지만, 이 제의가 '마산시민대표'를 제관으로 한 고대로부터 전승되는 제의이며, 바다를 지켜주는 부락 공동수호신을 제사한다는 점에서 연관성을 확보할 수 있다.

성신제는 1905년 어시장 신당이 마련되기 전까지 마을제당이 없었던 것으로 보아 산제당의 목신이나 산신각을 상당으로 하고 포구를 하당으로 하는 2당 형식의 제당이었던 것으로 보인다. 1904년(갑진년) 대폭풍우로 합포부락이 막대한 피해를 입게 되자 부락민들은 이것을

'성신님에 대한 제사를 소홀히 하여 성신님이 발작을 일으킨 것'이라 인식한다. 그래서 성신님에 대한 신심만으로는 부족하다고 판단하여 1905년(을사년) 음력 3월 28일 어시장에 신주를 건립하고 신위제단을 마련하였다. 우연인지 기적인지 항해는 무사했으며 합포만은 그동안 어떠한 바다의 침해도 입지 않았다고 했다. 이렇게 하여 신주가 세워진 날을 제일로 삼고 지금까지 그 제일을 지켜오고 있다. 이렇게 당집을 지어 제의를 행한 것을 '200년 성신제의 전통을 잇게 된 것'이라 했으므로 제의의 연원을 조창제의까지 거슬러 올라갈 수 있을 것으로 본다.

1928년 개최된 성신대제의 여흥으로 각희(씨름)가 벌어진 것으로 보아 이때까지도 축제적 성격의 제의 전통이 유지된 것을 알 수 있다. 그러나 이 시기에 이미 제의방식과 제문, 복식의 전반은 엄숙한 유교식 의례로 변모되었다. 그러면서도 제의가 어시장 신전에서 제관들이 지내는 새벽 제사와 어업조합경매장에서 관민유지들과 수백군중이 모여든 낮 시간의 기념식으로 이원화하여 행해졌다. 이것으로 보아 2당으로 나누어진 제의의 원형이 어느 정도는 유지된 것으로 보인다.

개항과 더불어 마산항의 급속한 발전은 1900년 어시장 객주조합 설립, 1940년 마산해산(주) 설립 등으로 대자본가를 형성했고, 이들 토호들이 대제의 제관이 되고 주도권을 가지면서 제당과 의례를 새로 정비했다. 해방 후 첫 대제이자 마지막 대제였던 1954년 마산해산 대표 김준영 씨가 제관을 맡았고 그 후 어시장 최대 객주 전삼도 씨, 중매인조합장 김종석 씨에게로 제의의 주도권이 넘어간 것은, 제문에 '마산주민대표'라고 되어 있지만 성신제가 마산포 또는 조창, 어시장으로 이어지는 바다에 초점이 맞추어진 제의였음을 의미한다.

어시장 신전이 건립되기 전에는 자산동의 산제당 산신제를 새벽제사로 했을 것으로 보인다. 우리나라 제의의 전통에서 산신이 어느 당제에 있어서나 기본적인 제신으로 제사되고 있다는 점에서, 즉 산신이 우리민족에게 있어서 가장 원초적인 기본 신이라는 점에서 그러하다.

뿐만 아니라 1954년 대제위원장이었던 김준영 씨의 증언에 의하면, 대제를 지낼 때 오랜 토속신앙의 무속 굿을 곁들여 했으며 자산동 뒷산 소나무를 하나를 지정해 10년 동안 키워 제를 지내고 베어 선창 신당으로 옮겨 끝에 방울을 달고 또 제를 지낸 후 목수가 다듬어 신당의 개·보수 재료로 사용했다는 것이다. 이것은 어시장 신당이 생기기 전에 있었던 상당의 산신제와 하당의 별신제를 하나로 연결해주는 상징으로 해석할 수 있으며 산제당의 신위를 하당의 어시장 신당으로 모시는 의례이기도 하다.

이러한 성신제의 모습을 송석하는 '남해안별신굿'의 일반적인 모습으로 설명하고 있다. 그가 남해안 일대의 민속을 탐방할 당시 마산에 머무른 시기가 1933년인데, 이 기간에 원시종교와 연극의 관계를 알아보기 위한 거제도 탐방도 병행했다. '중외일보' 기사에 1928년 '별신대제'를 행했으므로 송석하의 마산방문 기간이 5년 중제가 열린 해이다. 또 같은 시기 '줄다리기에 관한 고찰'에 의하면 남해안 일대에는 다른 지역과 마찬가지로 별신(別神 또는 星神이라 하여 장대를 세우는 立竿信仰)의 민속이 있다고 하고, 추엽융의 기술을 빌어 별신대 민속을 소개하고 있다. 이 별신신앙이 바로 마산 성신대제의 모습이며, 성신제는 1905

년 제의를 정비할 때 한자식으로 이름 지은 것이다.

따라서 성신제의 원형은 산제당의 상당제사와 바닷가의 하당 제사인 2당 형식이었을 것으로 추정되며, 상당 제사는 소수의 제관만 참여하는 산신제 성격의 엄숙한 새벽제사였고, 하당 제사는 놀이를 동반한 바닷가의 마을 주민이 모두 참여하는 개방된 축제적 성격의 제사였을 것으로 추정할 수 있다.

마산포 거점 토호들이 주도한 성신제가 조창 제의와 관련 있음은 마산포와 조창의 행정적 연계에서도 드러난다. 광무 2년(1898년) 5월 26일 개항 선포에 이어 1899년 6월 1일 마산포는 외국무역에 개방되었다. 정부는 마산포에 창원 감리서를 설치하고 창원부윤 안길수를 감무서리로 겸무하도록 하고 마산포에 남아있던 구조창전운사아문을 감리아문으로 임명하여 안 감리에게 1년 이내에 개항 준비를 마치도록 훈령을 보냈다.

자연히 전운어사의 집무소인 유정당이 개항준비를 위한 집무소가 되고 조창 업무를 맡은 사람이 마산항 개항 업무를 맡음으로써 자연히 조창의 업무나 조창관련 인적 자원과 기타 부속된 체제들이 어시장 상권과 연계되었다. 자연히 성신제라는 제의의 문화적 전통도 계승된 것으로 보인다. 그리고 제사, 별신굿, 선유락, 오광대놀이 등의 볼거리로 구성된 대규모의 축제의 전통이 마산창에서 마산항, 어시장으로 계승되는 동안 의례의 형식과 내용은 점차 소멸되고 제사만 현재까지 유지된 것이다.

집단의 기억은 원형에 수렴한다

마산 지역의 성황당은 행정구역의 변이 또는 성의 폐허 또는 축조와 이전에 따라 입지적 상황이 변천했다. 가장 오래된 성황당은 산제당 또는 공신당산이라고 불리는 회원현성 내에 있었으며, 이 성이 왜구의 침탈과 방화로 폐허가 되고 합포성으로 병영이 옮겨가자 성황당도 봉화산의 봉수에 합사되어 성황당봉수가 된다.

고려시대 성황당이 있었던 환주산 회원현성 정상에 신당이 있었으나 병화로 성의 퇴폐하자 신당의 기능도 상실되었다. 그러나 산제당은 목신과 산신각, 용왕정을 중심으로 한 민간신앙이 성소로서의 중심상징을 확대재생산하고 지금까지 그 기능을 유지하고 있다.

봉화산은 봉수와 근주역이 있던 곳으로 합포성 시기에 성황당이 있었다. 봉수에 성황당을 합침으로써 성황당봉수라는 명칭을 썼고, 현재 봉수대 아래 신단이 남아있다. 이곳은 근주향우회에서 주관하는 봉화제와 산왕대신을 제사하는 민간신앙의 제당으로 이원화 되었다. 그러나 이들은 동일한 신격과 동일한 제장에서 파생된 각기 다른 제의라 볼 수 있다.

성황당이 있던 곳에 산왕대신을 모시고 산제당이 된 것은 성황신과 산신을 동일시한 데서 비롯된 것이며, 성황당은 마산의 오랜 민간신앙인 성신신앙의 제장으로서도 기능했다.

고대로부터 마산은 바다를 삶의 터전으로 삼았는데, 포와 석두창, 조창의 설치는 바다와 마산주민의 삶을 더욱 결속시켰고, 성신은 마산의 수호신으로 자리하게 되었다. 조선 영조 36년 조창의 기문과 첫 출항을 바라보고 지은 '송조선가'에서 별신굿의 흔적을 확인할 수 있다.

이로 보아 그 이전부터 성신은 바다의 수호신이자 뱃길의 무사안전을 돕는 신으로 숭배되어 왔음을 알 수 있다. 성신신앙의 별은 자연 대상으로서의 별인 동시에 공물을 저장하는 창고를 상징하기도 하는데, 조창제의의 신당이 있는 환주산을 공신당산이라 부르는 것에서 그 흔적이 남아 있다. 따라서 이 성신이 마산지역 성황신의 원형이라 할 수 있으며 마산의 가장 원초적인 신격이라 할 수 있다.

성신의 신격에 대한 의식이 희미한 가운데 마산은 1904년의 대폭풍우 피해를 입게 되었고, 이것이 계기가 되어 1905년 어시장신당을 만들게 되었다. 어시장 제당의 개보수를 위한 나무를 자산동 뒷산에서 운반한 의식은 상당의 산신제와 하당의 별신제를 연결하는 상징으로 해석된다. 그리고 성신제는 산제당의 상당제사와 포구의 하당제사인 2당 형식의 제의가 원형이었음을 의미한다.

집단적인 기억이 역사적 사건에 대해 구체적 회상이 불가능하다고 할지라도 그들은 성소와 중심상징에 대한 기억의 유지를 통해 과거 제의를 끊임없이 재생산하고 있다. 이를 통해 제의의 원형은 어떤 모습으로든 현재에 투사되고 있는 것이다.

제의의 주체들이 그 제의와 관련된 구체적인 역사적 사건이나 연관을 기억하는 것이 아니라 그런 사실들과 관계없이 '여기가 성소이기 때문에' 또는 '아득한 옛날부터 우리 조상들이 수호하였으므로' 오늘날 제의를 지낸다는 사실에서, 제의는 끊임없이 신화적 원형을 추구하고 있다고 할 수 있다. 그리고 오늘날 제의의 원형이 과거 제의의 반복이라는 점에서 제의의 주체들은 신격에 대한 신성을 유지할 수 있는 것이다.

시장으로 내려온 별신대

별신대를 세우는 사람들

마산지역 별신대는 '별신(성신)대제'의 중요한 제의적 상관물이다. 마산지역의 별신제가 언제부터 행해졌는지 정확하게 알기는 어렵다. 그러나 1928년과 1954년의 신문기사에 이 제의를 '200년의 전통을 가진 끊을 수 없는 신앙'이라 하였고, 1905년에 어시당 신당을 지어 제의를 부흥시킨 과정이 기록되어 있다. 그리고 1935년과 1938년의 민속보고서에서 '별신別神 또는 성신星神'의 신격과 신체로서의 별신대에 대한 기록을 확인할 수 있다. 또 1760년 마산조창과 관련된 한시에서 제의의 배경을 읽을 수 있다. 따라서 마산별신제의 연원은 마산이 포로서 조창의 기능을 수행하게 된 고려시대까지 거슬러 올라간다. 이러한 오랜 연원을 가진 마산의 별신제와 별신대 세우기는 다른 지역 별신대의 생성배경을 밝히는데 중요한 자료가 될 것으로 보인다.

조선시대 조창의 관속들이 주도해온 마산의 별신제는 1894년 조창이 폐지됨으로써 맥이 끊어진다. 그 이후 1899년 마산포가 외국무역에 개방되면서 마산은 어시장을 중심으로 새로운 번성기를 누리게 된다. 10년 만에 별신제가 성신제의 이름으로 부흥되면서 어시장 객주라는 새로운 제의 주체가 등장한다. 이들에 의해 별신제는 민간주도의 시장제로 변화된다. 마산별신대의 형식과 내용은 이러한 제의의 전승과정과의 밀접한 관계 속에서 성립되었다.

각 지역마다 솟대나 장승 등의 다양한 입간立竿 신앙이 존재한다. 마산의 별신대 역시 제의의 과정에서 신격의 존재를 확인하고, 그것을 중심으로 무속의례를 행했다. 별신대는 주민들에 의해 신성의 상징으로 인식된다는 점에서 다른 지역의 입간 신앙과 동일하다. 마산의 별신대 세우기는 일정기간 단절되기도 했지만 기록을 통해 그 원형을 온전히 알 수 있다. 제의의 단절과 부흥의 과정을 거치면서 제의 주체들에 의해 신당과 신격이 별신대라는 입간 속에 새로운 형식으로 자리 잡았다.

여기서는 마산지역 별신대 세우기의 형식과 내용을 정의하고, 이 별신대와 밀접한 관련이 있는 제당의 구성과 대상 신격의 특징을 살펴보자. 제당과 신격의 변화는 별신대의 변화에 직접적 영향을 주었다. 제의의 전승과정에서 제의 주체들이 별신을 어떻게 의미화하고 있는지 아는 것은 제의의 발생론과 입간 민속의 본질을 해명하는 중요한 문제이다.

대제관이 들려준 별신대 세우기

별신대 세우기는 별신대제의 한 제차로서 중요한 위치를 차지하고 있다. 마산별신대에 대한 기록은 송석하(1935년)의 <민속탐방잡기>와 <줄다리기에 대한 고찰>, 무라야마지준(1938년)의 보고서가 가장 오래되었다.

<민속탐방잡기>에 의하면 송석하 선생은 1933년 일정 기간 마산에 머물렀다. 그는 마산을 거점으로 하여 통영과 거제지역 등 남해안 일대의 민속을 조사했다. <중외일보> 기사에 의하면 1928년 마산에서 '별신星神대제'가 열렸으므로 송석하가 마산을 탐방한 해는 별신제의 중제가 열린 시기이다. 이 별신제는 200년의 역사를 가진 제의로서, 일정기간 동안 맥이 끊어졌다가 1904년에 부흥되었다. 부흥된 성신제는 어시장의 객주조합인 합포사에서 주도했으며, 어상들이 총출동하는 시장제의 성격으로 변했다.

같은 시기 <줄다리기에 관한 고찰>에는 별신대의 구체적 실체가 확인된다. 남해안 일대에는 다른 지방과 마찬가지로 '별신(別神 또는 星神이라 하여 장대를 세우는 立竿信仰)의 민속이 있다'고 소개하고 이것을 아키바다카시의 기술을 대신하여 소개하고 있다.

> 그곳에는 삼 년에 한 번씩 몇 명의 무녀와 무악을 맡은 무부巫夫에 의하여 별신제가 행하여진다. 우선 전야제로서 천왕대신天王大神에게 제사 드리는 당산제가 당산나무 아래에서 행해진다. 이것을 들마지入迎라고 한다. 다음날은 미명에 산에 올라가 산신에게 제사를 지낸다. 아침식사를 마친 뒤 장승에게 가서 제물을 바치고 동라銅鑼

를 울리는데 이것은 별신장군을 받들고 잡귀와 객귀를 쫓기 위해서이다. 다음은 부두에 가서 동서남북의 용왕에게 제사지내고 이어서 동네 우물의 용신에게 제사지낸다. 여기서 대개 저녁이 되므로 저녁식사를 든다. 그 뒤에 마침내 별신장대를 세운 곳에 모여 동대부洞大夫라 하는 마을의 주신主神에게 제사지내는 큰 굿을 하게 된다. 동대부는 마을의 수호신이기도 하다. 제단에는 병풍을 둘러치고 공물을 바치며 촛불을 밝힌다. 여기에 먼저 「주무主巫」가 절을 하고 그 뒤 몇 명의 무녀와 무부가 노래를 부르고 춤을 춘다. 이것이 이튿날 아침까지 계속되는 것이다. 이튿날 점심때쯤 되면 제물祭物을 간다. 마지막으로 소위 물밥이라는 것을 잡귀에게 주는 「새신賽神」을 마치면 마을 사람이 함께 음식을 나누는 순서로 진행되는 것이다.

송석하: 1935.8-17, 170쪽

송석하는 별신제의 제차가 당산제, 산신제, 장승제, 용왕제, 용신제, 큰굿 순서로 진행된다고 하고, 장승제를 별신장군을 위한 제의라고 했다. 그리고 큰굿은 별신장대에서 동대부라는 주신을 모신다고 했다. 그는 현지탐방 결과 통영·거제·마산 등 남해안 지역의 별신대 민속이 아키바의 보고와 동일하다고 하였다. 그런데 통영·거제지역에서는 별신에 장군의 칭호를 붙이지 않는다. 이로 보아 여기서 말하는 '별신장군'은 마산별신제의 신격을 지칭하는 것으로 보인다. 그리고 별신장군을 위해 장승제를 지내고, 다시 별신대를 세워 주신을 위한 굿을 한다고 했다. 즉, 별신과 마을 수호신이 분리되어 있어 제의의 대상 신격이 분명하지 않다. 이것은 거제별신제를 중심으로 남해안 지역 별신제의 내용을 일반화하는 과정에서 생긴 오류로 보인다. 중요한 것은 별신대를 중심으로 주신을 위한 큰굿이 열리며, 이 굿이 별신제의 가장 중심을 차지하고 있다는 것이다.

다음 무라야마의 보고에서는 마산별신대의 보다 구체적인 형식과 내용을 알 수 있다.

> 그 신체는 소나무로 길고 곧은 것이다. 길이 14~5간(큰 배의 돛대 정도의 것) 되는 것을 세워 그 밑둥치에는 돌로 네모나게 겹쳐 깔고, 그 위에 가로목을 덧대어 양 끝에 주먹 크기 정도의 방울을 매달고, 그 땅에는 황토를 둘러 뿌려 신의 영역으로 했다. 이 신체를 새로 세울 때에는 사전에 산중에 곧은 나무를 선정해서 그 나무에 「성신체로 쓰는 나무」라는 뜻을 써 붙여 손이 타지 않게 소중하게 길러내어 그것이 장대하기를 기다려 바꾸어 세우는 것이다. 그런데 지금부터 32~3년 전 이 신목으로 적당한 것이 없었기 때문에 신사를 지어 그 안에 신위를 봉안하여 완전히 그 규모 형식을 바꾸어 버렸다.
>
> 무라야마 지준: 1938, 210쪽

이 기록에서 주목할 것은 별신대 형식의 원형과 그 변화 과정이다. 별신대는 곧은 소나무를 성신체로 지정하여 10년간 보호하여 길러 이것을 별신제 때 세우는 것이다. 이를 세울 때는 돌을 겹쳐 깔아 나무를 지탱하고 끝에 가로로 나무를 대어 양쪽에 큰 방울을 달았다. 그리고 신목의 주위에 빙 둘러 황토를 뿌려 주변을 정화함으로써 신성구역을 표시했다. 이 별신대를 중심으로 무녀와 박수가 밤새도록 무악을 연주하고 지신밟기도 했다. 그리고 10년을 주기로 신주를 새로 세웠다고 했다. 즉, 별신대 세우기의 원형은 10년을 주기로 하는 별신대제의

한 의례로서 신주를 세우고 그를 중심으로 큰굿을 하는 것이 가장 핵심사항이다. 그런데 별신대 세우기는 성신제가 시장제로 부흥되는 시점에서 어시장에 제당이 설치되고 대체됨으로써 그 의례가 단절된다.

그러나 어시장 제당 건립을 계기로 단절된 별신대 세우기는 성신제 50년 과정에 다시 복원되어 행해졌다. 1954년 성신대제의 마지막 대제관을 지낸 김준영의 증언에 의하면, 별신대 세우기는 '성신사당을 위한 신목神木 신앙'이라 하였고 매우 중요한 의례로 인식되었다.

> 백 년 전 까지만 해도 자산동 뒷산은 송림松林이 창울蒼鬱했는데 자산동 송림 중 한 그루를 10년 동안 신목으로 지정하고 이 나무에는 금줄을 치며(범신론적) '성신신목'이라 이름 지어 신성시하였고 이 소나무는 아름드리의 거목巨木으로 자란 것을 신사당辰祠堂 개축 보수 등에만 쓰였다.
>
> 신목을 벌채할 때는 수백 명의 어부들이 목욕재계에 반드시 희고 깨끗한 옷을 갈아입고 나무 앞에 제를 모신 후에 벌목을 다듬어서 자산동 뒷산에서 선창 사당 옆에 미리 만든 제단까지 교대로 어깨에 메고 운반할 때는 어찌나 엄숙한지 길가는 어떠한 사람도 고개를 숙였고, 운반된 신목(1개)은 단 한가운데 전주電柱 모양으로 세워 상부에 나무를 가로질러 거기다가 방울을 여러 개 달고 제를 지낸 후 목수의 손에 넘겨져 사용하였다.
>
> 김준영: 1984

김준영의 증언은 기본적으로 무라야마의 보고서와 동일하다. 그러나 무라야마가 보고한 별신대 세우기는 1905년 성신장군신전이 설치되기 이전의 원형으로서 별신대 자체를 항시적으로 10년간 세워둔다. 그리고 이것이 쇠퇴하므로 10년을 주기로 신주를 새로 세우는 것이었다. 그리고 김준영이 목격한 별신대 세우기는 중간에 폐지된 의례를 다시 복원한 모습이다. 이 복원과정에서 별신대가 사당의 개보수에 사용되었다는 것은 별신대와 사당의 병립상황을 해결하는 과정에서 발생된 새로운 의식이라 할 수 있다.

> 4월 20일 오전, 신목으로 정한 큰 소나무를 자른 다음, 운반하기에도 좋도록 도끼로 손질했다. 듬직한 재목을 메고 오는 데는 노동요가 필요했다. 이때 목도꾼의 입에서 흘러나오는 구성진 사설에 구슬픈 가락이 어찌나 장중하고 숙연했던지 주민들도 감동하고 말았다. 20여명의 목도꾼이 산에서 재목을 메고 내려와 자산동회 마당에서 쉬게 되었다. (중략) 막걸리 30여말을 가져왔고 미리 돼지를 잡아 준비한 돼지수육을 푸짐하게 내놓았다. 목도꾼뿐만 아니라 선창의 객주들과 자산동민까지 몰려와 잔치판을 벌인 것이다.

위 기술은 별신대를 운반하는 과정에 대한 증언인데, 별신대가 자산동에서 어시장 신당까지 운반되는 경로를 알 수 있어 부흥된 별신대 세우기의 구체적인 과정을 알 수 있다. 그리고 별신대 세우기가 별신제의 중요한 의례로 인식되고 지역민의 많은 호응을 받은 것도 알 수 있다.

마산별신대제에 대한 이상의 기록을 근거로 별신대 세우기 내용을 정리하면 다음과 같다.

별신제의 주재 집단에 의해 먼저 자산동 뒷산의 소나무 한 그루가 신목으로 지정된다. 이 신목은 '성신신목'으로 불리고 금줄을 둘러 보호하며 10년 동안 재목으로 키워진다. 별신제는 매년의 소제와 5년마다의 중제, 10년마다의 대제로 구분된다. 이 신목 기르기는 10년 대제를 위한 중요한 준비과정이다. 대제가 되면 신목에 제를 지낸 후 벌채하여 기둥 모양으로 다듬어서 바닷가의 제단으로 운반한다. 운반하는 과정은 엄숙하고 목도꾼들이 소리를 한다. 이 소리는 구성진 사설에 구슬픈 가락이었다. 이 신목은 자산동 동회마당을 지나고 그때 목도꾼들에게 주민들이 술과 음식을 대접한다. 제단으로 운반된 신목은 상부에 나무를 가로질러 양쪽에 방울을 달아 세운다. 이때 신목을 지탱하기 위하여 밑둥치에 돌을 네모나게 쌓는다. 별신대가 세워지면 주면에 황토를 뿌려 신성구역을 표시한다. 무당은 별신대 앞에 병풍을 치고 촛불을 밝히고 공물을 바친 후 이튿날 아침까지 춤과 노래를 동반한 큰굿을 한다. 점심때가 되면 제물을 갈고 굿이 끝나면 물밥을 하여 잡신들을 대접하고, 굿이 끝나면 마을사람들과 음식을 나누어먹는다.

이 별신대 세우기는 별신제의 중요한 의례였으나 별신제가 어시장의 시장제로 변하면서 단절되었다. 즉, 1905년부터 별신대는 성신장군신전을 설치하고 그 안에 신위를 봉안하는 것으로 대체되었다. 그러다가 성신제 50년 기간의 어느 시기에 별신대 세우기가 부활되는데, 이때부터는 신목지정과 운반까지는 전통양식을 그대로 따랐다. 그러나 별신대는 독자적인 신앙대상으로 항시적으로 장시에 설치되는 것이 아니라 사당의 개보수를 위한 부차적인 의례로 변하였다.

성신제의 제당과 신격

제당은 어떻게 구성되었나?

마산별신제의 제당은 1905년 별신(성신)제의 부흥을 기점으로 큰 변화를 보인다.

1905년 이전의 제당은 환주산의 산제당이었다. 산제당이 있는 환주산은 고려시대 산성지로서 정동행성의 거점이었고, 공신당산貢神堂山 · 공신당산供神堂山· 공신당산公神堂山으로 불렸다. 또한 1933년 산제당에 성덕암이라는 사찰이 들어서기 전까지 이곳은 산왕대신을 제사하는 민간신앙의 제당으로서의 기능을 수행하기도 했다. 당집이 있는 공간은 중심을 뜻하므로 환주산은 마산의 중심산이다. 이 중심산에 있는 당집의 신들은 하늘을 오르내리며 제의 주체의 기원을 듣는다.

산제당은 신목인 엄나무와 산신각, 용왕전으로 구성되어 있다. 신목인 엄나무는 수령이 오래된 거목으로 목신각으로 불리며, 나무의 뿌리 부분이 큰 바위로 받쳐져 있고 그 앞에 초를 올릴 수 있는 정도의 단을 만들어 놓았다. 목신각 바로 앞에 산신각이 있다. 산신각 내부에는 제단과 산신도가 갖추어져 있다. 산신각에서 아래쪽으로 십 미터 정도 내려오면 용왕전이 있다. 용왕전 내부에는 제단과 용신도가 갖추어져 있다. 용왕전이 있는 곳은 원래는 엄나무 신목의 뿌리부분에서 물이 흘러내려와 고인 샘이 있었고 그 샘을 용왕정으로 불렀는데, 약수를 얻기 위해 나병환자들이 몰려들어 물을 흐리게 되자 절에서 그 샘을 메우고 용왕전을 세웠다.

지역민들은 목신각인 엄나무에 목신이 있다고 믿어왔으며, 여기에 제사지내고 영험을 바라는 기도는 최근까지 행해졌다. 때문에 성덕암 신도들 사이에 목신의 영험에 대한 많은 전설이 전해지고 있다. 사찰이 들어서기 전에 무당이 산왕대신을 섬기며 산제당 자리를 차지한 사건이 있었다. 이 일에 대해 미신으로 부녀자들을 현혹시킨다는 명목으로 마을 청년들이 무당을 산제당에서 추방시킨 사건이 있었다. 이후 성덕암이 들어선 뒤에도 일반인과 광대, 기생조합 등에 의한 기도가 계속되었고 무속인의 출입을 금지시키는 상황에서도 몰래 제를 지내다가 쫓겨나는 사건이 빈번하였다. 그러나 성덕암에서도 이 엄나무에 막걸리를 몇 말씩 붓고 스님이 제를 지내기도 한 것으로 보아 산제당의 목신에 대한 오랫동안 유지되었다. 이것은 산제당과 성덕암이 별개의 공간이면서도 또한 공존하는 양상을 보인 것이다. 지금도 절에 기도하러 오는 신도들은 먼저 목신각과 산신각에 절하고 본당으로 가서 기도를 하는 것을 상례로 인식하고 있으며, '어시장 기도는 산제당절'이라는 말이 있을 만큼 시장제인 성신제의 제당으로서의 성소에 대한 원형적 인식은 훼손되지 않고 있다.

산신각은 목신각과 한 짝으로 인식되는 경향이 있다. 목신에 대한 영험과 산신각 기도의 영험이 혼재되는 양상이 그것이다. 산신각의 구성은 사찰의 일반적인 산신각과 같은 형태를 보이면서 규모 면에서는 한 사람이 들어가 절할 수 있을 정도의 크기다. 그리고 사찰과 민간신앙의 습속으로 인한 사찰의 부속건물이 아니라 원래 민간신앙의 제장으로서의 산신각이 선행했다. 성덕암이 들어서기 전에 산제당은 이미 목신각, 산신각, 용왕샘으로 구성되어 있었으며, 산제당의 영험에 근거하여 그 자리에 절이 들어섰고 그 때문에 성덕암을 '산제당절'이라고 부른다.

이 산제당은 조창의 폐지와 함께 별신제가 단절되면서 지역수호신격의 공적 제당으로서의 지위를 상실하고 대신 무속신앙에 자리를 내주게 된다. 그리고 1905년 성신제의 부흥과 어시장 신전의 건립으로 성신제의 제당은 새롭게 구성된다.

새로운 제당의 설치는 바다로 인한 재난이 직접적 계기가 되었다. 1904년 마산의 합포만 연안은 대폭풍우로 인한 막대한 피해를 입었다. 마침 이 시기가 별신제가 단절된 기간이었다. 이 재난에 대해 주민들은 제를 지내지 않았기 때문에 일어난 '성신님의 발작'으로 인식하고 제의를 부흥시킨다. 그리하여 1905년 어시장에 '성신장군신전'이라는 신당을 건립하고 '성신위'의 신주를 설치했다. 이후 이 신당은 산제당을 대신하는 새로운 제당으로 자리하게 된다.

1934년 2월 8일 석남 송석하가 촬영한 '경상남도 마산 합포 어시장 성신지위'에 보면 기와지붕의 목조건물인 사당에 왼새끼로 금줄이 쳐져 있고, 신당 주변에는 목책이 둘려있다. 사당 내부에는 화강석으로 보이는 3층 계단 위에 높은 제단이 있다. 제단에는 나무 소반이 있고 그 위에 신주가 놓여 있다. 또 상의 오른쪽 자리에는 나무 의자처럼 만들어진 자리가 있다. 신당 내부의 천장에는 삼각형의 갓을 씌운 등이 밝혀져 있다.

이 사진은 이후 무라야마 지준의 보고서의 내용과 거의 동일한데, 이후 어시장 신당이 헐리는 시기까지 이 제당은 동일하게 유지된 것으로 보인다.

현재 신사는 구마산 오동동 어시장 옆에 약 4칸 기와지붕으로 가운데에 정방형의 각진 돌 축단을 놓고, 그 위에 주길신사 풍의 목조신전이 자리 잡고 있다. 내부에는 더욱 작은 신명조의 신묘를 수용해 이 안에 신위를 봉안하고, 입구는 나무 격자로 된 목책이 있으며 중앙에 전등을 켜놓았다. 외부에서 참배할 수 있도록 되어 있다.(이 신전의 지붕은 구리로 만들었고, 정면 계단은 5단, 석단의 계단 3단, 신전 내부는 석회바닥, 외벽과 천정은 판자를 붙였다. 석단의 높이는 약 3척, 한 변은 약 4척이다. 신위는 밤나무로 만들었고 위판의 길이는 7치수, 중앙에는 「星神位」라고 검은 글씨로 썼고, 푸른 비단자리를 깔아놓았다.)

무라야마 지준: 1938, 210-211쪽

항해의 신을 모시는 주길신사풍의 제당을 건립한 것은 일제강점기의 시작과 마산항이 외국무역에 개방되면서 일본인들의 상권이 어시장에 끼친 영향력으로 이해된다. 그러나 항해의 신과 마산별신제의 신격이 둘 다 해상의 안전을 통한 주민의 안녕을 추구한다는 점에서 제의의 목적이 일치하고 있어 주길신사풍의 제당 형식이 쉽게 수용될 수 있었던 것으로 보인다.

그러나 성신제의 주재 집단인 어시장 합포사는 객주들의 모임으로서 개항 이후 밀려드는 일본상권에 대항하여 민족상권 보호에 앞장섰고, 성신제의 제문을 짓고 제의를 유교식 의례로 정비한 옥기환·구성득 씨는 민족문화운동과 교육사업에 많은 재정을 쏟았던 지역의 대표적 애국운동가였다.

1900년 5월에 마산포 객주들을 주축으로 하는 '마산상호회'가 설립되는데, 마산상호회의 발족은 일반적인 상인들의 친목과 상권옹호라는 차원을 넘어서 개항 이후 밀려드는 외국상품과 외국자본에 대항하여 우리의 생존권을 보위하겠다는 애국적 의식의 표출이었다. 마산포 어시장의 객주들은 '합포사'라는 협의기관을 조직하여 개항이후 밀려드는 외래자금 즉, 일본상인들의 자금침투를 철저히 방어해왔으며, 구강 장시 탈취사건과 일본인에 의한 해안매축 반대, 외국인에 대한 토지 불매, 사립일어학교 설립 반대, 어용단체인 신성상회 철폐, 국채보상운동 참여 등을 통해 일제에 항거하였다. 이러한 투쟁의 조직화는 1908년 마산민의소와 조선인 상업회의소의 탄생으로 정점에 이르게 된다. 이러한 시장의 변화 상황에서 합포사가 별신제를 위해 조직되었다는 것은, 별신제의 전통이 여전히 지역민을 단합시키고 그들의 삶을 일체화하는 힘으로 작용하고 있었기 때문이다. 즉, 1920년대가 일본인에 의한 어시장 상권의 침투가 가속화되는 시점이라는 점을 고려하면, 어상들의 총출동을 통해 마산주민의 단합된 힘을 과시하려는 의도에서 별신제가 부흥되었다고 할 수 있다.

이 어시장 제당은 1979년 경 같은 위치에 수협중매인조합 건물이 들어서면서 철거되고 위패를 모신 제당을 조합건물 내에 마련하였다. 1992년 구강을 매립한 자리로 수협공판장이 이전되면서 수협중매인협회 건물 502호의 사무실 책상 위에 위패를 옮겨 놓았다가 2002년 이 건물 옥상에 15.5평 규모의 사당을 지어 지금까지 유지하고 있다.

이 현대식 사당의 내부에 높은 제단을 설치하여 제물을 올릴 수 있도록 했고, 그 위에 감실을 마련하여 위패를 모시고 있다. 또 후면에는 용의 호위를 받는 신이 가운데 앉아있고 곁에는 부채를 든 선녀와 합장하고 있는 동자가 그려진 용신도가 있다.

이상과 같이 마산별신제의 제당은 제의의 주재 집단의 변화와 더불어 변했다. 먼저 별신제가 조창의 관속들이 주재하는 공적제의였던 시기의 제당은 환주산의 산제당이었다. 이곳은 수호신격을 제사하는 제당이 있는 마산의 중심산이다. 조창의 폐지로 인해 제의가 단절되자 산제당은 민간신앙의 제당으로 변했다. 개항과 어시장의 번성은 별신제가 시장제로 전환되는 기점이 되었으며, 이로 인하여 제당은 어시장의 '성신장군신전'으로 대체되었다. 이 신전은 다시 성신제의 주재 집단이 수협중매인으로 범위가 축소되면서 중매인협회 건물로 들어가 더욱 폐쇄적 신당으로 변하였다.

남해안별신굿이 잘 전승되고 있는 지역으로 거제의 양화, 수산, 죽림포 등이 있다. 수산마을의 경우 마을 뒤쪽의 옛길이 있고 고개마루 위에 당숲이 있고, 그곳에 큰 소나무가 당나무로 모셔지고 있는데, 이곳이 제당이 되며 소나무는 신목이 된다. 이 당산의 신은 마을의 수호신으로서 주신主神이 되며, 마을의 태평과 어로, 양식, 풍작 등 모든 사항을 관장하는 신이다. 양화마을은 마을 앞에 큰 고목이 목신당으로 섬겨지고, 이 당목 옆에는 별신굿 때마다 솟대를 깎아 세운다. 또 마을 앞에 바다를 끼고 야산이 이루어져 있고, 그 산의 중턱쯤에 숲과 고목이 있는데 이 고목이 당산 할아버지당이며, 마을에서는 당산할아버지를 산신님이라고도 한다. 죽림포 경우도 마을로 넘어오는 고갯길 바로 옆에 한 칸 정도의 콘크리트로 된 작은 당집이 세워져 있고 그 안에 비석 형태의 신체가 모셔져 있다. 비석형태의 신체가 세워진 것은 그리 오래되지 않은 것이다.

이와 같이 남해안별신굿 전승 지역의 제당은 그 원초 형태가 당숲과 신목이다. 마산의 경우도 산제당에 엄나무의 목신이 먼저 있었고 그 다음에 산신각이 세워졌다. 용왕전의 경우도 절이 들어선 뒤에 샘을 메우면서 생겨난 제당이다. 그러나 그 신격은 여전히 목신과 산신과 용신으로 존재한다. 이것이 제당의 변화 과정 속에서 산신이 소나무 신목을 신체로 표상되어 시장터로 내려왔고, 시장에 당집이 곁들여지면서 성신장군이라는 구체적인 신격을 갖게 된 것으로 보인다.

별신과 별신장군

제의는 궁극적으로 신에게 인간의 안녕과 풍요를 빈다는 것은 동일하나, 지역에 따라 제의 목적에는 차이를 보인다. 별신제의 목적은 산신, 지신, 해신, 여신厲神 등의 위안과 화재나 전염병 등 흉사의 예방, 시장의 번영, 오락 등으로 다양하게 나타난다. 이와 같이 별신제는 다양한 목적으로 이루어지기 때문에 그 신격의 연원이나 성격을 하나로 정의내리기가 쉽지 않다.

별신제에서 별신은 일반적으로 제의의 명칭을 의미한다. 이 경우 대상 신격의 명칭은 별도로 존재하는 것이 대부분이다. 그러나 마산 별신제의 경우는 제의의 명칭과 대상 신격의 명칭을 동시에 아우르고 있다.

마산에서 별신제라는 명칭을 언제부터 사용했는지는 분명하지 않다. 그러나 별신제의 대상 신격을 이해함으로써 그 연원을 추적할 수 있을 것으로 보인다. 환주산 산제당은 별신제의 상당으로서 그 역사가 가장 오래된 제당이다. 산제당이 공적 제당으로서 기능하고 있던 시기의 신격은 산신과 목신, 용신으로 정리된다. 그런데 이 신들의 모습은 호랑이, 산신, 용왕, 산왕대신, 총각신 등 다양한 양상으로 나타나고 있다. 남해안별신굿의 용왕굿 신령은 사해용왕이며 용왕굿은 용왕님과 수중고혼을 위해 주는 굿으로서 바닷가에서 행해진다. 마산의 경우 바닷가가 아닌 산제당에 용왕이 있는 것은 특이한 예다. 현재는 산제당의 용왕전은 성신제의 사당이 아니고 성덕암(산제당절)에 속해있다. 그럼에도 불구하고 어시장 사람들이 산제당절에 기도를 많이 하며 '어시장과 산제당은 직통'이라는 인식이 지금까지 전해지고 있다. 그런데 이 용왕전의 신격과 동일한 신격이 현재 수협중매인협회 옥상에 설치된 성신사당에 존재한다. 사당의 탱화는 용신도이면서 신체는 성신위의 위패를 삼고 있는 복합 양상이다. 이는 조창의 별신제가 시장제인 성신제로 바뀌고, 산제당의 폐지로 어시장 신당이 성신제의 제당이 되는 과정에서 발생한 현상으로 보인다. 또한 제의의 목적이 바닷길의 안전과 풍어라는 동일한 목적이어서, 자연히 용신을 모시면서 전통적인 별신제의 신격을 대신하는 별신의 신체인 위패를 안치시킨 것으로 보인다.

다음으로 별신제의 신격의 명칭으로서의 별신이 있다. 별신은 별신장군, 배신장군, 비신장군, 성숙대장, 사당할배, 성신장군 등으로 불렸다. 송석하(1934: 석남 0401)의 사진에 보면 제단의 오른쪽에 나무로 된 탑 또는 걸상 형태의 구조물이 있고 그 구조물 위에 사람 얼굴형태가 보인다. 이 신당을 목격한 주민들의 증언에도 사당 내부에 목각의 장군신장이 있었다고 한다. 별신의 신체인 별신장군상이 있고 '성신위'

의 위패도 있었다. 그러나 이 신체의 명칭이 원래부터 장군신이었는지, 성신제의 부흥시기부터 그렇게 명명했는지에 대해서는 분명하지 않다. 또한 1938년 무라야마의 보고서에는 이 목각신상에 대한 내용이 들어있지 않다. 이로 보아 무라야마의 조사 시기에는 신체가 위패로만 존재했던 것으로 보인다.

1954년을 기점으로 대제가 단절되고 어시장 제당이 헐리면서 신체의 존재는 마산주민들의 기억에서 멀어져갔다. 그러나 신체의 명칭이 장군이고, 목각신장이 제당 내에 안치된 것으로 보아 성신은 남신男神이다. 그리고 신격은 '별星'로 인식되었다.

별에 대한 제의는 이미 고려시대부터 있었다. '김첨이 대청관을 수리하고 천황대제를 초제醮祭하려한 일'을 기록한데서 별에 대한 제사의 전통이 오랫동안 전해졌음을 알 수 있다.

> 본조本朝에서 이미 소격전昭格殿을 세워 성수星宿를 초제醮祭하는데, 또 어찌 대청관大淸觀을 수리할 필요가 있느냐? 하였다. (중략) 태일太一은 하늘의 귀신貴神이기 때문에, 한漢나라 이래로 역대에서 받들어 섬기어 여러 번 아름다운 상서祥瑞를 얻었습니다. (중략) 대개 태일太一은 어진 별[仁星]이 있는 곳이어서 병역兵疫이 일어나지 않고, 방국邦國이 편안하기 때문입니다.

고려시대 소격전의 별신은 '액운과 재변'을 당하거나 '군사를 행하려' 할 때 제사지내는 신격이라는 것에서 보듯이, 이 별에 대한 제사는 병역과 재난을 막기 위한 것이었다. 이러한 제의의 전통으로 보아 마산별신제의 신격은 고려시대 환주산성과 정동행성과 관련된 제의의 대상 신격에서 출발했을 가능성을 배제할 수 없다. 별신장군은 각각 별개의 신격으로 존재하던 '별'과 '장군'이 어느 시기에 하나의 신격으로 합치된 것으로 보인다. 그것은 어시장 신당의 목각신장이 쉽게 소멸되고 '성신위'의 위패로만 신체를 대신한 것과 일정한 연관이 있을 것으로 보인다.

무라야마 지준과 아키바 다카시의 자료들과 현재 조사된 민속지를 근거로 정리된 각 지역별 별신의 양상과 전승 상황을 보면, 강원도 정선지역의 별신제의 명칭이 '별신別辰'으로서 마산과 동일하게 자연대상으로서의 '별'로 인식하고 있다. 이들은 이미 별에 대한 제의가 선행했는데, 이들이 항해를 위해 필요한 별의 효용성과 결합되면서 항해의 수호신격으로 정착된 것으로 보인다.

다음은 제의의 명칭으로서의 별신(성신)이다. 현재 '성신제'라는 이름으로 전승되는 제의는 성신대제, 별신대제, 배신장군님제사, 별신장군제사, 성숙대장제사, 사당할배제사, 성신장군제사, 성신장군제, 비신장군제, 성숙대제 등으로 불렸다. 이 말에는 별신제가 별신 또는 별신장군이라는 신격에 제사지내는 것임을 의미한다.

'별신제'를 '성신제'라는 한자식 표기로 바꾼 것은 1905년이다. 그 이전에 200여년의 역사를 가지고 있는 별신제가 단절되는 기간이 있었다. 그 단절된 시기에 마산 해안에 대폭풍우의 피해가 발생했고, 그것을 '성신님의 발작'이라 인식한 주민들이 성신을 제대로 제사해야 한다고 발의하여 성신사당이 건립되고 제의가 부흥되었다. 이때 마산 주민 대표들은 '별신'의 '별'을 '별星'로 이해하여 '성신위'의 목패를 만들어 신체로 삼고 제의의 명칭을 '성신제'로 명명했다. 그리고 이 성신에 인격신인 장군을 부여하여 사당의 명칭을 '성신장군신전'이라 하였다.

신목인 소나무가 있고 이 소나무가 별신대로 세워지고, 사당에는 성신위 위패를 신체로 모시고, 성신장군이 있다. 이들 신격은 결국 별신제의 주신이 별신이라는 결론에 귀착된다. 따라서 별신제의 대상 신격은 '별'을 하늘의 별로 인식함으로써 '성신'이 되었고, 이를 또 인격신인 장군신으로 인식함으로써 자연신으로서의 하늘의 별이 아니라 남신이며 인격신이 된 것이다.

이러한 신격의 변화는 마산과 같이 조창을 거점으로 도시가 발전되고, 조창의 폐지로 제의가 단절된 동일한 역사과정을 거친 경남 사천의 천룡제에서도 나타난다. 가산천룡제의 제당에 모시는 신위가 조창이 폐지된 1989년까지는 '천룡부군신위'였고 현재는 '당산할매신위'로 바뀌었다. 천룡제와 당산제가 완전히 결합되면서 신격도 합일되는 과정을 거쳤다. 이러한 천룡제의 변화과정은 전북 고창군 성내면 송암마을, 전남 담양군 남면 인암리 등 여러 지역에서 볼 수 있다.

그렇다면 산제당의 산신과 목신, 용신이 어떻게 별신장군신으로 인격화되었는가 하는 문제가 있다. 고려시대의 지역의 수호신격은 성황신으로 대표된다. 그렇기 때문에 전쟁을 하기 전에는 전승을 기원하기 위하여, 그리고 전쟁에서 승리했을 때는 성황신의 도움 덕택이라 하여 감사의 제사를 드렸다. 고려 말 조선 초에 이르면 이 성황신앙이 종래 우리의 전통적인 산신신앙과 혼재되는 변화를 겪게 되었다. 그런데 이러한 산악신앙은 실상은 산악 그 자체에 대한 숭배가 아니라 산악을 인격화한 산신에 대한 숭배였다. 그리고 고대에 있어 인격신인 산신의 성은 보통 여성으로 나타난다. 그러다가 신라의 삼국통일 이후부터 남성의 산신이 나타나기 시작한다. 우리나라는 산성이 발달하였으므로 성황당도 산에 위치한 것이 많았다. 따라서 종래의 산신신앙과 혼동될 여지가 있었다. 그리고 산신이나 성황신 모두 수호신적 기능을 갖고 있었던 점도 두 신격의 혼재를 가져온 한 원인이 되었다. 이리하여 성황신앙은 조선 후기에 이르러 산신신앙과 같이 민간화 되어 기복신앙으로 변모하였다.

제의 명칭이 같으면서 신격이 장군신으로 나타나는 은산별신제의 경우, 구비로 전승되고 있는 유래담에서 백제의 전몰장병을 위로하는 특성이 두드러진다. 은산별신제의 중심에는 분명히 패몰한 백제 장졸의 원혼과 그 해원이 자리 잡고 있다. 은산리의 경우, 여러 상인들의 다양한 욕구와 시장의 부흥책을 기반으로 하여 장군신을 산신과 함께 합사했다. 또 형식상에서는 산신을, 실제상에서는 장군신 중심의 제사로 별신제를 구성했던 것으로 보인다. 은산별신제의 마지막 절차로서 산신에게 모든 제사가 무사하게 끝났음을 고하고 또한 산신에게 감사의 뜻을 전하는 독산제가 별신당 안에서 치러지지 않고 독산제당에서 모셔지는 까닭은 어쩌면 원래의 산신제당이 바로 그곳이기 때문인지 모른다(이필영: 2002, 80-81쪽). 마산의 경우, 장군신에 대한 유래담은 전승이 확인되지 않아 별신이 장군신과 합사되는 배경에 대해서는 근거를 확보하기 어렵다. 단지 목신이 '총각신'이라는 전설에서 그 신격이 남성임을 확인할 수 있을 뿐이다. 그러나 이 산제당이 고려시대 성터이며, 여몽연합군의 일본정벌을 위한 정동행성의 근거지였다는 점에서 장군신격의 존재 가능성을 배제할 수는 없다.

정동군이 일본 일기도를 공격할 때, 몽군蒙軍·한군漢軍 2만 5천 명과 우리 군사 8천 명 및 사공·인해引海·수수水手 6천 7백 명과 전함 9백여 척으로 합포에서 떠났으니 그 규모의 정도를 짐작할 수 있다. 돌아오지 못한 군사가 무려 1만 3천 5백여 명이었다. 1281년(신사 7년)에는 수군 1백 13명과 사공 36명이 풍랑을 만나 행방을 잃었다. 전함 3천 5백 척과 만군蠻軍 10여만 명을 거느리고 이르렀는데, 마침 큰 바람을 만나 만군이 모두 물에 빠져 죽었다. 시체가 밀물과 썰물에 밀려 항구로 들어가니, 이 때문에 항구가 막혀 밟고 다니게 되었다. 이러한 상황들은 전쟁의 승리를 위한 제의와 전장에서 희생된 장졸들을 위로하는 제의를 수반하게 되고, 장군으로 표상되는 인물의 영웅화 또는 신격화를 가능하게 하는 배경이 된다. 그러나 별신장군에 대한 유래담을 확인할 수 없으므로 별신장군을 산제당 또는 바다와 관련하여 전래하는 인격신 정도로 이해해야 할 것이다.

고려시대 환주산성에 있는 산제당에 지역수호신격이 자리하고, 그 아래 해안에 조선소가 자리했던 것, 또 조선소에서 5년과 10년을 주기로 배를 건조하고 수리했다는 기록 등은 산제당의 지역수호신격에 대한 제의의 전통이 별신제의 원형임을 말한다. 이것이 조창의 설치와 폐지, 개항과 어시장의 번성 등의 역사적 과정 속에서 지역수호신격에 대한 공적 제의가 시장제로 이행되고, 산제당의 신격과 항해의 신격이 결합되면서 대상 신격의 명칭이 성신장군으로 정착된 것으로 보인다. 즉, 산제당의 신격과 어시장 제당의 신격이 '뱃길의 안전'을 통한 '지역민의 수호'라는 공통적 목적을 위해 결합된 형태라 할 수 있다. 그런 과정에서도 산제당의 남성 신격과 어시장 신당의 별신과 장군신이 하나의 제당 속에 '성신장군'이라는 인격신으로 자리하게 된 것이다.

별신대를 제당에 입히다

마산별신제에서 '별신대 세우기'는 제의의 부흥과정에서 '단절될 수 없는 전통'으로 인식되었다. 그것은 이 별신대가 마산별신제의 상징물이며 제의의 중심에 있음을 의미한다.

별신대 세우기는 해마다 하는 것이 아니고 10년 대제 때에만 한다. 10년 동안 쇠퇴한 신주를 새로 세우고 밤새도록 무악을 연주하면서 별신굿이 이어진다. 특이한 사항은 제당의 변화 과정 속에서 이 별신대가 사당의 개보수를 위한 재목으로 사용되었다는 것이다. 즉, 별신대와 같이 신간의 범주에 속하는 솟대의 일반적 모습은 마을의 항시적인 신간神竿으로서 마을사람들의 신앙생활과 긴밀하고 지속적인 관계를 유지하는데, 마산별신대의 경우는 강한 종교성을 띠면서도 항시적이지 않다는 것이다. 이러한 특성은 마산별신대가 제당과 신격의 변화를 수용하는 과정에서 비롯된 것으로 보이므로, 마산별신대는 이와 관련하여 해명되어져야 그 본질적 기능이 드러난다.

별신대 세우기가 행해지는 대제에는 사당에서 유교식 의례를 행하는 주민대표인 대제관이 있고, 별신대 세우기와 관련된 무속의례를 주관하는 무당이 있고, 제의의 궁극적 목적의 수령자로서의 뱃사람 또는 마을사람들이 있다. 별신대 세우기는 무당이 주민들을 위해 신을 위하고 그 신을 마을에 안치하게 하는 의식이다. 또 제의가 존재하기 위해서는 실제적으로 제의가 전승되는 문화적 동질감을 가진 공동체의 삶의 터전인 마산이라는 지역이 있다. 따라서 별신대 세우기가 마산이라는 문화적 범주 속에서 무속의례를 통해 전승주체에게 발휘되는 의미와 기능은 무엇인지 정의되어야 할 것이다.

별신대의 가장 큰 특징은 장대를 세우는 것이다. 긴 장대를 세우는 의식이면서 그 장대가 신대이기 때문에 '별신대' 또는 '별신간'으로 불린다. 즉, 별신대는 별신간으로서 별신제를 위한 입간 신앙의 하나다.

마산과 같이 제의 명칭이 별신제이면서 신격은 장군신을 모시는 은산별신제의 경우, 제의가 실제로 시작되는 것은 진대베기로 부터이다. 그만큼 진대를 베는 일은 매우 종교적 의의를 지닌다. 진대를 베는 산도 임의로 정하지 않고 그 해에 운이 닿는 길방吉方의 산을 찾아 가린다. 미리 선정해둔 진대를 베기 전에 임원일동이 간단한 제사를 올린다. 이 진대는 마을로 모셔 와서 화주 집에 보관하였다가 장승제 모실 때에 각 장승 옆에 하나씩 세운다(이필영: 2002, 87쪽). 은산별신제의 행렬이 길방의 산에 이르러 일종의 신목인 진대를 베어오는 과정은 서낭대를 모셔오는 절차와 거의 유사하다. 그럼에도 불구하고 은산별신대의 진대는 서낭대와 일정한 차이가 있다. 산에서 마을공동체의 주신을 모셔다가 일정기간 인간계에서 잘 대접하고 놀리다가 다시 산으로 모셔드리는 일반적인 제의구조와는 달리, 신이 내린 신체를 정좌시켜 장터에 상주하게 한다. 이는 마산별신대와 동일하다. 그러나 정좌 방식에 있어서 제당의 변화 이후 마산별신대의 신대는 입간의 형태를 유지하는 것이 아니라 제당에 체화됨으로써 입간의 형태가 소멸되는 특징이 있다.

또한 마산의 별신대는 건축의 재목으로 쓰일 수 있을 정도의 굵은 소나무를 재목으로 한다. 그리고 10년 전 신목으로 지정되는 순간부터 이미 신성의 상징이므로 무엇보다 강력한 신앙성을 가지게 된다. 별신대는 신목의 자격으로 별신이 좌정한 제당에 입혀진다. 이것은 신대 자체가 신체의 자격을 가졌다는 것이고, 제당 역시 신체를 안치한 또 다른 신체라는 점에서 성신장군과 함께 신격이 복합된 양상을 보인다. 그 신체에 또 신대를 입힌다는 것은 인격화한 신앙대상물에 신격을 덧씌우는 의식이다.

솟대의 명칭을 당산할머니나 진떼백이서낭님, 거릿대장군님, 대장군영감님 등으로 부르는 경우도 명백한 인격화라 할 수 있다. 이러한 인격화 현상은 영남지방에서 신대나 서낭대에 치마를 입히는 의례 행위나 호남지방에서 줄다리기가 끝난 뒤 솟대인 당산에 줄을 감는 행위와 견주어 볼 수 있다. 하늘의 별이라 인식하고 있는 별신에 인격신인 장군의 신격을 부여함으로써 별신제의 신격은 더욱 친근한 의미로 제의 주체들에게 다가오는 것이다.

또 하나 의미 있는 상징으로 별신대에 나무를 가로질러 방울을 다는 행위가 있다. 즉 마산별신대는 장대와 방울의 결합으로 구성되어 있다. 방울은 천상의 신령이 지상에 왔음을 신령스런 소리로 알려주는 주술적인 도구이다. 무구인 방울이 달림으로써 별신대는 신체로서의 상징적 기능을 더욱 강화하게 된다. 성역인 신당 앞에 별신대가 세워지고 신목인 장대에 방울이 달림으로써 별신대의 종교적 상징성은 완성된다. 더구나 그 주변에 황토를 둘러 뿌림으로써 그곳은 확고한 신성구역으로서 신의 영역이 되고 우주의 중심이 된다.

자산동 뒷산에서 최고신인 산신의 신격이 인격화하여 신목에 내리고, 이 신목은 시장으로 내려와 우뚝한 신체의 모습을 보인다. 이 별신대는 천상과 지상을 연결하는 이른바 우주목의 상징이다. 천상의 원형을 지닌 산에서 살아있는 나무를 베어서 별신제가 열리는 장시의 공간으로 옮긴 우주목이다. 이 우주목 앞에서 병풍을 두르고 떡, 약주, 쌀밥, 과실, 소머리 하나, 우족 4본 등 풍성한 음식을 진설하고 무당의 춤과 노래로써 신을 경배하고, 무당은 해상의 안전과 장시의 풍요로움과 마을의 안녕을 축원한다. 제가 끝나면 시장부근 주민 모두에게 제물을 나누어 베푼다(무라야마지준: 1938, 211쪽). 이 음복으로써 별신제의 대단원은 막을 내리고 시장사람들은 다시 안녕이 약속된 일상으로 돌아간다.

마산별신대는 환주산의 산제당에서 상당제사를 지낸 시기에 목신에 제사하는 제차가 있었다. 그런데 산제당 제사가 없어지고 어시장으로 제당이 내려오면서 과거 신격을 새로운 사당의 신위로 안치시켜 일체화하는 의식이 필요했고, 그것이 별신대 세우기로 의식화된 것이다. 즉, 자산동 산에서 신목을 옮겨와 어시장 신당 개보수에 사용한다는 것은 상당인 산제당의 신격을 어시장 신당에 체화하는 의식이며 그것을 통해 신위를 일체화하는 상징적 의례이다.

그리고 그 신체는 별신굿의 중심이 된다. 그 중심은 다시 별신장군이 안치된 제당의 형체에 덧입혀짐으로써 신격은 제당에 체화되는 것이다. 그렇게 되면 별신대는 산신의 신격을 가지면서 동시에 별신제의 주신인 별신장군의 신격을 갖게 된다.

별신대는 산제당의 신격의 신체이며 또 그를 제사하는 제단으로서의 기능도 수행하고 있다. 별신대가 산제당에 주재하는 신격을 상징하고 이 신격을 어시장 신당으로 좌정하게 하는 것이다. 이것은 별신대가 바로 별신굿의 제단으로 기능한 것이다. 별신대는 '성신신목'으로 지정되는 순간 이미 신체가 된 것이며 신당 앞에 세워져 방울을 달아 굿 의식을 통해 신이 내렸음을 확인하면 신성은 더욱 강화된다. 그 신격에 대해 제사하고 그 신체를 신당에 입히는 의식이 별신대 세우기의 내용이다. 즉 별신대의 종교적 기능은 산제당의 신격을 어시장으로 모시는 행위이며 그것이 우주목으로서 제의의 중심을 차지한다. 더 나아가 신목이 제당에 덧입혀짐으로써 산신과 목신과 별신과 장군신이 하나로 합일되는 기능을 하는 것이다.

신당과 신체의 합일

마산별신제는 조창을 배경으로 형성되었으며 관속들에 의해 주도된 공적제의였다. 조창의 폐지로 별신제가 중단되었으나 10년 만에 성신제라는 이름으로 부흥된다. 이 시기는 마산항의 개항으로 시장은 새로운 번성을 맞게 된다. 이로써 어시장의 번성은 해상의 안전과 시장의 번영이라는 새로운 공리적 목적을 위한 제의를 필요로 하게 된다. 이러한 요구에 의해 별신제는 시장제로 부흥되고, 어시장 객주 조합이 주재하는 민간제의로 바뀌게 된다. 별신대 세우기는 시장제의 형성 시기에 어시장에 제당이 설치되면서 원형에서 변화된다.

별신대 세우기는 자산동 뒷산의 소나무를 신목으로 지정하여 보호하고, 10년 대제 때 이 나무에 간단한 제를 지낸 후 벌목하여 어시장 제당 앞으로 운반한다. 나무 끝에 가로목을 대고 양쪽에 방울을 단다. 신목 주변에 황토를 뿌리고 제물을 진설한 후 별신굿을 한다. 굿이 끝나면 제물을 나누어 음복하고 별신대로 제당을 보수한다.

별신제 제당의 원형은 산제당이다. 이 산제당은 산신각, 목신각, 용왕전으로 구성되어 있다. 민간신앙에서 이들 신격은 호랑이, 총각, 뱀, 산신, 산왕대신 등으로 표상된다. 어시장의 신당에 안치된 신격은 별신장군으로 대표되는데, 별신제의 '별'과 인격신인 '장군'이 결합된 신격이다.

마산별신대의 제의적 기능은 제당의 변화와 신격의 복합현상 위에서 말해야 한다. 어시장 제당에 성신의 위패를 안치하고 별신장군을 모심으로써 산제당은 공적 제당으로서의 기능을 상실한다. 산신 또는 목신의 신체는 별신대로 상징되고, 이것이 우주목이 되어 이를 중심으로 별신굿이 열린다. 이 별신대는 다시 성신장군신전에 입혀짐으로써 산제당의 신격과 별과 장군신이 하나로 합일되어 하나의 온전한 신체가 된다. 마산지역의 별신대는 별신대의 일반적 양식과 달리, 신당의 몸으로 변하여 항시적 존재로서 신성을 유지했다.

<송조선가>에 그려진 조창漕倉의 축제

조창 유정당의 축제

김이건의 한시 <송조선가>는 『경상도읍지』(1832년) 「창원부읍지」에 실려 전하는 한시로서, 박사해의 <조창 유정당>, 조덕상의 <유정당 기문>과 더불어 창원부 마산창에서 연희된 민속을 밝히는 중요한 단서를 제공하고 있다.

이 시는 작자가 경상우도 좌창인 마산창에서 조운선이 떠나는 것을 보고 지은 것이다. 시의 전반에 조창의 창건에 얽힌 역사적 배경과 조운선에 삶을 의탁하고 살아온 뱃사람들의 고난의 역사를 기술하고, 그것을 통해 조창 건립의 역사적 의미를 보였다. 중반에는 조운선의 출항을 앞둔 잔치마당을 묘사하여 조창 유정당 뜰에서 열린 민속적 연희의 내용을 담고 있다. 후반에는 조운선이 출항하는 모습을 순차적으로 기술하고, 하늘의 감응을 기뻐하는 주민들의 노래로써 신격에 대한 감사의 의미를 드러냈다.

여기서는 <송조선가>의 해석을 통해 조창과 관련된 해신제로서의 별신제의 모습을 보기로 한다. 이를 위해 역사민속적 측면에서 조창제의의 일반적 형식과 내용, 별신의 실체와 신위의 역사적 변이, 다른 지역 조창제의와 해신제의 실상 등을 비교하기로 한다. 그럼으로써 마산포 조창과 별신제의 관련성을 알아본다. 그리고 경상도 지역의 교방기예와 교방기녀들의 활동 범위, 교류 상황 등을 근거로 별신제에서 연희된 '선악'의 모습도 살펴보기로 한다.

〈송조선가〉에 담긴 축제의 현장

뱃사람들을 위로하라

<송조선가>를 지은 김이건은 숙종 23년에서 영조 47년간의 사람으로, 마산창 전운어사의 집무소인 '유정당' 뜰에서 열린 출항축제에 초대되었다. 그는 여러 고을 관리들과 더불어 잔치를 즐기고 그 의미를 한시로 기록했다.

이 시의 내용이 <유정당 기문>과 일치한 것으로 보아 작자는 사실의 경험을 의례적인 시로 표현했음을 알 수 있다. 기문에 의하면, 조선 영조 36년(1760) 영남관찰사 조엄(1719~1777)은 창원의 마산창, 진주의 가산창을 건설하였다. 그는 진주목사 조덕상에게 건의하여 뭇사람들의 원망을 들어가며 조정에 알려 창원 마산포 좌창과 진주 가산포 우창을 설치했다. 여름 4월 병술일에 조엄은 여러 고을의 지방관들을 거느

리고 마산창에 먼저 도착하여 뱃사공과 군관 등 400인에게 음식을 내려 노고를 위로하는 잔치를 열었다. 이 잔치에서 뭇 기생들에게 명하여 '선악'을 연주하여 뱃사람들을 전별하게 하고, 관찰사가 배들을 지휘하여 출항 명령을 내렸다. 진양의 가산창에서도 이와 같은 내용의 행사가 있었으며, 조창을 짓고 뱃길이 안전하게 된 모든 공적이 신령의 도움으로 된 것이라고 기문에 적었다. 이 기문은 조덕상이 마산창의 출항식을 마치고 물러나 그동안의 이야기를 적은 것이다. 마산창 유정당의 출항축제라는 동일한 경험내용에 대해 조덕상은 기문으로, 김이건은 시 <송조선가>로 기록했다.

漕運實關國家計　조운은 실로 국가대계에 관계되어
版曹惠局有定制　호조와 선혜청에서 제도를 정했다네.
鳥嶺以南是絕海　새재 이남은 외딴 바닷가이지만
稅貢猶同兩湖例　세공은 오히려 호서 호남과 같네.
到底鯨浪危乎殆　밀려오는 고래 같은 엄청난 파도 위태로워
纔出露梁八九敗　겨우 노량을 벗어나고는 십중팔구 엎어졌다네.
船人遠避不肯來　뱃사람들은 멀리 피해 오지 않으려 하고
艱覓漏艇輒晩載　새는 배일망정 어렵게 찾아 겨우 싣고 보면
炎天霖雨妨水道　찌는 더위 장맛비 뱃길을 가로막아
無數帆檣迭顚倒　무수한 배들이 번갈아 전복되니
十年沈沒七萬包　십년동안 침몰한 곡식은 칠만 포요
水中鬼哭于蒼旻　수중 귀신들의 통곡은 하늘에 사무쳤다오.

시의 전반부는 지금까지 조창에 삶을 의탁하고 살아온 뱃사람들의 고난의 역사가 기술되었다. 조운제의 제정으로 인하여 바닷가 백성들

은 세공 운반이라는 위험한 일을 맡게 되었고, 평야가 적은데도 불구하고 호서·호남지역과 동일한 세곡을 바쳐야 했으므로 백성들의 고통을 수반한다는 의미다. 그들은 뱃길의 위험에서 생명을 보전하기 어려웠고, 그로 인하여 뱃사람으로서의 의무를 저버리고 도망하는 극단적 선택도 불사했다. 거기다가 관리들은 모자라는 조운선을 보충하기 위해 사선私船까지 임대하며 어렵게 배를 구해 세곡을 선적해야 했다. 그러나 이러한 노력에도 불구하고 자연의 위력 앞에서 무력할 수밖에 없다는 것이다. 이러한 뱃사람들의 희생은 수중 귀신이 되어 그들의 통곡이 하늘에 사무치게 했다. 이 원한은 종교적 해원을 요구하는 조건이 된다. 따라서 그날 출항축제의 의미는 뱃사람들의 사무친 원한을 풀고 다시는 원혼들이 생겨나지 않을 안전한 뱃길을 여는 희망을 찾는 것이다.

今我巡相思捄弊	지금 우리 관찰사 이 폐단 없애려
不惜萬金施大惠	만금을 아끼지 않고 큰 은혜를 베풀었네.
始建兩倉儲稅穀	비로소 두 조창 지어 세곡을 저장하고
繼造衆艦艤海澨	이어 많은 배 건조하여 바닷가에 대었다네.
暮春中旬裝載了	늦은 봄 중순에 세곡 싣기를 마치고
卜日將發路渺渺	좋은 날 받아 떠나려니 길은 아득도 하구나.

조창을 새로 지어 안전하게 곡식을 저장하고, 조운선을 많이 건조함으로써 뱃사람들의 어려움을 해소했다. 그리고 이제 배에 세곡을 싣고 좋은 날을 받아 배가 떠날 시간을 기다리는 두려운 마음이 담겨 있다. 지금까지 많은 해난사고로 배가 침몰하고 사람들이 수중고혼이

된 지난 역사를 되돌아보면, 뱃길을 따라 서울까지 가야할 시간은 아득한 일처럼 받아들여진다.

『조선왕조실록』에 의하면, 조창이 마산포의 주민생활의 주가 되었던 것을 알 수 있다. 고려시대 석두창 시절부터 조선시대 반산창과 해창에 이르기까지 조창은 마산의 도시형성과 경제발전의 기반이 되었다.

> 팔강의 민인들은 배를 생업으로 삼고 있는데, 실어서 운송해야 할 세곡이 없게 되면 생활할 수 있는 일이 완전히 끊기게 되므로, 조선을 떼어 내고서 다소의 주현에 붙여 주게 한 것이다.(중략) 그리고 연로의 호송에서는 가벼운 배로 지도하게 하는 것이 조선과 그리 심하게 다를 것이 없으니……

조창지역 주민의 생업은 고깃배를 빌려주거나 뱃사람이 되어 배를 타고 세공을 운반하거나, 이들을 대상으로 상업행위를 하는 것이다. 마산창 주민들의 삶도 이러한 강민의 일반적인 삶의 양식이었다. 그러므로 조운선의 안전한 운영과 조창의 번성은 주민생업과 직결되므로 출항의식은 엄숙하고도 조심스러운 의식일 수밖에 없다.

이러한 위험의식은 종교를 수반하게 되고 이 종교의식은 별신제(성신제)라는 축제문화를 잉태하는 문화적 바탕이 된다. 조창제의에서 출발한 별신제는 매년 3월 28일 기제를 지내고, 5년과 10년을 주기로 각각 중제와 대제를 지냈다. 제의가 5년과 10년을 주기로 구분되어 있었던 것은 제의의 연원이 조창에서 배가 출발하는 것과 관련되어 있다.

『조선왕조실록』 정조 5년(1781년)에, "송산이 곳곳이 모두 민둥산이 되어 있어서, 조선을 5년 만에 개삭하고 10년 만에 개조하는 것은 참으로 계속하기 어려운 걱정"이라고 했다. 그리고 정조는 백성들에게 "배와 노를 수리하고 그대들의 뱃사공을 선발하여, 저 공곡을 운송한 다음 거기에서 남는 이익을 취하여 다가 부모를 섬기고 처자를 부양하면서 생업을 즐기며 편안히 살라."는 호소를 강촌의 부로와 민인들이 모두 알도록 하교를 내렸다.

조창에 달린 조선소에서 5년과 10년을 주기로 배를 개삭하고 개조한 것과 성신제의 주기가 5년과 10년인 것은 마산성신제의 연원이 <송조선가>가 지어질 시기의 출항축제에 연유한 것임을 말해준다. 그리고 마산성신제에서 성신사당으로 신목을 운반하는 의식을 행했던 것으로도 조선소와 조창이 관련된 관주도하의 제의가 있었음을 확인할 수 있다.

玉節來臨燈夕後　감사가 내려와 저녁 등을 밝히니
州郡冠盖知多少　원님들의 관과 일산이 얼마나 많은 줄 알겠네.
招集篙工數百輩　뱃사공 수백 명 불러 모아서
設席列坐一庭內　자리를 주어 한 뜰 안에 줄지어 앉혔네.
先行犒饋激衆心　먼저 위로의 음식 내려 민심을 격동하고
餞別津頭舞粉黛　전별하는 포구에서 기생들이 춤을 추네.
群娥爲奏行船樂　여러 기생들이 선악을 연주하니
簇立士民皆動色　가득 모인 양반과 백성들이 모두 즐거운 기색이네.

포구에서 조운선이 출항하기에 앞서 유정당 뜰에서 관민이 일체가 되어 음식과 춤과 음악을 즐기는 떠들썩한 축제의 마당이 그려져 있다.

마산창은 고려시대 골포·나포·합포로 불리던 시기에 석두창을 기반으로 발전된 것인데, 조창 제의의 흔적을 확인할 수 있는 기록은

<송조선가>와 <유정당 기문>이 처음이다.

이날 행사를 위해 경상도관찰사 조엄이 왔고 저녁이 되어 등을 밝혔다. 아침부터 초청된 여러 고을의 관리들이 하나둘씩 모여 들었고 그들의 숫자가 얼마나 많은지는 그들의 관과 일산의 수가 그것을 대신 말해준다. <유정당 기문>에 의하면 각 고을에서 모여든 사람들은 좌우로 쭉 벌려 우뚝 솟은 유정당의 모습에 감탄을 표했다. 그들은 진양의 가산창과 창원의 마산창을 서로 비교하며 크고 아름다운 위의를 서로 다투어 논했다.

유정당 뜰에 자리를 마련하여 음식을 베풀어 백성들과 뱃사람들이 즐기고 유정당 처마 밑에는 관리들이 줄지어 이들과 함께 음식을 나누니 위아래가 모두 즐거운 기색이 돌고 축제분위기는 점점 고조되고 있다. 포구에서 배를 전별하는 기생들이 춤을 추고 '선악'을 연주한다. 술과 음식과 수많은 군중, 노래와 춤, 음악이 어우러진 관민일체의 대축제가 열린 것이다.

이어 지난밤의 축제가 끝나고 날이 밝자 조운선이 떠나는 모습을 노래했다.

明朝旌纛出海口	다음 날 아침 깃발이 포구로 나가고
點檢諸艘喧鼓角	모든 배 점검하고는 북과 나팔소리 떠들썩하네.
砲聲三發齊擧碇	포성 세 발에 일제히 닻을 들어올리고
解纜掛帆風濤息	밧줄 풀고 돛을 걸자 바람과 파도 잠잠하네.
百神護送大洋外	백신이 배를 큰 바다 밖으로 호송하고
前棹後檣指西北	앞 노와 뒤 돛대 서북쪽을 가리키니
過去瞿塘若康莊	무서운 여울을 지나도 대로같이 안전했네.

이 내용은 <유정당 기문>과 일치하는데, 기문에는 때가 되자 관찰사 조엄이 언덕으로 올라가 명령을 보내고 이에 응하는 북과 나팔소리가 떠들썩했다고 했다. 이로써 조운선의 마지막 점검을 관찰사가 직접 했음을 알 수 있다.

먼저 깃발이 포구로 나가고 관원은 배를 점검하고 북과 나팔소리도 떠들썩하다. 포성 세 발로 신호를 보내면 닻을 걷어 올리고 돛을 걸어 떠나는데, 바람과 파도가 잠잠하다고 했다. 어젯밤 제사를 잘 지냈으니 당연히 온갖 신들이 배를 바다 밖으로 호송하여 안전운항을 하도록 돕고 있다는 믿음을 나타냈다. 조창을 지은 것도 "뭇 신령들의 도움"으로 되었듯이 배가 바다 밖으로 안전하게 운항된 것 역시 신의 호위가 있었기 때문이라는 것이다. 이전에 무수한 뱃사람들의 목숨을 삼켰던 노량의 여울도 탄탄대로 같이 끄떡 없이 지나갈 수 있었다. 조운선이 안전하게 노량을 건넜다는 통보를 받고 조덕상은 붓을 들어 기문을 적고, 그 말미에 조엄의 공덕을 기리는 시를 붙였다.

<송조선가>의 후반부는 항간의 노래를 통해 제사의 정성과 그에 따른 신의 감응을 의미화 했다.

爭來婦孺頌功德	아낙네와 아이들 다투어 와 공덕을 칭송하기를
噫吁戲皇天應感我公誠	'아아 하늘이 응당 우리 관찰사의 정성에 감응했도다' 하여
野歌巷謠於焉作	어언간에 항간의 노래가 되었다네.

오랜 세월 조창을 근거지로 삶을 영위하던 강민들에게 바다는 두려움의 대상이었고, 그렇기 때문에 조창은 그들의 삶의 근거지이자

고통의 근원이기도 했다. 그들을 위해 관찰사는 '유정당'을 지어 새로 건조한 베들을 줄지어 세우고 여러 고을 관리들을 초청하여 대대적인 축제를 연다. 이 축제의 가장 큰 의미는 유정당 낙성식과 함께 조운선이 안전 운항을 기원하는 것이다. 제의를 주관한 사람은 경상도관찰사였고 그가 바로 마산창과 가산창을 지은 조엄이다. 그의 간절한 기원은 하늘을 감응시켜 드디어 배가 잠잠한 바다를 만나 위험한 여울을 만나도 끄떡 없이 항해할 수 있었다. 이에 대해 강민들은 기뻐하며 관찰사의 기도에 하늘이 감응했다는 말을 노래처럼 입에 오르내렸다. 이 노래는 '제사를 잘 지냈으니 괜찮을 것'이라는 주문이 되어 그들의 고통을 덜어주고 이것은 경건한 신앙심으로 발전되어 민속축제의 전통을 유지했던 것으로 보인다.

해신이 우리를 보호할 것이다

<송조선가>의 '백신'이 뱃길을 호위했다는 것은 별신제에 근거한 내용인데, 조창제의로서의 별신굿은 근대 개항 이후 마산성신대제로 그 전통이 계승되었다.

별신굿의 명칭에 대해서는 정확히 정의되지 않았다. 그러나 충남 당진·서산지역의 '볏가릿대 세우기'나 해안지역의 '별신제' 등에서 '별', '벼', '곡식', '곳'의 의미의 연관성을 확인할 수 있다. 마산의 수호신인 별신은 조운선의 출항과 관련된 조창제의의 신이며, 조창에서는 곡식과 관련된 신격을 제사한다.

김준영의 증언에 의하면, 10년 대제를 위해 소나무 한 그루가 '성신신목'으로 지정되었고, 별신제를 지내는 날 나무 앞에 제를 모신 후 별목하여 사당으로 운반했다. 이때 20여 명의 목도꾼이 나무를 운반하면서 노래를 불렀던 것으로 보인다. 이렇게 운반된 재목은 신당의 단 한가운데 세워져 끝에 방울을 여러 개 달았으며, 별신굿이 끝난 뒤 어시장 사당 개보수를 위한 재목으로 쓰였다.

별신제에 대한 증언은 1954년 신문기사와 같다.

> 200년이란 오랜 역사와 향토적인 유서로서 전해온 성신대제의 기념식전이 작 30일 새벽 3시를 기하여 어시장 신전에서 엄숙히 거행되었다. 해방 후 첫 행사이며 10년만에야 한 차례 행해진다는 성신대제 200년제는 바다의 수호신이며 마산의 수호신이라고 숭상의 대상이 되고 있는 별신님星神任을 모시는 마산 독특의 기념제전……

별신의 '별'은 자연적 대상으로서 하늘의 별이라는 의미로도 쓰였지만 곡식창고를 상징적으로 나타내기도 한다.

> 집에 있어서는 곳집이라 하니 실상 곡식을 저장하는 근원이요, 하늘에 있어서는 별이 되니 대개 곳집을 상징하는 것이다. 나라에 있어서 곳집이 가장 중대하니, 그 제도는 응당 웅장해야 하리라.
>
> 우리 국가는 만세의 도읍을 정하고 사방의 공세公稅를 받는다. 먹을 것이 제일 중요하다는 것을 알고 천간이나 되는 곳집을 지어 여기에 저장하게 되었다. 수로로 운반하는 배들은 서로 꼬리를 물고, 육로로 수송하는 수레들은 서로 뒤를 잇는다.

곡식창고가 허술한 노적의 상태를 벗어나지 못하다가 높은 담이 있는 곳집을 지어 좋은 날을 가려 긴 들보를 올리며 지은 글이다. 여기서 곳집을 하늘의 별로 상징하고 있다. <곡식을 실어 나르는 배를 출발시키는 제사 축문>은 고려시대부터 조창 운영과 관련된 제의를 행했음을 보여준다.

> 물에 곡식 나르는 것이 이른바 조漕라 잘 통섭하길 기대하고, 신神은 사람을 의지해 행하는지라 신령의 위엄을 버틸 수 있습니다. 돛을 달고 출발함에 임하여 감히 변변치 못한 제수를 받들어 정성을 고하노니, 부디 순조로운 바람을 주셔서 저 언덕에 이끌어 닿게 하소서

이 제사 축문은 조운선의 출항에 앞서 제를 올리면서 지은 것이다. 이로써 고려시대 조운과 관련된 제도적인 차원의 제의가 있었고, 돛을 달고 출발하기에 앞서 음식을 진설하고 제를 올려 뱃길의 순조로움을 기원했음을 알 수 있다.

또 큰 곳집 또는 관부의 곳집인 태창에 제사지낸 <태창에 백신의 신위를 모시고 토신에 감사드리는 제문>에서도 세곡을 저장한 창고에 백신의 신위를 모시고 제사지낸 의식이 있음을 알 수 있다.

> 하늘의 위엄이 과연 두려워 박사에 희희의 재앙을 내렸고, 백성의 생명이 관계되건만 주가의 율률한 곡식을 쓸어버렸습니다. 이보다 더한 요사가 없거늘 무슨 술법을 빌어 면하리까. 한갓 변변치 못한 의식을 베풀어 감히 부드럽게 살펴 주시기를 아뢸 뿐입니다. 부디 이 신심의 제물을 흠향하사 길이 뒷날의 어려움을 막아주소서

이 제문에서 『좌전』 양공 30년 5월에 새가 박사에서 마치 희희하는 것 같은 소리로 울더니, 갑오일에 송나라에 큰 화재가 일어나 백희가

죽었다는 고사를 인용하고 있다. 여기서 주가 되는 사건은 그때 쌓아 놓은 곡식이 불에 타 없어져 백성의 생명이 위태로워졌다는 것이다. 이를 근거로 큰 곳집인 태창에 행차하여 음식을 베풀어 백신의 신위에 뒷날의 어려움이 없도록 미리 제사 지냈다는 내용이다.

마산창의 조선소 또는 회원현성의 전선소는 마산 자산동의 환주산 아래에 있었다. 이 환주산 자락을 산제당 또는 공신당산이라 불렀다. 충청도 내포지역의 공세리貢稅里 성당도 조선시대 충청 서남부의 조세를 보관하던 공세창이 있었던 것에 연유해서 붙여진 이름이다. 마산의 공신당산은 공물의 신을 제사하던 공적 제당이었고 조세창고와 관련된 신격은 '별'로 상징된다.

따라서 마산성신제와 같은 범주의 별신신앙은 조창제의를 근간으로 형성된 뱃길수호의 해신제라 할 수 있다.

별신제에서 행했던 별신대 세우기는 마산의 성신제 뿐만 아니라 남해안 별신제의 일반적인 모습이기도 하다.

송석하의 「민속탐방잡기」에 의하면 선생이 1933년 마산에 머물렀으며 이 기간에 거제도에도 가서 원시종교와 연극의 관계를 알기 위한 탐방도 병행했던 것을 알 수 있다. 「중외일보」 기사에 의하면 1928년 '별신(성신)대제'를 하였으므로 1933년 송석하의 마산방문 시기가 5년 중제가 열린 때임을 알 수 있다. 당시 남해안 민속을 조사하면서 마산성신제를 그 조사항목에 포함시켰고, 마산을 거점으로 하여 통영과 거제 일대를 답사한 것으로 보인다. 또 같은 시기 「줄다리기에 관한 고찰」에 의하면 "남해안 일대에는 다른 지방과 마찬가지로 별신(別神 또는 星神이라 하여 장대를 세우는 立竿信仰)의 민속이 있다."고 하고, 추엽융의 기술을 빌어 별신대 민속을 소개하고 있다.

> 그곳에는 삼 년에 한 번씩 몇 명의 무부에 의하여 별신제가 행하여진다. 우선 전야제로서 천왕대신에게 제사 드리는 당산제가 당산나무 아래에서 행해진다. … 다음날은 미명에 산에 올라가 산신에게 제사를 지낸다. … 아침식사를 마친 뒤 장승에게 가서 제물을 바치고 … 별신장군을 받들고 잡귀와 객귀를 쫓기 위해서다. 용왕에게 제사지내고 … 그 뒤에 마침내 별신장대를 세운 곳에 모여 동대부라는 마을의 주신에게 제사지내는 큰 굿을 하게 된다.

이 시기 마산의 별신제는 '성신제'로 한역되어 불렸다. 그러나 사당에 모셔진 목각신장에 대해서는 '별신장군', '성신대장', '배선장군' 등으로 불러 '별신'의 전래 명칭도 남아있었다.

별신대는 마을의 주신에게 지내는 큰 제사에 있어서 마을의 중심축을 상징하는 것이다. 즉 이곳은 그들의 수호신이 내리고 오르며 무를 통해 신탁이 전달되는 신성한 장소의 표시인 것이다. 그러나 마산창에 전승된 별신대 세우기는 10년 만에 성신사당을 개·보수하는 재목으로 쓰인다는 특성을 갖는다. 이것은 조창의 조선소에서 5년이나 10년 만에 배를 개삭, 보수하는 의식에 연유한 것이며 이 시기에는 성신사당의 개보수로 변이된 것이다.

현재 금강 연안의 웅포에서 열리는 용왕제는 익산문화원에서 '웅포 용왕제 및 기빳기놀이'에 대한 현지조사를 바탕으로 복원한 민속제의다. 그리고 성당포 마을의 '성포별신제'는 조선시대 금강하구의 대표적 조창인 '성당창'의 순풍제順風祭를 계승한 것이다.

성포별신제는 천신, 수신이며 미륵의 호위신으로 일컬어지는 용신, 풍신, 그리고 각 방위를 관장하는 오방신위에게 조운선의 안전을 빈다. 그리고 풍랑에 숨져간 망혼을 위로하여 좋은 곳으로 보내며, 조창과 지방관아의 번영과 마을의 풍어와 초복제액을 빈다. 이것은 주민들의 발복과 무사를 기원하는 관민일체의 제의였다. 익산 웅포 용왕제, 마산 성신제, 충북 청주 가흥창지의 목계별신제 등은 옛 조창지에 전하는 별신제들과 발생적 유사성이 있다.

조희백의 「조행일록」에는 조운선단이 금강 연안의 웅포를 출발한 1875년 3월 20일부터 한강의 광흥창에 닿아 호조판서의 점검을 받은 다음날 19일까지 29일 동안 하루도 빠짐없이 일정이 기록되어 있다.

1874년 12월 17일 조희백이 함열현감 겸 성당창 조세영운관으로 부임하여 세곡선적을 시작하고, 무사항해를 기원하는 순풍제를 올린 것으로 되어 있다. 뱃길과 관련된 제의는 순풍제 뿐만 아니라 금강항해 도중 배에서 용당제를 지냈고, 서해 항해 때에는 바다의 신을 위한 '해야제'를 올리고 야간 항해를 하기도 했다.

성포별신제에서는 진대 세우기 외에 장승 세우기를 따로 한다. 하당굿을 마친 3일 후에 화주가 혼자 별신당을 찾아가 별신제가 끝났음을 알린다. 그것을 '독산제'라고 하는데, 이 독산제를 올린 다음날 장승을 세우고 장승제를 지낸다. 시장을 중심으로 동서남북에 뻗은 옛길가에 장승터가 있는데, 매년 산제가 끝나면 이곳에 장승을 세우고 3년마다 별신제를 지낼 때는 별신제가 끝난 뒤에 장승을 세운다.

충남 부여군 은산면의 '은산별신제'도 성포별신제와 같이 19세기 말부터 점차 쇠퇴한 마을굿인데 현대에 다시 복원시킨 것이다.

은산별신제는 제일이 택일되면 그날을 중심으로 전후에 각종 행사가 결정되는데 가장 먼저 시작하는 것이 '진대베기'다. 별신제는 진대베기로부터 시작하는데 별신제가 다가오면 미리 방향을 정해두었다가 임원 일동이 성장을 하고 공인을 불러 삼현육각을 잡히고 광대에게 땅재주를 시켜 가며 행군하여 진대를 베러 간다. 진대는 참나무 4본本이다. 베어온 진대는 그날 중으로 은산리 사방에 세워져 있는 장승 옆에 세워둔다. 이렇게 하며 잡귀를 예방하는 효과가 있다고 믿고 있다.

경상남도 사천시 축동면 가산마을의 '천룡제'의 경우도 조창제의를 전승한 것인데, 천룡제당 제사를 먼저 올리고 제사가 끝나면 밖에서 기다리던 매구꾼들이 농악을 치고 천룡제당 주변을 한 바퀴 돈다. 그 다음 석장승인 상·하 신장으로 이동하여 제를 지낸다. 제가 끝나면 농악을 치고 제를 마무리한다. 가산창 천룡제의 경우는 해마다 새로 장승을 세우는 것이 아니라 석장승을 세워두어 제의의 마지막 차례에 이들 신장들에게 제사를 지낸다.

남해군 화계마을의 돌로 만들어진 '배선대'도 원래는 별신제를 지낼 때 마을 뒷산의 소나무를 베어와 만든 나무 솟대였다. 화개마을의 경우도 곡식창고가 있던 보성유적이 있어 곡식창고인 조창과 별신제의 관련성을 입증한다.

이렇게 뱃길의 안전을 위한 해신제로서의 별신제는 조창의 조운선 출항에 부쳐 제의되었다. 뿐만 아니라 일본으로 떠나는 통신사 일행들도 뱃길의 출발에 앞서 공식적인 의례인 해신제를 지냈다.

신유한의 「해유록」 6월 1일자의 일기에 의하면,

동래부의 예방 아전이 나에게 기풍제를 지내야 한다고 하고 날을 받아 준비하기를 청하였다. 대개 전부터 사신이 갈 때마다 기풍제가 있었는데 제물의폐는 본부에서 거행하고 축문을 짓는 것과 제사를 지내는 등의 일은 모두 제술관이 관장한다는 것이다. 내가 곧 사신에게 여쭈어 이 달 6일로 정하였다.

하였고, 또 6일자의 일기에 보면, "영가대에서 해신에게 기도하니 전례에 따른 것이다."고 하고 준비과정을 마치고 5일 새벽에 "향, 축문, 위판을 영가대에 봉안해놓고 6일 자시 초각에 전사관이 제주 축사와 더불어 진설하고, 축시 초에 집례가 찬알 여창과 더불어 네 번 절하고 대축이 축문을 읽고 아헌 종헌을 다 마치고 음복례를 행했다." 했다. 그리고 정사는 이에 대한 율시까지 지었으며, 공식적인 엄숙한 제례가 상세히 기록되어 있다.

「일동장유가」에도 부산 '영가대'에서 9월 8일 자시에 바다에 제사 지내는 대목이 나온다. 자시에 제물을 진설하고 삼사신이 삼헌을 하고 대축, 집례, 봉향 등의 소임을 맡은 사람의 이름도 모두 기록했다. 그리고 신판과 축문을 태우고 희생으로 바친 고기와 제수로 바친 기장떡과 밥을 작은 배에 실어다가 바닷물에 넣은 후에 제사를 끝내고 돌아오니 날이 샜다고 했다. 이것으로 보아 제의에 참가하는 인원과 규모가 성대했음을 알 수 있다. 이 제의가 삼사 이하 모두가 참여하는 공식적인 행사였다는 점에서도 통신사들에게 큰 의미가 있는 행사임을 알 수 있다. 이상과 같이 「해유록」이나 「일동장유가」에 뱃길을 위한 제사를 상세하게 기록한 것은 그만큼 해로의 안전에 대한 제의가 엄숙하고 비중 있게 행해졌음을 말한다.

따라서 <송조선가>에 의미화한 제사와 이에 대한 신의 감응은 해신제로서의 별신제에 대한 의미를 드러낸 것이다. 이 별신제는 조창을 지키는 공물의 신에 제사하는 것이며, 별은 곡식창고의 상징이다. 이것은 고려시대부터 있었던 조창제의의 핵심이며 마산창에서 관 주도의 제의에서 별신제를 지냈고 이 전통은 1904년 마산포 객주들이 주재하는 성신대제로 전승되었음을 알 수 있다.

배따라기 '선악船樂'

<송조선가>에는 뱃사람들을 포구에서 전별할 때 기생들이 춤을 추고 '선악'을 연주했다고 되어있다.

'선악'은 승무, 칼춤 등과 함께 경상도 지역 교방의 주요 기예에 속한다. 진주·김해지역 교방의 예능을 정리한 「교방가요」에 '선악'이 소개되어 있다. 「교방가요」는 정현석(1817~1899)이 1872년(고종 9) 음력 2월에 편찬한 책으로, 19세기 중·후반 지방 교방의 기녀들이 사습하고 연행했던 공연물들에 관한 실상을 알려준다. 정현석은 1867년 진주목사를 거쳐 1870년 김해부사로 부임했다. 「교방가요」가 편찬될 당시는 진주목의 가산창과 창원부의 마산창이 세워진 지 110년 후이므로 <송조선가> 속의 기생들의 기예보다 관변예능이 더 성숙해진 시기라고 볼 수 있다. 그리고 「교방가요」에 수록된 가·악·무는 '의암별제가무'를 제외한 모든 항목들이 진주나 김해 등 어떤 지방의 교방에서든 보편적으로 연행되던 일반적인 공연물이었다고 볼 수 있으며, 실제로도 그렇게 드러난다.

「교방가요」 '선악' 무보의 초편은 조운선의 출항의식을 무대 위에서 재현한 내용이다.

> 집사가 들어와 "병방군관 알현이오"라고 아뢴다.
> 순령수가 "병방군관 알현이오"라고 외친다. 또 "행보를 재촉하라"고 외친다.
> 순령수가 큰소리로 "삼배"를 외치면 병방이 군례로써 알현한다.
> (중략)
> 병방이 배 위에 나누어 서면 비단 돛을 드리워 건다.
> 집사가 배의 이물과 고무에 나누어 서면 가기歌妓가 배를 돌며 무리지어 서서 모두 노래한다.

이에 대해 <송조선가>에는 "다음 날 아침 깃발이 포구로 나가고 / 모든 배 점검하고는 북과 나팔소리 떠들썩하네 / 포성 세 발에 일제히 닻을 들어올리고 / 밧줄 풀고 돛을 걸자 바람과 파도 잠잠하네"라고 되어 있다. 실제 조운선의 출항모습과 '선악'의 초편의 유사성은 '선악'이 위험한 뱃길을 떠나는 사람들을 위한 위로의 노래라기보다 그 출발에 있어서는 조창의 출항의식에 부쳐 연희된 것임을 말한다.

마산창과 가산창의 조창제의가 관 주도의 제의였기 때문에 진주나 김해와 마찬가지로 교방기생들의 기예의 장르들은 대체로 일치했을 것으로 보인다. 그리고 진주는 역사적으로 경상우병영이 있던 곳인데, 이 우병영은 원래 창원도호부의 합포성에 있던 것이 옮겨간 것이므로 마산과 진주의 관변문화의 유사성은 당연한 것이다. 따라서 진주 선악 '배따라기'를 영남관찰사 조엄의 주도 하에 세워진 진주목 가산창과 창원부 마산창의 제의에서 연행했다는 충분한 개연성을 확보할 수 있다.

창원, 김해, 밀양, 진주 기녀들의 기예들이 서로 소통되고 있었음을 입증하는 것으로 조선통신사들이 일본으로 건너가기 전 부산의 '영가대'에 머무는 동안 벌어진 기생들의 잔치 기록에서도 확인할 수 있다.

> 창원 관속 대령하여 지공 범백 거행하니 삼중석도 화려하고 병풍 안석 휘황하다. 통인 차모 현신하고 낮 차담 드리는가? 황산 말 갈아타고 영가대 올라가니 동남의 요충이요 산해의 인후로다. (중략) 응구첩대하여 글 하나 지어내면 창원기생 운정이를 상을 줌세. 어서 짓소!
>
> 「일동장유가」 8월 23일

작자는 숙소에서 각 고을에서 찾아온 관속들과 기생들의 대접을 받기도 하고, 근처 명승지를 구경하기도 하는데, 영가대는 통신사행들이 부산에서 배를 타기 전에 바다 귀신에게 제를 바치던 곳으로 유명한 곳이다.

또, 9월 10일에, 경상 수군절도사 심인희 공이 빈일헌 동대청에서 통신사들을 위해 잔치를 베풀었다고 했다.

> 위의도 정제하고 풍류도 장할시고 경상도 일대 기생 다 모였다 하네. 위로는 사신부터 아래로 기생까지 이 연석에 드는 이는 채화를 다 꽂았네.

이들 기생들은 춤과 노래 등으로 통신사 일행들의 향락을 도왔던 것이다. 여기서 창원부의 기생들이 차출되어 가는 상황을 확인할 수 있고 그들이 '선악' 등의 기예를 펼쳐보였을 것으로 보인다. 『교방가요』 총목에 육화대, 연화대, 부학무, 헌선도, 고무, 포구락, 검무, 항장무 등 14종의 정재에 '선악'이 실려 있는 것에서도 당시 경상도 기생들의 기예의 종목을 알 수 있다.

조선후기는 지방의 교방을 중심으로 행해지던 정재가 발달한 시기이다. 조선후기에 발생한 교방정재는 조선전기부터 이어져 내려오는 궁중정재인 당악정재와 향악정재로부터 영향을 받은 경향이 나타나기도 한다. 그러나 새로운 예술성을 내포하고 발생하는 교방정재의 등장으로, 지방의 교방정재가 서울의 궁중정재로 채택되어지는 경향도 있었다. '선악' 또는 '선유락'은 향악정재에 속하는 무용이며, 뱃놀이 형식을 띠는 정재로 다른 정재에 비해 규모가 크고 화려하다.

이상과 같이 1760년 조창 유정당 뜰에서 열린 축제에 '선악'이 연희되었음을 <송조선가>에서 확인하였다. 그리고 「일동장유가」의 통신사 일행을 위한 연회에 김해, 진주, 창원, 밀양 등의 교방기녀들이 불려왔고, 그들은 검무나 승무와 같은 수준 높은 기예를 가지고 있었다는 사실을 알 수 있었다. 그리고 해신제를 지내고 그곳에 모인 통신사들을 위한 연회가 계속 이어진 것으로 보아 뱃놀이인 '선유락'이 연희되었을 것은 분명하다.

'선유락'은 원래 이러한 사행이나 지방 관변의 공사연향에 소용되는 교방정재의 하나로 공연되었으며, 지방 교방에서는 대개 <배따라기>라고 불렀다. 이 곡은 뱃길을 떠나는 이별의 슬픈 정황을 나타낸다. 이 노래의 연원은 16세기 말~17세기 초, 명·청 교체기의 '수로조천의 일'에 두고 있다.

중국이나 일본으로 가는 사신들은 위험한 물길을 따라 먼 길을 떠나고 돌아오지 못하는 일이 많으므로 포구의 이별은 슬픈 일이었고,

떠날 때를 당하여 바닷가에서 이들을 전송하면서 기생들이 춤과 노래로서 떠나는 이들의 마음을 위로하는 데서 '선악'이 시작된 것이다. 따라서 이 연희는 뱃길의 먼 이별의 출발에 부쳐 연행되며, 처연하고 슬픈 분위기였다. 그러므로 이 노래는 임란 이후 조선통신사들이 일본으로 떠나는 포구의 위로연회나 조창에서 험난한 뱃길을 따라 서울까지 세곡을 운반하기 위해 떠나는 포구의 위로연 등에 여타의 정재들과 함께 연희될 수 있었던 것이다.

<송조선가>에 '선악'이 보이는 것은, 바로 유정당 설립 이후 첫 조선이 출발하는 날 경상도 교방의 선유락 정재를 연희하여 뱃길의 정한을 고조시키는 전대의 전통을 전승한 것으로 생각된다.

국가행사에는 장악원이 중심이 되어 악을 관장한다. 주로 궁중의 예악을 담당하는 이곳은 전국에 지원을 두고 중요한 행사가 있을 때에는 의례를 주관하는 곳이다. 따라서 장악원에 악생과 악공을 둔 것은 나라에서 지내는 제사와 빈객의 잔치를 위해 악공과 악생들은 봄과 가을에 한 달 씩 입번하여 음악을 익혔다. 그러나 양란 이후 사정은 여의치 않았다. 병자호란 이후만 해도 악기가 절반이 넘게 부서져 지방에 있는 기관(지방관청에서 악기 및 여기를 맡아서 관장하던 관리)들로 하여금 약간의 악기를 모아서 서울로 보내도록 함으로써 음악을 연습할 때 사용했던 것이다. 이것은 전라도와 경상도에 있는 기관으로 하여금 장고, 비파, 현금, 가야금, 아쟁, 해금, 무고 등이 있는 곳을 찾아서 기관들에게 분담시켜 가을 습악에 맞추어 서울로 보내도록 하라는 기록에서도 확인된다.

이러한 사정은 경상도 지역의 교방무의 수준을 가늠할 수 있다. 조창제의가 관 주도의 제의였다는 점에서 그리고 영남관찰사 조엄이 진주 가산창과 창원 마산창을 지은 자이고, 이어 밀양 삼랑창을 건립했다는 사실에서, 경상도지역의 기녀들의 기예의 공유와 교류를 유추할 수 있다. 그리고 '기문'의 내용에 의하면 마산창의 축제에 이어 또 가산창의 축제가 열렸으니 두 지역의 기생들의 기예와 연희의 구성도 동일했다고 본다. 그리고 조엄이 영조 39년(1763) 통신사로 일본을 다녀온 사실에서도 부산포의 해신제와 파견된 경상도 기녀들이 기예 중 '선악'이 연희되었을 개연성은 충분하다.

시에서 민속을 읽다

<송조선가>는 1760년 마산창 유정당에서 열린 조운선 출항의식에 부쳐 지어진 한시다. 여기에는 조창 운영의 어려움과 강민들의 고난의 역사가 기록되어 있고, 영남관찰사 조엄의 치적을 칭송하는 의미도 담겨있다. 주목할 것은 이 노래는 마산창과 관련된 민속적 사실들을 싣고 있다는 것이다.

먼저 해신제로서의 별신제의 모습을 담고 있다. 관찰사가 잔치를 열어 뱃사람들과 강민들을 위로하고, 해로의 안전운항을 기원한 내용이다. 그 결과가 '백신'들이 뱃길을 수호하고 관찰사의 기원이 하늘을 감응시켜 바람이 자고 파도가 잠잠해져 안전한 뱃길을 누릴 수 있었다는 내용이 나온다. 이에 대한 감사는 아이들과 아낙네들의 입에 오르내리며 주문처럼 불렸음을 알 수 있다. 이러한 해신제는 뱃길로 일

본으로 떠난 통신사 일행들이 지낸 해신제의 기록을 통해서도 그 구체적인 모습이 드러난다. 근대 이후 조창이 폐지되고 조창전운어사가 마산항의 개항 집무소 일을 맡게 된다. 이 시기 별신제는 마산 어시장의 문화적 전통으로 이어진다. 1904년 마산의 태풍피해가 발생하고 이를 계기로 어시장 객주들은 별신신앙을 재확인하고 의식을 재정비했다. 이 해신제는 '별'을 신앙의 대상으로 하는 것이었으며 1904년에 별신제로 그 모습을 드러냈고, 그것을 한역하여 성신제로 명명했다. 마산별신제 5년 중제를 지내는 시기에 송석하가 마산을 방문하고 '남해안별신대'에 대한 보고서로 그 실체를 기록했다. 이외에도 어시장 객주와 상인들의 증언을 통해 별신대 세우기 민속이 오랜 전통으로 전해왔음을 확인할 수 있다.

다음으로 <송조선가>에는 기생들의 '선악'이 기록되어 있다. '선악'은 조창에서 조운선을 떠나보낼 때 지방 교방의 기녀들이 연희했던 기예이다. 일본으로 떠나는 조선통신사 일행들을 위한 연희마당에 불려간 창원, 진주 등의 경상도 교방 기녀들의 기예의 종목이 있다. 「교방가요」에 실린 진주교방의 '선악'이 경상도 교방의 공통된 기예였을 것으로 보인다. <송조선가>의 '선악'은 경상도 교방에서 뱃길의 정한을 고조시키는 전대의 전통을 계승한 것이다.

<송조선가>는 박사해의 <조창유정당>과 조덕상의 <유정당기>와 더불어 마산지역의 조창에 관련된 중요한 민속적 사실을 담고 있다. 따라서 <송조선가>는 '별신제'와 '선악' 연희의 실체를 확인할 수 있는 민속학적 자료로서의 가치를 지니고 있다.

참고문헌

M.엘리아데 저, 정진홍 역(1982), 『우주와 역사』, 현대사상사.

강돈묵(2004), 『거제수산별신굿마을』, 거제문화원.

강현모(2007a), 「은산별신제 배경설화의 전승양상」, 『한국언어문학』 60, 한국언어문학회.

______(2007b), 「은산별신제 배경설화와 무가의 의미연구」, 『한민족문화연구』 21, 한민족문화학회.

경남발전연구원 역사문화센터(2005), 『회원현성지발굴조사보고서』.

경상남도지편찬위원회(1963), 『경상남도지』, 경상남도.

고려대학교민족문화연구소(1979), 『한국문화사대계』.

국립문화재연구소(2005), 『인간과 신령을 잇는 상징, 巫具』 경상도.

국립민속박물관(2004), 『석남 송석하 한국민속의 재음미』 上·下.

______________(2007), 『송석하 소장 민속학 선구자들의 사진자료집』.

김갑동(1991), 「고려시대의 성황신앙과 지방통치」, 『한국사연구」 74, 한국사연구회.

김경택 외(2001), 『충주의 향토사』, 충주문화원.

김삼룡(2003), 『익산의 선사와 고대문화』, 익산 마한·백제문화연구소.

김의숙(1993), 『한국민속제의와 음양오행』, 집문당.

김인겸 저, 최강현 역주(2007), 『일동장유가』, 보고사.

김태곤(1981), 『한국무속연구』, 집문당.

______(1983), 『한국민간신앙연구』, 집문당.

김태우(2004), 「민속현상에 나타난 '별신'의 의미」, 『경희어문학』 24, 경희대 국어국문학과.

김형윤(1973), 『마산야화』, 태화출판사.

노성미 외(2008), 『마산 성신대제 연구 』, 마산문화원.

________(2009), 『마산성신대제 복원모형 연구』, 마산문화원.

노성미(2008), 「마산지역 성황당의 제의전승 고찰」, 『문학과 언어』 30, 문학과언어학회.

______(2009), 「'송조선가'의 민속적 고찰」, 『배달말』 44, 배달말학회.

______(2010), 「마산오광대의 연행배경에 대하여」, 『배달말』 47, 배달말학회.

마산상공회의소(1987), 『마산상공회의소 90년사』.

몽고식품(2008), 『몽고식품 100년의 발자취』.

무라야마 지준(1938), 『조선의 향토신사 제2부: 석전·기우·안택』, 조선총독부.

____________, 김희경 옮김(2008), 『조선의 귀신』, 동문선.

문주석(2003), 『<교방가요>소재 '교방정재' 연구』, 영남대출판부.

문창로(2010), 「삼한사회의 소도와 신앙의례」, 『한국역사민속학강의』 1, 민속원.

문창문화연구회(1992), 『문창풍아』, 은시루.

민긍기 역주(2005), 『역주 창원부읍지』, 창원문화원.

______(1999), 「지명이 생성되는 틀에 대하여」, 『연민학지』 7, 연민학회.

민족문화추진회(1989), 『국역 동국이상국집』.

박경신 외(2002), 『동해안별신굿』, 화산문화사.

박순호(1985), 「전북의 솟대고」, 『한국민속학』 18, 민속학회.

박흥주(2011), 「천제天祭로서의 호계마을 별신제 연구」, 『비교민속학』 46, 비교민속학회.

서연호(1989), 『야류·오광대 탈놀이』, 열화당.

성무경(2001), 「교방가요」를 통해 본 19세기 중·후반 지방의 관변 풍류」, 『시조학논총』 17집, 한국시조학회.

______(2008), 『진주교방, 선악 'ᄇᆡᆨ짜라기'』, 보고사.

성신대제복원추진위원회(2007), 『성신대제 조사자료』, 마산문화원.

송방송(1980), 『악장등록연구』, 영남대민족연구소.

송석하(1960), 『한국민속고』, 일신사.

송성안(2007), 『일제강점기 <중외일보> 속의 마산』, 마산문화원.

실천민속학회편(2005), 『조선후기 민속문화의 주체』, 집문당.

안길정(2008), 「조행일록」으로 본 19세기 조운의 운영실태」, 『사림』 29, 수선사학회.

윤동환(2005), 「별신의 지속과 변화」, 『한국무속연구의 한 단면』, 민속원.

이경미(2008), 「마산어시장 성신대제 주제집단과 제의형식의 변화」, 『마산성신대제연구』, 마산문화원.

이경업(2000), 『남도민속연구』 6, 남도민속학회.

이성후(2000), 『일동장유가연구』, 형설출판사.

이수경(2007), 「「조선총독부 조사자료」에 나타난 조선의 민간신앙」, 『일본연구』 32, 한국외국어대학 일본연구소.

이영훈 편(1987), 『한국지방사자료총서』, 여강출판사.

이인화(2006), 「내포지역 마을제당의 민속지리」, 민속원.

이지우(2002), 「전통시대 마산지역의 조운과 조창」, 「가라문화」 18, 경남대학교박물관 가라문화연구소.

이창식(2002), 「남한강유역 별신제의 분포와 의미」, 『지역문화연구』 1, 세명대학교 지역문화연구소.

이필영(1998), 『솟대』, 대원사.

______(2002), 『은산별신제』, 국립문화재연구소.

이학렬(2003), 『간추린 마산역사』, 도서출판경남.

이훈상(1989), 「조선후기 향리집단과 탈춤의 연행」, 『동아연구』 17, 동아대학교.

______(1995), 「조선후기 읍치사회의 구조와 제의」, 『역사학보』 147, 역사학회.

______(2004), 『가산오광대』, 국립문화재연구소.

임미선(1999), 「선유락과 어부사」, 『문헌과 해석』 8, 문헌과해석사.

______(2000), 「「교방가요」소재 船樂의 형성배경과 연행방식」, 『국어문학』 35, 국어문학회.

임홍락(1997), 『성포별신제 조사보고서』, 익산문화원.

장사훈(1992), 「한국무용개론」, 대광문화사.

장철수(1998), 「조선총독부 민속조사 자료의 성격과 내용」, 『정신문화연구』 72, 한국학중앙연구원.

정상박(1986), 『오광대와 들놀음 연구』, 집문당.

정승모(1991), 「城隍祠의 민간화와 향촌사회의 변동」, 『태동고전연구』 7, 태동고전연구소.

정약용 저, 노태준 역해(1981), 『목민심서』, 홍신문화사.

정현석 편저, 성무경 역주(2002), 『교방가요』, 보고사.

정형호(2001), 「굿에서 가면극으로의 변이양상 연구」, 『민속학술자료총서』 5, 우리마당터.

조선사담회(1926), 『馬山と鎭海灣 馬山港誌』, 경인문화사 영인(1995).

조정현(2004), 「별신굿의 물적 기반과 지역경제」, 『비교민속학』 27, 비교민속학회.

주강현(2004), 『우리문화의 수수께끼』, 한겨레출판사.

주영하 외(2006), 『제국 일본이 그린 조선민속』, 한국학 중앙연구원.

최길성(1978), 『한국무속의 연구』, 아세아문화사.

최명림(2000·2001), 「해안지역 堂祭의 고찰」, 『남도민속연구』 6·7, 남도민속학회.

최범훈(1968), 「한국지명학 연구서설」, 『국어국문학』 42·43, 국어국문학회.

최상수(1984), 『야유·오광대가면극의 연구』, 성문각.

최재남(2002), 「조선후기 창원지역 한시의 양상」, 『가라문화』 16, 경남대학교 박물관 가라문화연구소.

하효길(1998), 『남해안별신굿』, 국립문화재연구소.

한국정신문화연구원(1984), 『국역 한국지』.

허영란(2009), 『일제시기 장시연구』, 역사비평사.

홍순학 저, 이석래 교주(1976), 『기행가사집』, 신구문화사.

황루시(1993), 『거제도별신굿』, 열화당.

일반적으로 탈놀이는 정월 대보름의 동제와 결합되어 있다. 그러나 마산오광대는 3월 말 또는 4월 초에 연행되었다. 그러나 이 시기에 탈놀이를 한 이유에 대해서 주목하지 않았다. 그리고 마산오광대에 기생과 무당, 관속의 존재가 거론되었지만 이들이 어떻게 탈놀음의 주체가 되었는지에 대해서도 깊은 관심을 갖지 않았다. 탈놀이 주재 집단에 대한 관심은 마산오광대의 형성 배경에 대한 가장 직접적인 해답을 가지고 있다. 마산오광대의 주재 집단은 탈놀음의 연행 주체와 함께 마산오광대의 발생과 전승의 배경을 밝히는 매우 중요한 단서를 지니고 있기 때문이다.

3부 — 오광대로 지역문화 읽기

탈춤을 추는 무당과 광대

탈놀이의 기원을 말하다

송석하는 합천군 초계면 밤마리의 대광대에서 오광대의 기원을 찾았다. 이 견해는 최상수, 이두현으로 이어지면서 거의 무비판적으로 수용되었다. 이로 인하여 지역 전래의 토착적 탈놀이와 예인광대패의 탈놀이와의 영향관계는 주목받지 못했다. 마산오광대의 발생과 기원 역시 탈춤의 주재 집단과 연행 시기, 연희의 주체에 대한 면밀한 검토 없이 대광대기원설에 묻히고 말았다.

일반적으로 탈놀이는 정월 대보름의 동제와 결합되어 있다. 그러나 마산오광대는 3월 말 또는 4월 초에 연행되었다. 그러나 이 시기에 탈놀이를 한 이유에 대해서 주목하지 않았다. 그리고 마산오광대에 기생과 무당, 관속의 존재가 거론되었지만 이들이 어떻게 탈놀음의 주체가 되었는지에 대해서도 깊은 관심을 갖지 않았다. 탈놀이 주재 집단에 대한 관심은 마산오광대의 형성 배경에 대한 가장 직접적인 해답을 가지고 있다. 마산오광대의 주재 집단은 탈놀음의 연행 주체와 함께 마산오광대의 발생과 전승의 배경을 밝히는 매우 중요한 단서를 지니고 있기 때문이다.

여기서는 마산오광대의 지역문화성을 밝히는 핵심으로서 연행의 배경에 대한 몇 문제를 중점적으로 살펴보기로 한다. 즉, 마산지역에서 언제부터 어디에서 누가 중심이 되어 왜 탈놀음을 했는지, 또 그것은 밤마리 대광대패의 잡희와 어떤 영향관계에 있는지 등을 살펴보기로 한다.

축제는 무르익고 광대들이 판을 벌이다

돛을 올리고 축포를 쏘아라

마산오광대의 연희 시기는 연희의 주재 집단과 함께 마산오광대의 지역문화성을 밝히는 가장 중요한 요소이다.

마산오광대가 밤마리의 대광대패의 놀이와의 영향관계 속에서 현재 전해지는 탈놀이의 형태를 갖추기까지는 마산지역의 문화적 수용 여건이 필요하다. 여기에는 마산지역의 특수한 연희현장과 인적·물적 조건들이 영향을 미치게 된다. 이러한 형성 배경에 대한 연구는 다른 지역 오광대의 형성과 전파에 대한 일반적인 현상 위에 마산지역의 문화적 특수성을 해명하는 핵심인 것이다.

오광대가 각 지역마다 연희 시기와 장소가 다르고 발생 배경이 다르고 연희의 주체가 다르다. 그리고 탈이나 음악 구성에 있어서도 기존의 토착문화와 전승·이입된 문화의 융합관계 속에서 마산오광대의 지역적 특수성을 탄생시키게 된다.

송석하는 마산오광대의 연희시기에 대해서, 일반적으로 오광대는 정월 대보름에 연희되는데, 통영과 마산에서는 춘절에 행한다고 했다. 또 이 두 지역의 오광대가 춘절에 행해지는 것은 어로와 관계된다고 했다. 그리고 야류나 오광대의 연희가 지신밟기나 줄다리기 등의 대보름 민속놀이와 어울려 있는데, 마산과 통영의 경우는 별신굿에 부쳐 행해지기 때문에 정월 대보름에 행하는 지역의 오광대와 전혀 별개의 계통이 부지중 합병하였다고 보았다.

최상수도 마산오광대는 별신굿 행사가 끝난 후에 행하는데, 마산의 별신굿은 해상의 평온함과 고기가 많이 잡히는 것을 원하는 뜻에서 행하며, 3년마다 행하는 소제와 10년마다 행하는 대제가 있다고 했다. 그리고 별신제를 동민 대표가 하는 제사와 무당이 하는 굿으로 구분했다.

위의 두 보고서를 정리하면 마산오광대는 3월 말 또는 4월 초 마산지역의 별신굿이 열릴 때 논다. 별신굿은 어로나 해상의 평온을 기원하는 굿이다. 이 굿은 현재 창원시 마산합포구의 수협중매인조합에서 유지하고 있는 성신제의 원류이다.

마산성신제는 뱃길의 무사안전과 관계된 제의로서, 고려시대 합포의 석두창에서 조선시대 마산창을 거쳐 어시장의 번성을 기원하기까지 마산의 역사와 함께 했다.

마산오광대가 연희된 시기가 조창의 조운선의 출항시기와 맞물려 있고, 조창제의의 한 제차로서의 별신굿이 열리는 시기에 오광대를 놀았다는 것은 마산오광대의 발생 시기를 잡는데 중요한 근거를 제공한다. 지금까지 밤마리 대광대패의 공연 시기에 기점을 둘 때와 조창제의로서의 별신굿에 연원을 두었을 때 마산오광대의 발생기점은 달라질 수밖에 없다. 그리고 이것은 탈놀이의 토착적 발생과 밤마리 기원설의 상호성을 해명하는데도 중요한 문제를 시사한다.

1760년(영조36) 마산창이 세워지고 첫 출항을 맞아 행한 대규모의 연희에 별신굿의 모습을 볼 수 있으므로 별신굿과 관련된 오광대 탈놀이는 조창제의의 연희마당의 한 단위로서 놀았다고 볼 수 있다. 이 탈놀이가 현재의 모습은 아니라 할지라도 그 연원에 있어서는 상당한 존재의 연속성을 확보하고 있다. 그런데 마산지역의 별신굿이 조선 영조대의 조창 이전부터 있었던 마산지역의 조창과 관련된다면 자연신앙으로서의 별신굿은 그 연원이 더 오래된 것이다.

'별신'의 의미는 정확히 정의되어 있지 않다. 현대에 와서 별신제가 열리는 지역에서 별신제를 풍어제와 같이 사용하기도 하는데, 이것은 별신제의 의미가 풍어기원으로 축소되었기 때문이다. 김태곤은 별신굿은 동제와 마찬가지의 목적을 가지고 행해지지만 동신만을 모시는 것이 아니고, 많은 신을 모시며 축제적인 특징이 있다고 했다. 그리고 마을의 평안과 수호, 그리고 풍어, 풍농을 위해 마을에서 공동으로 3년마다 또는 10년마다 한 번 씩 거행하는 굿이라고 했다. 이것은 별신굿이 풍어제에 한정되지 않은 광의의 부락공동제이며 대규모의 축제를 지칭함을 말한다. 탈놀이는 이 대규모 축제의 다양한 구성에 속하며 지역민을 위한 유희와 오락을 제공함으로써 제의의 목적을 달성하려는 장치로 이해할 수 있다.

마산은 조창을 기반으로 발전된 도시다. 이 조창에는 판관, 향리 이외에 소공, 수부, 잡역을 맡은 잡인 등 조선에 승선하는 사람들이 거주했다. 따라서 조창이 있었던 곳에는 민가, 부두, 주막, 수부들의 가옥, 선장, 객주집 등이 있어 교통상 거점으로 촌락이 형성되고 인구증가와 더불어 마을이 발전되었다. 이들에게 있어서 바다는 그들 개인은 물론 집단적 삶을 영위하는 데 가장 중요하고 두려운 대상이므로 별신을 모시는 제의를 통해 마을의 공리적 목적을 달성하려는 신앙이 발생했다고 본다.

『고려사』(권79 식화지 2 : 조운)에 의하면 '나포'는 전에 '골포'라고 불렀으며 합포현에 '석두창'이 있었다. 조창이 있는 지역에서 별신굿이 열린다는 것에 주목해 볼 때 '별'은 '별別'이나 '성星' 보다 더 근원적 의미를 함축한다고 볼 수 있다.

별신의 '별'은 곡식창고를 상징적으로 나타낸다.

> 집에 있어서는 곳집이라 하니 실상 곡식을 저장하는 근원이요, 하늘에 있어서는 별이 되니 대개 곳집을 상징하는 것이다. 나라에 있어서 곳집이 가장 중대하니, 그 제도는 응당 웅장해야 하리라.
>
> 우리 국가는 만세의 도읍을 정하고 사방의 공세公稅를 받는다. 먹을 것이 제일 중요하다는 것을 알고 천간이나 되는 곳집을 지어 여기에 저장하게 되었다. 수로로 운반하는 배들은 서로 꼬리를 물고, 육로로 수송하는 수레들은 서로 뒤를 잇는다.

여기서 곳집을 하늘의 별과 동일시하고 있는 것에 주목할 필요가 있다. 이 상량문에서 조창인 대창니고의 위엄과 중요성, 그리고 그 상징성이 '별'로 표상된 것은 조창의 곡식창고에 제의의 초점이 두어진 것을 말한다. 지금까지 전해지는 별신제가 바다나 강을 끼고 있는 지역에서 행해지고 있는 것, 내륙인 경우도 수로를 낀 포와 조창에서 발달한 지역에서 별신제가 열리는 것에서도 그 근거를 확보할 수 있다.

고려시대 조창의 운영과 관련된 제의가 <전료발선제축>, <태창행백신위사토제> 등에 잘 나타나 있다. 세곡을 저장한 창고에 제사지낸 기록이다. 그렇다면 각 지방의 조창에도 이와 유사한 제의가 관 주도로 행해졌고, 그 신위는 '별'로 표상되었음을 짐작할 수 있다.

그렇다면 마산의 별신제는 조창의 관속들이 제의를 주재하면서 조운선의 출항과 조창의 관속 및 뱃사람과 마산포 주민들의 안녕을 기원한 제의로 정의할 수 있다. 조창이 폐지된 뒤에는 어시장 상인들이 별신제를 계승했다. 그것을 가능하게 한 것은 어시장 역시 바다에 운명을 걸고 있기 때문이다.

> 1904년(甲辰年)에 돌발한 대폭풍우는 항해는 고사하고 합포부락에 치명적인 피해를 주었다. 부락민은 성신님의 발작이라 보았다. 신심만으로는 부족하다는 것을 깨닫게 되자 익년 1905년(乙巳年) 음력 3월 28일 비로서 神柱를 건립하고 신위제단을 마련하였다.

1904년 마산주민이 '성신님'의 존재를 인식하고, 1905년 음력 3월 28일 어시장에 당집을 세운다. 1905년 이전까지는 무당이 주재하는 굿의식이 중심이었다가 이 시기에 제의방식과 제문, 복식의 전반이 유교식 의례로 변모되었다.

어시장 신전을 건립하고 단절된 '별신제'를 '성신제'로 부흥시킨 날이 3월 28일이다. 이 날 신주를 세운 것은 이전의 별신제일을 맞춘 것이며, 그 날은 또 마산창의 별신제일이기도 하다. 이 제일의 전통은 중요하게 인식되어 현재 어시장 수협중매인조합에서 그대로 유지하고 있다.

> 마산에서 조선인의 경제계에 있어서 가장 중요한 기반을 밟고 있는 어선창 합포사에서는 지난 17일 오전 10시경에 별신聖神대제를 성대히 거행하였는데 해該 제祭는 거금距今 약 200여 년 전 마산이 합포合浦란 이름으로 일소一小 어촌에 불과할 때부터 어상魚商들이 수호하야 오는 습속習俗이라는 바 그 습속이 점차 쇠멸하여 유야무야有耶無耶한 가운데 있었던 것을 해該 연고자緣故者들은 유감으로 사思하고 25년 전 즉 갑신년에 차此를 부흥시키어 5년과 10년에 나누어 중제中祭 대제大祭를 행한다는데 금회今回가 마침 10년 대제인 만큼 어상들의 총출동으로 성신대제는 성대하고 또 성대히 마쳤더라.

이 기사에서 '연고자'는 바다를 삶의 기반으로 하여 살아갔던 마산포의 주민, 더 구체적으로는 이 제의를 부활시킨 어시장 객주집단을 의미한다. 1928년 성신대제의 여흥으로 씨름이 벌어졌다고 하고 우승자의 명단이 신문에 실릴 정도로 연희마당에 대한 시민들의 관심이 컸던 것 같다. 그러나 연희는 씨름에만 그친 것이 아니었다.

> 자신의 나이 20세 전후 때 대제 풍경은 마산시 인구 3,772호(정확히 기억) 그러니 15,000명 정도였는데 대제 때에는 이웃 각 고을 사람까지

> 수만 명이 운집하였으며, 무속, 걸립패 등 온갖 놀이가 겹친 대 축제였으며 선주, 어장주는 물론 영세어민, 고기장수까지 다투어 큰 고기를 바치고 재정지원도 거리낌 없었다.

위의 증언은 1954년 해방 후 첫 성신대제의 대제관이었던 김준영 씨의 증언이다. '무속과 걸립패 등 온갖 놀이가 겹친 대축제'로서의 성신대제의 모습 속에서 마산오광대의 연희를 확인할 수 있다.

또 객주조합에서 연중행사의 하나로 별신당 제사를 올렸다. 남녘 바다에서 합포만으로 몰려오는 어선이 장관을 이루고 뭍에서 대기하고 있던 수십 필의 운반 우마차가 인근 마을로 끝이 없이 이어지는 성시였다. 이를 별신의 음호로 인식하고 있었다. 이러한 증언에 근거하여 살펴보면, 마산의 번성은 별신의 보살핌에 의한 것이라는 믿음이 근래까지 유지되고 있었다.

따라서 마산오광대가 연희된 3월 말 또는 4월 초의 별신굿은 조창 제의를 말하며, 그 시기가 다른 오광대 지역의 정월 보름과 다른 것은 마산의 별신굿이 조운선의 출항에 부쳐 행해졌기 때문이다.

자산동의 타작마당의 광대들

마산오광대의 연희마당은 연희 시기의 특수성에 따른 지역적 특수성을 보인다. 최상수(1963: 63)는 '자산동'이라는 구체적 연희 장소를 소개하고 있다.

> 동래는 패문리 광장(중앙통 시장터), 수영은 시장터, 부산진은 사거리 광장, 김해(가락)는 죽림리 광장 또는 나루터, 마산(창원)은 자산동 놀

음터(서원골), 진주는 봉산동 논바닥 놀음터 또는 남강백사장, 고성은 시장터 혹은 밤내 시냇가, 통영은 용화사 놀음터에서 놀았다.

그리고 연희에 앞서 자산동 타작마당에서 주과포를 차려놓고 연희자 일동이 산신제 고사를 지냈다. 고사의 내용은 '동리의 무사태평과 오늘의 연희의 무사와 또 사망한 전 연희자의 혼령을 위로'함에 있다고 했다. 이때는 무녀를 불러 거리제를 지냈다. 이러한 사실은 자산동 타작마당이 굿의 공간이면서 연희의 공간임을 말한다.

위의 연희마당으로 소개한 '자산동 놀음터(서원골)' 표기는 자칫 놀음터와 서원골이 같은 장소로 오해될 소지가 있다.

무학산 서원골은 관해정과 회원서원이 있던 자리다. 서원이 있고 사림들이 노니는 정자가 있는 앞에서 천민인 광대들이 탈제를 지낼 수 없다. 따라서 자산동 놀음터가 곧 서원골을 의미하는 것이 아니라 놀음터의 위치를 설명하기 위해 서원골을 부연한 것이다.

타작마당은 무학산 서원골에서 산제당이 있는 환주산으로 내려와 오른편 자락에 있다. 그 주변은 무당과 광대들이 주로 사는 곳이었다. 현재도 무속인들이 자산동 언덕마을에 많이 거주하고 있다.

산제당은 동네 사람들의 기도처였다. 마산 오동동 포도나무 거리의 권번 기생들이 모여 와서 노래 잘하게 해달라고 음식 차려놓고 제사를 올리고 빌고 그랬다.

몽고정 뒤에 있는 언덕에 광대바우가 있었는데, 옛날에 기생들이 노래 부르고 거기서 광대들이 놀아서 광대바우라 했다. 옛날에는 기생들이 그렇게 많고 노래도 잘 하고 그랬다.

진모성의 구술 내용에서 기생들의 산제당 제사와 몽고정 뒤에 있는 광대바위에서 광대들이 놀았다는 증언은 마산오광대 연희 장소에 대해 시사하는 바가 크다. 왜냐하면 산제당이 있는 환주산을 중심으로 광대들의 놀이와 기생들의 제사가 있었다는 것은 이 인근이 마산 지역의 유희를 담당하는 집단들에게 의미 있는 공간임을 의미하기 때문이다.

환주산은 마산의 중심산이며 산제당이 있다. 이 산은 조세인 공물을 수호하는 신 또는 마산의 공적 수호신을 제사하는 별신제의 제당이다. 성신제의 '신목神木 나르기'에서도 별신제와 자산동이라는 지리가 갖는 의미적 관련을 파악할 수 있다.

> 백 년 전 까지만 해도 자산동 뒷산은 송림松林이 창울蒼鬱했는데 자산동 송림 중 한 그루를 10년 동안 신목으로 지정하고 이 나무에는 금줄을 치며(범신론적) '성신신목'이라 이름 지어 신성시하였고 이 소나무는 아름드리의 거목巨木으로 자란 것을 신사당辰祠堂 개축 보수 등에만 쓰여 졌다. (중략) 운반된 신목(1개)은 단 한가운데 전주電柱 모양으로 세워 상부에 나무를 가로질러 거기다가 방울을 여러 개 달고 제를 지낸 후 목수의 손에 넘겨져 사용하였다.
>
> 마산문화원 2007: 24

이상의 증언에서도 마산오광대의 토양으로서의 별신제의 제당과 자산동 타작마당이 같은 지리적 범주에 있음을 알 수 있다.

자산동 뒷산에서 채집된 신목이 어시장 신당으로 운반되는 경로에 대한 증언도 있다.

> 4월 20일 오전, 신목으로 정한 큰 소나무를 자른 다음, 운반하기에도 좋도록 도끼로 손질했다. (중략) 재목을 메고 내려와 자산동회 마당에서 쉬게 되었다. 동회마당은 바로 몽고양조장 뒤편에 붙어있었다. (중략) 목도꾼뿐만 아니라 선창의 객주들과 자산동민까지 몰려와 잔치판을 벌인 것이다.

1954년 4월 20일은 음력 3월 18일이다. 3월 28일 성신제가 열리기 전에 신목을 운반해서 어시장 신당을 보수하기 위해 벌어진 행사 내용을 담고 있다. 이 증언에 의하면 별신제의 신목은 자산동 뒷산에서 채집되어 자산동 몽고양조장 뒤편의 동회마당을 지나 어시장 신당으로 운반된다. 술과 고기를 먹고 잔치판을 벌인 광장으로서의 자산동 동회마당의 모습이다. 산에서 신당으로 연결되는 동선 위에 자산동 놀음터가 있다. 자산동의 신목, 산제당, 광대바위 등으로 상징되는 이 마당이 마산오광대의 연희마당이다.

또 하나 주목되는 마산오광대의 연희 장소로서 산호동 용마산 아래에 있는 산해관 마당이 있다. 자산동 놀음터와 마찬가지로 이곳도 별신굿의 제당과 관련된다. 용마산 밑에 있는 산해관 마당은 고려시대 합포의 석두창이 있던 곳이며, 탈놀이가 연행되었다는 시기에는 춘추원이라는 기생집이 있던 자리다. 1914년경부터는 여관 겸업을 하는 요정인 산해관이 있었다(김형윤 1973: 206). 용마산 아래 구강은 현재 어시장 구역으로 마산창이 옮아가기 전까지 노적창인 조창이 있던 곳이다. 또 근래까지 용마산에서 무당의 성신굿이 열리는 것을 본 지역민이 흔하다는 것은 옛 조창제의의 하당굿이 이 지역 무속사회에 잔존하고 있다는 증거이다.

별신제의 상당제당으로서 산제당이 있고 하당으로 용마산을 상정할 수 있다. 석두창의 공적 기능 소멸과 더불어 용마산도 공적 신당으로서의 기능을 상실했을 것으로 보인다. 이후 이곳 굴강(구강)지역은 매립되고 그곳에 산해관과 같은 기생집들이 들어섰다. 마산오광대의 연희 마당은 이들 별신제의 제당과 동일한 지리적 범주 속에 있다.

누가 이 놀이를 주재할 것인가

주재 집단이란 광대의 공연을 기획하거나 그들을 불러 연행하게 한 주체를 말한다. 주재 집단을 밝히는 것은 마산오광대의 연행 배경을 밝히는 중요한 요소이다. 연행을 주재한 집단과 직접 탈놀이를 연행한 주체는 다르다. 단지 연행의 주재 집단이 직접 연희를 담당하기도 했다면 이들을 연행 주체의 한 축으로 받아들여야 한다. 그렇다 하더라도 연행 주체인 광대와 구분되는 주재 집단은 따로 다루어져야 탈놀이 연희의 면모가 보다 분명히 밝혀질 수 있다.

앞에서 논했듯이 마산오광대는 별신굿과 관련 위에서 해명되어져야 한다. 별신굿의 주재 집단이 곧 탈놀이를 필요로 한 집단이기 때문이다.

송석하는 「오광대 소고」에서 낙동강 연변의 시장지가 오광대의 발생과 배양지라고 했으며, '하급관리를 다수히 가졌던 영문營門소재지가 그 씩씩한 양육지'라고 했다. 여기서 말하는 영문소재지의 하급관리는 탈춤을 추는 광대가 아니라 탈놀이 주재 집단으로 이해된다. 지방관아의 관속과 탈춤 연행의 상관관계는 최상수(1963: 64)의 보고에도 나타난다.

> 오광대 가면극의 연희자들은 대개 그 지방 사람들로서 양반이 아닌 평민계급들인데 그들은 대개 가무에 소질이 있는 이들이며, 대개는 일정한 직업은 없고 놀음을 좋아하는 분들이고, 그 중에는 지방 관청의 하급관리를 하고 있는 이들도 가끔 섞여 있기도 하였다.

그가 탈춤의 연희자로 이해한 지방 관청의 하급관리는 본격 광대 집단의 탈놀이가 평민계급 또는 여러 계층의 그 지방 사람들로 구성된 시기를 말하는 것 같다. 어쨌든 두 사람의 보고에서 중요한 것은 탈춤의 연희에 지방의 하급관리들이 연루되어 있다는 사실이다. 이것은 탈춤의 형성과 발전에 토양이 된 관속들의 존재가 어떤 의미를 갖는가 하는 문제를 제기한다.

수영야류는 "일설에는 150년 전에 수영 수사水使가 초계의 대광대가 유명하다는 말을 듣고 그 탈놀음군을 모조리 붙잡아 가지고 와서 그들의 탈놀음을 영문 내에서 구경시켰는데, 그때 부하들이 이를 보고 배워서 시작한 것이 그 시초"다. 그리고 "거제 것은 30여 년 전에 녹단사 사우가 통영 것을 그대로 본받아서 시작한 것이다."라고 했다. 또한 동래야류는 "행사는 관리 출신들의 모임인 기영회의 후원과 정월 3일경부터 시작된 지신밟기의 모금을 토대로 이루어졌다. 지신밟기가 진행되는 동안 일부 회원들은 놀이에 사용할 탈이나 의상, 각종 소도구를 만들었다. 1910년대 중엽부터는 신흥계에 이어 망순계가 주동이 되어 놀이를 이끌어왔다. 망순계는 1930년대 일제의 탄압으로 해체되었다."라고 했다. 봉산탈이 "봉산 이속들이 자자손손 세습적으로 출연하여 오던 것"이라고 한 것이나, 통영오광대의 의흥계, 난사계, 춘흥계 등은 탈춤의 주재 집단을 이해하는 중요한 자료이다. 한편 학산오광대의 "놀이꾼은 통제영의 이속과 동리사람들이 함께" 했다는 것에서도 이속들이 탈놀이를 주재했음을 보여준다.

심우성은 기영회를 관과 밀접한 관계를 맺었던 양반 내지는 신흥 상인계층의 모임으로 규정했다. 그러나 이는 기영회의 성격을 잘못 이해한 것이다. 기영회는 작청作廳의 퇴임자로 구성된 대동회와 무청武廳의 퇴임자로 구성된 만동회의 회원이 구한말에 이르러 합하여 만든 것이다. 이들 보고를 통해서도 탈춤의 연희와 주재 집단이 바로 해당 지역의 향리집단이라는 사실을 다시 확인할 수 있다.

1900년경 마산오광대를 고성에 전수시켰다는 창원출신 이순오 역시 고성에서 관속으로 있었다(심상교, 2000). 이는 당시 관속들이 오광대를 전수시킬 정도의 숙련된 기능과 내용의 숙지가 있었으며 그들이 오광대 연희의 주재자로서 중심 역할을 했다는 것을 알 수 있다.

이훈상(1989: 472)은 각 읍의 세시행사로서 정착되고 전승된 탈춤의 대부분이 향리집단이 주체가 되어 이를 주재하고 연행한 사실에 주목했다. 조선 후기 이후 탈춤의 전승에 주목한 대부분의 연구들이 천민 신분의 유랑예능인이나 농민 연희자에 주목하면서 탈춤을 민중연희로 규정짓고 나아가 상업적인 시장놀이로 파악했다. 마산오광대의 경우도 그 원류를 밤마리로 잡은 것이나 연희의 주체에 대한 뚜렷한 정의를 내리지 못한 것 등이 연희의 주재에 대한 파악을 소홀했기 때문에 빚어진 결과로 보인다.

마산오광대가 시장의 발전에 앞서 별신제라는 제의행사에서 전승된 사실에 주목할 때, 주재집단은 상인에 앞서 향리집단이 존재했음을 상정할 수 있다. 조창이 있고 시장이 함께 선 가산의 경우에도 동제인 천룡제를 지내고 가산오광대를 놀았다는 점에서 마산오광대와 생성토양에 있어서 밀접한 연관성이 있다. 가산의 경우도 연희의 주재 집단은 바로 가산의 관속이라는 점은 시사하는 바가 크다. 가산오광대를 재기시키는데 공이 큰 한재준, 한재선, 한내선은 친형제간이며, 그 부친인 한사여(본명 한예원)도 옛날에 양반역을 맡았던 탈꾼이었다. 한사여는 조창의 업무를 담당한 하급 관속이면서 연희의 주체이기도 했다. 이들 청주 한씨 가문은 조창과 관련한 직임을 대대로 세습하면서 이 지역에 300년 이상 세거한 것으로 알려졌는데, 이러한 특징은 마산오광대의 주재 집단에 있어서도 다르지 않았을 것이다.

고종 30년(1893) 경상도 고성의 부사가 제석을 맞아 읍내에서 벌어지는 세시행사를 목격하고 다음과 같이 기술하고 있다.

> "(내가) 풍운당風雲堂을 돌아다보니 아전의 무리들이 나악儺樂을 갖추고 유희를 하고 있다. 이것이 무어냐고 물으니 '해마다 치르는 관례입니다"라고 한다. (중략) 악기를 마구 두들겨 어지럽고 시끄러워 사람의 말을 구분하기 어렵다. 월전月顚과 대면大面, 노고우老姑優와 양반창兩班唱의 기이하고 괴상한 모양의 무리들이 순서대로 번갈아가며 나와, 서로 바라보며 희롱하고 혹은 미쳐 날뛰며 소란스럽게 떠든다거나 혹은 천천히 춤을 춘다.

이때 고성부사가 본 것은 풍운당의 제의와 탈놀인데, 그는 이 행사의 주재 집단으로 아전의 무리와 나희배를 주목하고 있다. 이러한 사실은 오홍묵의 다른 기록에서도 확인된다.

이곳에는 예로부터 무격巫覡이 서로 바꾸어가며 향사를 지내는데 매해 단옷날과 섣달 그믐날에는 의례히 이곳 고성 관아의 작청作廳의 공형公兄으로부터 시임時任의 각방 향리들에 이르기까지 풍운당에 제물을 갖추어놓고, 제사를 올릴 때에는 무리들이 풍악을 울리면서 일제히 나아간다

「고성총쇄록」, 고종 30년 3월 1일

고성의 풍운당은 향리집단이 제의를 행하는 곳이며, 무당을 불러 제의를 행하고 제사를 마친 뒤에 관아에서 탈놀이를 하는 형식을 취하고 있다.

통제사의 영문이 통영에 들어앉은 뒤부터 매해 섣달 그믐날 통제사 동헌에 들어 밤늦게까지 매구埋鬼를 치고, 탈놀이를 하였다고 한다. 각 도島에서 소집되어 수군水軍에 배치된 악공들 30여명을 동원하여 28일경부터 집사, 이방 등의 감독 하에 연습하고

이두현 1973: 328

여기에서 통영오광대의 연희도 이 지역 아전 조직의 주도 아래 이루어진 사실을 알 수 있다. 향리집단이 탈춤의 연희에 직접 관여함으로써 관아의 악사청까지 동원할 수 있었고 이것은 탈춤의 음악구성에까지 영향을 미친 것으로 보인다.

이훈상(1989: 483)은 현전하는 고성오광대의 형식은 조선후기에 앞서 단옷날의 성황제에서 보인 백희를 토대로 성립되었다고 했다. 이것은 가면극의 일방적 전파설을 비판하고, 각지의 오광대는 유랑예인들이 노는 것을 보고 보다 정교화 시켰다고 주장한 정상박의 견해와 일치

한다.

마산오광대는 가산오광대와 같이 조창을 토양으로 발전된 것이다. 조창이 있는 지역에서 탈놀이와 잡희가 성행한데 대한 풍속을 다음의 기록에서 확인할 수 있다.

> 장차 창고를 열려 할 때에는 창촌倉村에 방유榜諭하여 잡류雜流를 엄히 금해야 한다. (중략) 창고가 있는 창촌에서 금하고 있는 것은 남사당패·기생·주모·광대·악공·초라니·투전·푸줏간 등 잡류의 접근이다. 이와 같은 잡류들은 성색聲色과 주육酒肉으로 사람들을 유혹하게 되니, 창리倉吏가 여기에 빠져들게 되고 뱃사람들이 여기에 빠져들게 되어 많은 돈을 낭비하게 된다.

사당패들의 재주부리기와 술과 음악과 창기들의 유혹, 광대들의 놀이에 투전꾼들의 어지러운 향락이 난무하는 창촌의 풍경이 그려지는 대목이다. 이는 창촌의 주민들이 오락에 대한 요구나 관심이 얼마나 깊었는가를 역설적으로 말해준다. 여기서 '창리'의 탐욕과 횡포에 대한 지적은 이들 유희집단과 이속들의 관계가 얼마나 밀접한지를 말해주는 것이기도 하다.

이상과 같이 고성오광대의 향리, 봉산탈춤의 이속, 수영과 동래야류의 기영회, 통영오광대의 의흥계, 남쪽지역 창촌의 창리들, 가산오광대의 한사여, 거제의 녹단사에 이르기까지 탈춤의 주재 집단은 향촌사회의 관속으로 표상된다. 마산오광대는 마산창이라는 창촌에서 창리들이 주재하는 별신제에서 행하는 놀이였다. 창리들은 조운선의 안전 운항과 뱃사람들과 마산주민들의 안녕과 결속을 다지고 그들과의 공감대를 확장해야 하는 이해관계의 발전을 위해 탈놀이를 주재한 것임을 알 수 있다.

각 지역의 잡희의 성행에 관한 조정의 들끓는 의논을 통해서도 이 당시 창촌인 마산포에 잡희의 하나로서 오광대놀이가 연행되었을 개연성은 충분하다. 그리고 1894년 조창이 폐지되기 이전까지, 가산창의 한사여의 회고담에서 보듯이, 마산창의 관속에 의해 주재된 탈놀이가 있었음을 짐작할 수 있다. 이것은 마산창은 가산창과 같은 시기에 경상도관찰사 조엄의 장계에 의해 설치된 것일 뿐만 아니라, <송조선가>에서 보듯이 가산창과 마산창의 연희도 동일했을 것으로 보이기 때문이다. 창리의 주도 하에 무당을 불러 굿을 벌이고, 악사와 기생을 불러 '선유락'과 같은 춤을 추었고, 광대는 탈놀이를 했을 것이다. 이와 같은 대규모 축제가 열리면 조창의 관속은 축제를 기획하고 연출하는 책임을 지게 되는 것이다.

조창의 폐지와 1899년 마산포의 개항은 탈춤의 주재집단에 일정한 변화를 가져오게 한다. 이 시기는 공적 제의로서의 별신제가 폐지되었고 1905년 어시장 객주집단이 성신제를 부흥시켜 제의는 민간으로 이양된다. 어시장 상권의 확대와 이를 기반으로 한 막대한 경제적 힘을 가지게 된 객주 집단이 별신제의 주재 집단이 되었고, 별신제의 주재는 곧 마산오광대 연희의 주재를 의미한다.

그러나 조창의 폐지는 탈놀이와 같은 전문 예능을 지속적으로 관리하거나 지지하기 어렵게 만들었다. 따라서 어시장 객주가 주재하던 마산오광대는 기생조합이나 다른 예능집단으로 그 주도권이 넘어가면서 마산오광대의 존폐에 영향을 미치게 된다.

연행 주체는 직접 탈놀이 광대의 역할을 담당한 계층을 말한다. 이들이 주재 집단과 다른 것은 주재 집단이 탈놀이를 통한 지역민들의 유대 강화와 이를 통한 지배력의 강화를 목적으로 했다는 것이다. 탈놀이의 주체는 광대집단으로 대표되는 연희자를 말한다. 이들은 일정 부분에 있어서는 서로 겹치기도 하지만 연행의 주체는 주재 집단에 대해 종속적인 관계라 할 수 있다. 왜냐하면 마산오광대는 광대들의 자족적인 탈놀이가 아니라 별신제에 포함됨으로써 관속에 의해 주재되었다. 그렇기 때문에 그들을 후원하고 연행을 유지할 수 있도록 지지한 주재 집단과의 일정한 관계 위에서 존속될 수 있었다.

마산오광대의 경우 발생초기 탈춤의 연행 주체와 후기의 연행 주체는 상당한 변이가 있다. 그것은 마산오광대의 발생 배경과도 관련된다. 발생 초기의 연행 주체가 그 연행의 목적이나 연행 환경의 변화에 따라 그 놀이의 주체도 달라질 수밖에 없고 그것은 근대에 이르러 연행주체의 다층화를 초래한 것으로 보인다.

마산과 같이 조창을 배경으로 마을이 번성하고, 조창제의가 동제의 역할을 했고, 거기에 탈놀이가 연행된 지역으로 경남 사천군 축동면의 가산오광대가 있다. 진주의 가산창이 폐지된 이후의 동제에 관해 1937년 한사여가 회고록에 기록한 바에 의하면, 한사여 자신이 조창에 속한 관속이었고 동시에 오광대 연희자이기도 했음을 알 수 있다. 이를 통해 오광대 연희에 관속과 광대 등의 다층적 연행주체가 있었음을 알 수 있다.

첫째, 발생기 마산오광대의 연희 주체는 무당이다.

이것은 송석하가 '조선의 연극'(1933)에서 "가면극에는 여자 기예자가 없다."라고 한 것과 배치되는 견해다. 그러나 마산오광대가 현재의 모습과 같은 짜임새를 갖추기 이전에는 별신굿의 굿놀이의 하나로 존재했을 것으로 보인다. 그의 '오광대 소고'에 의하면, 할미영감마당에서 할미의 오줌 누는 형용이 거제별신굿의 굿놀이에서 연희된 사실을 알 수 있다. "이 연행 장면은 그 지역민들에게 농사 및 어로의 풍흉에 대한 주술적 힘이 있는 것으로 믿어온 것을 발견할 수 있다. 거제도 하청면 유계리 노무老巫의 증언에 의하면 유계(柳溪: 각구)에서 별신굿을 할 때에 할무광대가 오줌 누는 형상을 하는데 이는 풍어 풍농을 비는 것이라 한다."고 했다. 이러한 굿놀이의 의미가 풍요기원의 상징이라는 일반적 범주에 속한다 하더라도 남해안 별신굿에 무당의 굿놀이가 연행되었다는 사실은 마산오광대의 토착적 성격을 이해하는 중요한 근거가 될 수 있다.

또 마산오광대에 사용된 장단이 본영산, 타령, 굿거리, 덧배기, 세마치, 단모리였고, 창은 중모리였으며, 악기는 징, 꽹과리, 장고, 북의 사물 이외에 별신굿에 사용되는 해금과 피리, 젓대가 사용되었다. 굿음악의 연주가 마산오광대 탈놀이의 연주 음악으로 사용된 것에서도 연행 주체로서의 무당을 상정할 수 있다.

마산오광대의 오방신장은 패랭이에다 호수虎鬚를 네 개씩 꽂아 쓰고 나오는데, 이 오방색의 갓도 무당이 쓰는 모자를 연상케 한다. 그리고 할미·영감과장의 할미가 손에 장대를 들고 나오는데, 그 장대의 꼭대기에 댓잎사귀를 꽂고 방울을 달고 나와 영감을 찾기 위해 점을 치기도 한다. 이렇게 등장인물의 복식이나 연희 내용에서도 무당의 굿놀이 흔적이 확인된다.

오광대 발생의 밤마리기원설을 비판적 시각에서 본 서연호(1989: 73)는 오광대의 춤사위와 탈굿놀이, 오광대와 야류지역의 탈의 습득설화 등을 근거로 초계의 밤마리 대광대 공연 이전에도 토착적인 탈놀이가 있었다고 했다.

이러한 토착적인 탈놀이의 흔적은 탈춤의 연행 구성에서도 발견된다. 마산이나 진주에서는 오방신장무의 첫 과장에서부터 사자무 혹은 무제巫祭의 끝 과장까지 다 했는데, 여기서 무당의 굿과 탈춤 과장 간의 연속성을 상정할 수 있다. 그리고 마산과 고성에서는 놀음판을 좀 더 화려하게 하기 위하여 기생들이 나와서 이 가면극과는 관계가 없는 검무나 한량무, 승무 등을 먼저 한다(최상수 1963: 87-88)고 했다. 이는 별신굿의 무제 위에 오광대가 연행되었으며, 그들 속에 무당과 기생의 연희가 한 놀이마당에서 상호 공존한 것으로 이해할 수 있다. 따라서 마산오광대가 1903년경 초계 밤마리 대광대의 영향을 받아 현재의 구조로 짜이기 이전에는 무당의 별신굿에서 하는 굿놀이의 하나였으며, 그 연희의 주체는 무당이었음을 알 수 있다.

둘째, 별신굿의 굿놀이인 토착적 연희와 밤마리의 상업적 연희가 접합되는 시기의 연행 주체는 광대다.

밤마리의 대광대패는 마산, 수영, 신반, 김해 등지로 그들의 기예를 팔며 유랑했으므로 이들 광대가 직접 각 지역의 탈놀이의 주체가 되기도 하고 다른 한편 탈놀이 예인을 파생시키기도 했을 것이다. 정상박(1986: 44-49)은 오광대를 연희한 주체에 따라 예인 오광대와 토착 오광대로 구분하였는데, 그들의 존재 기반이 다르다는 것은 인정했지만 여전히 토착광대를 예인광대에 대한 후발 집단으로 봄으로써 굿놀이에 기반한 토착 연희집단의 존재를 간과했다.

이에 반해 서연호는 밤마리오광대를 탈놀이의 시원지나 성립지가 아니라 성숙지 내지는 발전지라고 했다. 또 현지의 탈놀이꾼의 증언을 통해 토착광대로서의 향인광대와 예인 유랑광대가 밤마리 지역에 공존하면서 활약했다고 했다. 즉, 예부터 전승되던 지역의 탈놀이가 밤마리라는 환경 속에서 독립성이 강한 하나의 예능적 탈놀이로 발전되었다는 의미이다.

향인 광대로서의 오광대놀이는 이두현(1973: 420)의 조사에서도 확인되는데, 그는 현지의 향인 광대들의 증언을 통해 그들이 대광대패와 사당패 등과 어울려 놀기도 했고, 1930년대까지 각지로 불려 다니며 놀았다고 했다. 이를 통해서도 토착 향인광대가 선행했음을 확인할 수 있다.

이상과 같은 상황으로 보아 마산오광대가 지금의 모습을 갖추고 전문 광대놀이가 되는데 중요한 영향을 준 것은 밤마리의 대광대패라는 것은 분명하다. 위에서 언급한 바와 같이 가산오광대의 한사여의 경우처럼, 마산오광대에서도 하급관리 출신들을 포함한 예인 광대가 전문적 조직을 형성하면서 마산오광대의 연희 주체가 되었다고 본다. 이들을 출신 계급과 관계없이 마산오광대 연희주체로서의 광대 집단으로 분류할 수 있다.

자산동의 '광대바위'와 '놀음터'의 존재는 이들이 초기 마산오광대 연행의 주체로서 이후 기생과 관속, 평민에 이르기까지 연행 주체를 다층화 하는 기반으로 작용했음을 말한다. 또 이들은 조창 별신굿의 주재 집단인 창리의 후원 아래, 가장 적극적인 연행 주체로서 활동했을 것으로 보인다. 조창의 폐지와 별신굿의 쇠퇴는 이들 전문 광대들의 활동 기반을 무너지게 했다. 따라서 그들 연행집단의 결속력이 약화되면서 마산오광대 공연은 퇴화되었다고 본다.

셋째, 개항 이후 1900년대 마산오광대는 도시탈춤의 흥행물로 연희되었다. 이 시기의 연행 주체는 기생집단으로 대표된다.

연희자들은 타 가면극에 있어서와 마찬가지로 그 전부가 남자들이나 예외로는 진주와 마산지방에 있어서 소무小巫역은 여자인 기생이 하는 것을 보는데, 이는 이 극을 최 근년에 와서 그 지방 기생조합에서 주관 내지 관여하면서부터 나타난 현상인 것이다. 이와 같은 예는 봉산가면극에서도 볼 수 있으니, 이 극의 사상좌무四上佐舞는 여자 기생이 하는 것을 보거니와 이 지방 역시 기생조합에서 주관하면서부터 남자가 하던 것을 여자로 바뀌면서부터 종래 써오던 가면마저 벗어버리고 맨 얼굴을 나타내기까지 하였던 것이다. 왕년 봉산가면극의 주동자 이동벽 씨나 마산오광대의 주동자 김순일 씨 역시 이 지방 기생조합장직을 오랫동안 하던 분들이다.(최상수 1963: 64)

마산과 진주, 봉산지역의 탈놀이에 여자 광대의 등장을 확인할 수 있다. 중요한 것은 이들 기생들이 개인적 예능인으로서가 아니라 기생조합이라는 집단을 대표한다는 점이다. 이것은 상업적 연희로서의 탈놀이에 기생들이 주도적으로 참여했음을 말한다. 고성오광대의 초기 연희자 중에 진양월이라는 창원의 기생이 있다. 그는 마산오광대의 연희자인 이군찬의 생질녀였는데, 마산오광대를 구경하고 고성에 와서 놀아보았는데 잘 되지 않았다(심상교 2000: 181)고 했다. 이는 기생이 오광대의 전파자 역할을 할 만큼 탈놀이의 주체로서 적극적 위치에 있었음을 말해준다.

기생이 마산오광대의 연희 주체였음은 다음에서도 확인된다.

> 김씨는 마산 출신으로서 마산오광대 가면극의 창시자이며, 주동적 인물로서, 그가 주로 맡아서 한 역은, 말뚝이, 할미, 비비양반 역을 하였고, 단가와 시조도 잘하였으며, 기생조합장직을 오랫동안 하였던 사람으로 특히 춤에 능했다.

최상수의 마산오광대 극본이 채록된 시기가 1936년 8월이었으므로 이 시기 대본을 구연하고 연희상황을 증언할 수 있는 연희자들은 당시 실제 연희의 주체이기도 하다. 고성오광대의 경우도 초기 연행 주체 중에 방국형, 조양순, 정효정, 신옥수 등의 여성 연행자가 포함되어 있다. 이들 중 방국형, 조양순은 일류기생이었다고 하며 정효정은 약장사였다(심상교 2000: 177)고 한다. 고성오광대에 관계하던 여성들이 대개 고성에 있던 기생들이었다는 점은 마산오광대의 연희 주체의 변화 과정과 일치한다.

마산오광대의 마지막 공연이 1937년 산호동(지금의 산호공원 입구)에서 있었다(김정희 2006: 14)고 했는데, 이곳은 고려시대 합포의 석두창이 있던 곳이며, 이후 개항기의 오동동 권번과 관련된 지역이다.

1930년 2월 마산에 기생 권번이 창립 이후 12년 만에 정식 해산된다. 권번의 해산은 마산지역 일반 예기들의 일대 공황을 초래하게 된다. 권번의 해산으로 갈 곳이 없는 기생들이 마산 오동동을 근거지로 새 권번을 설립하게 되었다. 1918년 마산 권번이 창립되었는데, 이 권번에 속한 기생들이 검무, 한량무, 승무 등을 하는 예기들이다. 이들 기생들은 후대에 권번이 해산되면서 탈놀이의 광대가 된 것으로 보인다. 자산동 광대바위와 타작마당, 산제당을 둘러싼 광대와 기생의 어울림은 마산오광대 탈놀이의 주체의 변화과정의 한 단면을 보여주는 것이다.

탈놀이는 문화지도다

마산오광대는 별신굿에 관련된 연행물이라는 점에서 다른 지역의 탈놀이와 구분된다. 마산의 별신굿은 조창의 제의였다. 고려시대 합포의 석두창에서 조선 후기 마산창이 폐지될 때까지 별신굿이 열렸다. 오광대의 연희 시기는 조운선의 출항시기와 일치한다. 별신제는 현재 마산어시장 수협중매인조합에서 성신제로 유지되고 있다.

마산오광대의 연희 장소로 알려진 곳은 자산동 놀음터인 타작마당, 용마산 아래 위치한 산해관 마당 등이다. 자산동 타작마당은 탈제를 지내는 제의의 공간이면서 탈놀이의 연희공간이기도 하다. 그곳은 별신제의 상당인 산제당과 어시장 신전을 잇는 중로에 있다. 성신 신목운반 의례와 광대바위 등도 오광대의 연희와 관련된다. 또한 산해관 마당은 고려시대 합포의 석두창이 있던 곳으로서, 별신제의 하당과 기생들의 연희공간이기도 하다.

마산오광대의 주재 집단은 별신제의 주재 집단과 동일하다. 1894년 조창이 폐지되기 전까지는 마산창의 관속이 제의와 탈놀이를 주재했다. 창리는 무당과 악사, 광대들을 통솔하며 그들의 연행을 지원하고 지도한 것으로 보인다. 마산이 창촌이며 오광대가 조창제인 별신굿에 부쳐 연행되었다는 점에서 이는 조선후기 지역제의를 주도한 향리집단의 이해관계를 반영하고 있다. 1905년 어시장 객주 집단이 성신제와 탈놀이 공연을 주재하게 되고, 1918년 마산권번의 창립으로 상업적 흥행을 목적으로 기생조합이 오광대놀이를 주재하게 된다.

마산오광대의 연희의 주체는 다층적 성격을 가진다. 먼저 밤마리 오광대가 유입되기 전에 별신굿에서 무당의 굿놀이로 존재했던 토착적 탈놀이가 있었다. 이 탈놀이의 주체는 무당이다. 조창제의가 폐지되고 제의의 주도권이 어시장으로 넘어가면서 오광대놀이는 상업적 흥행과 지역민의 화합을 목적으로 연희된다. 이 시기의 연행주체는 전문 광대다. 이들은 관속출신, 평민, 기생 등 다양한 집단의 참여를 가능하게 했다. 1930년 권번이 해산되는 시기에는 기생들이 연희의 적극적 주체가 된다. 이후 성신제의 단절과 함께 탈놀이 후원 집단이 사라지자 마산오광대의 연희 역시 단절되고 말았다.

오광대 탈놀이와 오광대 발생설화

대광대기원설 다시 보기

오광대 대사본의 채록과 연구는 최상수(1963: 59-142)에 의해 본격화되었다. 1970년대 이후 오광대에 대한 관심은 대사본의 주제, 탈놀이의 연행구조, 구성요소 등에 나타나는 특징에 집중되었다.

오광대는 초계의 대광대에서 비롯되었다고 하는 것이 일반적인 견해이다. 최근 의령 신반의 대광대패가 밤마리 대광대보다 성행했다는 주장(김승곤, 2000)이 제기되었지만, 이것이 오광대 발생의 근본적인 문제를 해결하지는 못한다. 이 문제는 탈놀이의 선 경험과 제의에 대한 원형적 심상 등 보다 복잡한 문제들을 내포하고 있기 때문이다.

여기서는 오광대 발생설화의 의미 해석, 탈춤의 연행과 전승을 가능하게 했던 매개, 과장구성과 등장인물의 특성 등을 해석해보기로 한다. 이로써 대광대기원설에 대한 비판적 관점을 제시하려고 한다.

오광대권의 문화적 환경은 남해안의 별신굿, 거제 재인청, 조창과 군영 등이 주목된다. 이들 환경은 과장구성과 사설의 내용에 일정한 영향을 미친다. 그 결과 오광대 탈놀이는 대광대의 탈놀이와 구별되는 독자적 개성을 가지게 된다. 이러한 관점을 전제로 하여 문화적 흐름과 탈놀이의 구성 관계를 살펴보기로 한다.

오광대는 어디에서 왔나

강물을 따라 떠내려 온 탈궤

오광대 탈놀이 발생설화가 전승되는 지역은 초계, 진주, 가산 등이다. 이들 지역의 발생설화는 '떠내려 와 정착함'에 근거하여 표착설화(박진태, 2004: 637-641)로 분류된다. 그러나 이 분류는 고대로부터 존재하는 표착설화의 화소가 탈놀이 발생설화에 영향을 주었다는 사실 이외에 특정 지역의 탈놀이 발생에 대한 현실적이고 구체적인 해석에까지 나아가지 못했다.

탈놀이 발생설화의 지역별 비교를 통해 설화의 의미를 살펴보기로 한다.

(1) 옛적 어느 해 대홍수 때의 일. 큰 나무 ①궤짝 하나가 초계 밤마을(지금의 합천군 덕곡면 율지리)에 떠내려 왔었다. 마을 사람들이 이를 건져서 열고 보니, 그 속에는 ②가면이 그득하게 들어있고, 그것과 같이 「영노전 초권」이라고 하는 책이 한 권 들어 있었다. 그

당시 이 마을에는 여러 가지 ③전염병 기타 재앙이 그치지 않으므로, 좋다는 방법은 다하여 보아도 별무신통 아무 효과가 없었다. 그럴 때 마침 어떤 사람의 말대로 탈[가면]을 쓰고 그 책에 쓰여져 있는 그대로 놀음[연희]을 하여 보았더니 이상하게도 ④재앙이 없어졌다고 한다. 그런 뒤로 이 마을 사람들은 해마다 탈을 쓰고 연희하여 왔었던 것이라고 한다.(최상수, 1988: 98)

(2) 어느 해 홍수가 나서 남강에 물이 불었는데, ①큰 궤짝 하나가 떠내려 왔다. 사람들이 열고 보니 그 속에 ②탈과 제복과 놀이에 대해 자세히 기록한 책이 한 권 들어있었다. 사람들은 옷을 입고 탈을 쓰고 책에 쓰인 대로 놀기 시작했다. 그랬더니 ④집안과 마을이 편안해지고 마음도 즐거웠다.(서연호, 1989: 73-74)

(3) 남강(지류)으로 ①궤가 하나 떠내려 오기에 마을 사람들이 열어보니 궤 속에 ②오광대 극본이 들어있어 당시 서울서 목섬에 귀양 온 양반에게 보였더니, 양반이 그 오광대 극본을 읽고 가르쳐 주어 그 후부터 이곳에서 오광대를 놀게 되었다.(이두현, 1969: 327)

위의 탈놀이 발생설화는 (1)초계 (2)진주 (3)가산에 각각 전하는 것이다. 발생설화에서 ①~②는 탈놀이 유래를, ③~④는 효용을 각각 설명하고 있다.

①~②는 '강을 따라 탈놀이 문서를 담은 궤짝이 떠내려 왔다. 그를 따라 탈놀이를 했다.'로 요약된다. (1)에는 「영노전 초권」이라는 문서의 이름이 구체적으로 전하고, (2)에는 놀이에 관해 기록한 책, (3)에는 오광대 극본이라는 구체적인 문서를 제시하고 있다. 또 (3)은 궤 속의

문서와 탈을 보고 '귀양 온 양반'이 놀이를 가르쳐 주었다는 구체적인 정황을 제시하고 있다. 이들은 모두 탈놀이의 표착과정을 담고 있다. 이렇게 각 지역마다 똑 같이 강물을 따라 궤가 떠내려 왔다는 것은 탈놀이 광대의 유랑성과 관계된다. 송석하(1934)는 김해의 탈궤 표착에 대한 「국극요람」(1932년)의 기록은 착오라고 했다. 그 근거는 초계오광대에 이미 이 설화가 있기 때문이라고 했다. 즉, (1)의 발생설화는 '처음'에 대한 이야기이므로 또 다른 처음이 있을 수 없다는 논리다. 이것은 초계의 발생설화를 사실의 관점으로 해석한 데서 초래된 오류다.

③~④는 '마을에 재난이 일어났다. 탈놀이를 하였더니 재난이 그쳤다.'로 요약된다. 탈놀이의 효용을 제의적 관점에서 해석하고 있음을 알 수 있다. (3)에서 ③~④가 설화되지 않았지만 가산오광대가 천룡제라는 제의와 결합되어 있다는 점에서 이미 ③~④를 내포하고 있다고 볼 수 있다.

그렇다면 동일한 발생설화가 다른 지역에도 존재할 수 있는가 하는 문제가 제기될 수 있다. 여기서는 서로 다른 지역에 동일한 발생설화가 존재할 수 있다는 전제에서 이 문제를 풀어보고자 한다. ①~②와 ③~④가 결합하여 탈놀이 발생설화를 이루고 있다. 여기에는 탈이 각 지역으로 이동되고 이동된 탈궤가 열릴 때의 구경꾼들의 놀람, 탈놀이를 안내하는 문서, 탈춤을 가르치는 사람, 마을굿에 부쳐 탈춤을 추고 지역의 안녕을 도모하는 지역민의 삶의 모습이 그대로 반영되어 있는 것이다.

지금까지 오광대의 발생지는 합천군 덕곡면 초계 밤마리가 통설로 되어 있다. "초계와 의령의 관계는 여하하여 양자 발생연대와 계통은 어떤지는 아직 조사의 성과를 얻지 못하였으나, 지리적 환경이라든지 기타 제반 조건으로서 고찰하면 초계가 정통인 듯(송석하, 1934: 210)"이라고 한 것에서 오광대의 초계발생설이 만들어졌다. 그러나 초계대광대는 1925년에 인멸되었고 신반에도 대광대 일단이 있었으나 그리 유명하지 않았다(최상수, 1963: 102)고 했다. 이것으로 보아 신반과 초계는 지역적으로 인접해 있으면서 시장의 전문 연희집단에 의해 탈놀이를 했다는 동질성을 확인할 수 있다.

그렇다면 김해 가락오광대가 1890년대에 동래들놀음과 초계오광대를 모방하여 시작하였다는 설과, 낙동강으로 떠내려 온 탈궤를 건져 올린 것이 계기가 되어 탈놀이를 했다는 것은 어떤 관계가 있는 것일까.

(1)에서 초계 대광대의 연희과정에 대한 설명은 다음과 같다. 이 놀음을 연희하기 며칠 전에 초계대광대 일단이 그들이 신주같이 모시는 '울산 서낭당 각시'라는 인형을 안고 마을로 들어온다. 이들은 집집마다 다니며 문전에서 걸립을 하는데, "초계 대광대 들어왔소."라고 외친다. 그러면 대개 그 집에서는 '서낭당 각시 들어오면 재수가 있다' 하여 동전을 몇 푼씩 주는데, 이 돈이 또한 적지 않다고 한다. 그러면 정한 날, 정한 장소에 대광대 일단이 가면 및 소도구를 넣은 궤짝을 짊어지고 와서는 연희를 하였다고 했다. 이들이 짊어지고 온 궤짝은 남해안 별신굿의 지동궤와 같이 놀이에 필요한 도구와 기록을 담고 있는 것이다. 탈놀이 구경꾼들은 대광대패가 궤짝을 짊어지고 마을로 들어오고, 그 궤 속에 탈과 문서들이 들어있는 것을 목격했을 것이다.

대광대는 연희를 생업으로 삼아 유랑하면서 곡예와 탈춤을 공연하는 복합연희단체이다. 토착 탈놀이는 굿놀이의 하나로 존재하다가 이러한 대광대의 탈놀이를 수용하여 형성된 것이다. 각 지역에 전승되는 탈놀이 발생설화는 대광대패의 탈놀이를 목격한 현실적인 경험에 대한 기억이 상상의 과정을 거쳐 형성된 것이다. 상상의 과정에서 일정한 시기로 소급할 수 없는 탈놀이의 시원에 대한 이야기는 물에 떠내려 온 궤라는 신화적 표현을 차용하게 된다. 동일한 발생설화가 각 지역에 존재할 수 있었던 이유는 바로 그들의 신화적 상상의 동질성으로 해석할 수 있다.

탈놀이를 했던 마당은 무엇인가

탈춤이 연행되고 전승되기 위해서는 그것을 가능하게 하는 매개가 필요하다. 매개는 광대들이 탈놀이를 할 수 있는 장소로서의 놀이판과 탈놀이의 주재자 또는 놀이꾼이 된다. 전승의 매개는 오광대의 생성과 전파에 관계되면서 오광대가 갖는 지역문화성을 밝히는 중요한 부분이다. 이 중에서 매개로서의 장소는 탈놀이의 주재자 또는 놀이꾼의 성격을 포괄할 수 있으므로 [표]와 같이 오광대의 연행 장소를 중심으로 전승의 매개를 살펴보기로 한다.

첫째, 초계와 신반의 대광대는 시장을 매개로 한다. 초계의 밤마리는 지리적으로 낙동강 수로의 요지에 위치한다. 최상수(1963: 100-101)에 의하면 시장이 번성한 것을 이용하여 그 지방의 관원들은 관가의 세금을 징수하는 한편 사적 수입을 늘리기 위해 도박장을 설치했다. 장꾼들은 여기서 돈을 쓰게 된다. 또 관원들은 각종 오락을 장려하여 거리의 분위기를 흥청거리게 하고, 각지의 수많은 흥행단체가 장터로

오광대 연행 장소 비교

지역	공연장소	특징
초계	밤마리 시장터	시장
신반	넓은 마당, 장터	시장
김해	대변마당, 해창 부근	마을굿, 조창, 대변청
마산	자산동 놀음터, 조창 마당	별신굿, 조창
가산	조창 나루터	천룡제, 조창
고성	시장터 또는 밤내(율천)	읍치
통영	용화사 놀음터	기우제(일시), 삼도수군통제사영문
거제	동사 앞마당	영등진鎭, 재인청
진주	봉곡동 놀음터, 남강 백사장	절도사영

흘러들어왔다. 그러한 가운데 초계를 근거지로 한 일파가 형성된 것이 이른바 대광대 일단이라는 것이다. 밤마리의 대광대패의 명성은 영남일대에 떨쳤으며, 초계 이외에도 가까운 신반(의령군), 진주, 마산(창원), 수영 등의 인접 고을에서도 공연을 했다. 이는 대광대가 갖는 시장탈놀이의 성격을 분명히 보여주는 것이다.

장터의 놀이꾼은 사람들을 많이 모아주기 때문에 물자의 소비를 촉진시킨다. 그러므로 대광대의 놀이를 필요로 하는 사람들은 상업적인 이익집단이 된다. 광대들은 잦은 공연을 통해 기예를 더욱 연마시키고, 신반·진주·마산오광대와 수영야류의 형성에도 직접적인 영향을 미친 것이다.

둘째, 김해·마산·가산오광대는 조창을 매개로 한다. 김해 가락오광대의 연희장소는 선창가의 공터로 해운창이 있던 곳이다. 이곳은 '대변마당'으로 불리기도 하는데, '대변'은 조선 중기 이 마을에 창설된 '대변청待變廳'과 깊은 관련이 있다. 이 대변청에는 병졸과 역졸이 상주하여 군영을 확립하였고, 주로 전함과 군기를 건조하였다(황경숙, 2004: 86). 강변의 넓은 공간은 대변청과 해창, 항구, 시장을 아우르는 공동체의 놀이공간이다. 이 대변청은 1646년에 설치되어 300여년 넘게 이 지역에 존속되었다(부산지면총람 제5권: 364). 그리고 조세곡을 수납하는 해창은 1649년 설치(김해군, 1983: 33)되었다. 해창의 곡식은 왜구의 탈취대상이 되었으므로 해창과 대변청은 같은 공간에 속해 있어야 했고, 이들을 중심으로 수운교통과 물류의 유통이 이루어졌으므로 마을굿과 탈놀이 공간은 해창과 대변청을 아우를 수밖에 없다.

마산오광대는 3월 그믐 또는 4월 초순에 열리는 별신굿 때 공연되었다. 이 날짜는 마산창의 조운선 출항시기와 관계된다(노성미, 2012: 315-320 참조). 시장의 번성을 위한 상업적 목적의 놀이와 달리 조창지의 탈놀이는 굿과 관계되면서 신앙성에 맞닿게 된다. 1936년 8월과 1956년에 김순일 씨의 구술에 의하면(최상수, 1963: 104) 마산오광대는 1900년대에 초계 대광대가 마산 장터에서 노는 것을 보고 시작한 것이다. 이 시기는 이미 조창이 폐지되면서 조창전운사 감리아문이 마산항의 개항업무를 보던 시기이다. 마산은 조창의 폐지 이후 별신제를 지내지 않다가 1905년 어시장 객주를 중심으로 별신제가 부흥된다. 김순일이 증언한 마산에서 시장의 번성을 위한 대광대패 공연이 이루어졌다는 것은 이 시기의 별신제에 부쳐진 탈놀이를 말한다.

그렇다고 조창오광대가 제의적 기능만을 위해 놀이된 것이라고 보기는 어렵다. 『우포도청등록』(2책: 임인 4월 27일 '전령각강가설군관')에 의하면, 남쪽지방의 아전과 군교들은 사치와 방종이 습속이 되어 봄이나 여름 화창한 때가 되면 배우의 익살과 굴뢰붕간窟櫑棚竿의 놀이(우리말에 초라니 또는 산대라고 한다)로 밤과 낮을 이어서 즐기고 있다고 하였다. 이것은 바로 조창의 별신굿 시기 이외에도 유흥을 위한 탈놀이를 했다는 것이다. 그리하여 결국 조정에서는 창촌倉村에 방을 붙여 잡류를 엄금하도록 해야 한다는 목소리가 높았다. 그 금지해야 할 잡류로 우파(優婆: 방언에는 사당이라 한다), 창기(娼妓: 늙은 퇴기도 금할 것), 주파(酒婆: 소주나 약주를 앉아서 파는 자), 화랑(花郞: 즉 무당의 지아비인데 방언에는 광대라 한다), 악공(樂工: 거문고 타고 피리 불고 노래하는 사람이다), 굴뢰자(窟儡者: 방언에 초라니라 한다) (『목민심서』 호전: '세법' 下) 등을 거론하고 있다. 이런 기록을 통해서 조창지에는 이미 광대의 탈놀이가 장터의 오락으로 자리 잡고 있었음을 알 수 있다.

가산의 경우도 마산과 같은 시기인 1760년(영조 36)에 조창이 설치되었다. 가산오광대와 동제의 관련을 기록한 사람은 조창에서 근무하던 관속인 동시에 연희자(이훈상, 2010: 36)이기도 했다. 마산은 별신제를 200년 전통을 계승한 "끊을 수 없는 전통"임을 표방하고 계승했지만, 가산은 조창이 폐지됨으로써 탈놀이도 점차 하지 않게 되었다. 가산오광대가 가산마을에 정착하게 되는 일련의 과정은 조창과 분리하여 설명할 수 없는 것(이훈상, 2004: 7)이라 한 바와 같이 가산과 마산의 경우, 조창은 탈놀이의 가장 중요한 연행 매개였다.

셋째, 고성·거제·통영·진주오광대는 읍치 또는 군사요충지와 관계된다. 거제 학산의 경우는 통제영의 속진屬鎭이 설치된 곳이며, 진의 이속들이 오광대를 논 것(정상박, 1986: 198)으로 전해진다. 1616년에 영등진을 두고 통제영 남번재선봉아문南藩在先鋒衙門으로 삼았고, 1894년까지 계속되었다. 진과 관계되는 사람이 살기 시작하면서 본격적인 촌락이 형성되므로 학산오광대는 군영을 매개로 한다. 이 마을의 매구

패가 인근마을 중에서는 가장 잘 했다거나, 진이 있을 때에는 진의 이속들과 마을 사람들이 함께 오광대를 놀았다는 것, 말뚝이역을 했던 장희필의 선친이 통제영의 관원이었고, 홍백역을 했던 김종원의 선친이 비장이었다(정상박, 1990: 197-199)는 사실은 학산오광대의 연행배경과 주재 집단이 진의 이속과 깊은 관련이 있음을 말해준다. 즉, 진의 설치와 인구의 증가, 군인이나 관속을 위한 오락의 필요 등이 학산오광대의 연희를 가능하게 한 것이다.

통영오광대는 과장의 구성, 가면과 등장인물의 이름까지 학산오광대와 같다. 학산은 마을에서 해로로 거제 구읍보다 통영에 가깝고, 이 마을 사람들이 통영장을 보러 다니는 점, 이 마을에 통영에 있던 수군통제영의 선봉아문을 두었던 점 등은 두 지역이 하나의 문화공동체였음을 의미하기도 한다. 이훈상(1989: 478)은 관아의 공역을 담당한 아전 등도 세습과 신분의 면에서 군현의 향리들과 동일하며, 통영이나 수영 또는 학산의 탈춤도 바로 이 지역 관아의 아전이나 장교가 주체가 되어 연희되었다고 하였다.

거제에는 조선 말기에 재인청(才人廳: 神廳)이 있었다. 재인청은 지방에서 활동하였던 직업적인 민간 예능인의 연예활동을 행정적으로 담당한 곳이다. 재인청의 주된 임무는 무당들의 반주와 음악을 담당하던 무부巫夫들의 무속음악뿐만 아니라, 그 당시 백성들을 상대로 펼쳤던 광대의 오락적인 연예활동을 행정적으로 다스렸다. 현재 통영에서 전래되는 남해안별신굿은 바로 거제의 재인청에서 배운 것이다. 남해안별신굿의 무당과 악사는 세습무 집안 출신이었다. 이들은 거제, 통영, 마산, 부산 등지에서 굿을 해왔다. 전경욱(2007: 451-452)이 밝힌 통영오광대의 반주 악기와 음악의 계통에서도 이들 세습무들과 탈놀이의 관계를 알 수 있다. 재인청의 존재는 거제, 통영, 고성 등 인근지역뿐만 아니라 오광대권의 음악과 반주에도 영향을 미친 것으로 보아야 한다. 통영오광대와 관련하여, "통제사의 영문이 통영에 들어앉은 뒤부터 매해 섣달 그믐날 통제사 동헌에 들어 밤늦게까지 매구를 치고, 탈놀이를 하였다고 한다. 각 도島에서 소집되어 수군에 배치된 악공들 30여명을 동원하여 28일경부터 집사, 이방 등의 감독 하에 연습(이두현, 1979: 328)"했다는 구전은 이 지역 탈춤도 군사행정의 하나로 관리되었음을 말한다. 송석하(1933)의 '오광대소고'에서 낙동강변의 시장지가 오광대의 발생과 배양지라고 했으며, '하급관리를 다수히 가졌던 영문營門 소재지가 그 씩씩한 양육지'라고 한 것은 바로 이러한 사실을 증명하는 것이다.

놀이판을 새로 짜다

오광대의 지역별 과장 비교

과장 명칭	초계	신반	마산	진주	통영	고성	김해	가산	학산	도동	서구	남구
오방신방무과장	○	○	○	○	×	×	×	○	×	×	○	○
중과장	○	○	○	○	○	○	○	○	○	○	○	○
문둥이과장	×	×	○	○	○	○	×	○	○	○	○	○
노름꾼과장	×	×	×	×	×	×	○	×	×	×	×	×
홍백·코비뚜러미과장	×	×	×	×	○	×	×	×	○	×	×	×
양반과장	○	○	○	○	○	○	○	○	○	○	○	○
영노과장	○	○	○	×	○	○	○	○	○	×	○	○
할미·영감과장	○	○	○	○	○	○	○	○	○	○	○	○
사자무과장	○	×	○	×	○	×	○	×	○	○	×	○

앞의 [표]는 각 지역의 과장구성을 비교한 것이다. 현재 전승되는 오광대 대본은 연행 현장에서 채록한 것이 아니라 목격자의 기억에 의존하거나, 탈놀이를 했던 연희자의 기억에 의한 구술, 또는 간접 구술에 의지하여 정리된 것이다. 또는 일부만 전해지는 탈에 근거하여 탈놀이를 재현한 경우도 있다.

이때 정리되는 과장과 사설은 구연자의 구술내용과 인근지역의 탈놀이에 대한 기억의 영향을 받는다. 오광대권의 과장 구성과 대사의 유사성은 바로 이러한 탈놀이의 전승과정에서 발생된 것이라 할 수 있다. 그러나 이러한 과정에도 불구하고 각 지역의 탈놀이는 그 지역의 문화 속에서 새롭게 해석되고 재구성되므로 독자성을 확보하고 있다.

과장 구성이 동일한 지역은 마산-남구, 서구-가산, 학산-통영이다. 모든 지역에 배치된 과장은 양반과장과 할미·영감과장이다. 그리고 가장 편차가 큰 것은 홍백·코비뚜러미과장이다. 그러나 양반과장이 이 과장을 내포하는 지역이 있으므로 오방신장과장과 사자무과장이 가장 큰 편차를 보인다.

최상수(1963)는 오방신장과장에서 사자무과장까지를 모두 7과장을 기준으로 비교하였다. 그러나 통영과 학산은 홍백·코비뚜러미과장이 있고, 김해는 노름꾼과장이 있다. 따라서 각 지역의 특성을 분명하게 밝히기 위해서는 지역의 과장명칭을 모두 수렴하여 기준을 정하는 것이 타당하다. 그러므로 이들을 독립된 과장으로 설정한 대본을 기준으로 비교하기로 한다.

오방신장무과장

오방신장무과장은 지역 간의 편차가 크다. 이 과장이 있는 지역은 초계, 신반, 마산, 진주, 가산, 서구, 남구이다. 다섯 방위의 신장의 이름과 첫 과장에 배치된 것도 일치한다. 신장들 간의 서사적 갈등은 없다.

초계와 신반이 1925년경에 소멸되었다는 사실과 초계에서 직접 전파된 마산과 진주에 이 과장이 있는 것으로 보아 오방신장무과장은 초기분파의 특징이다. 가산, 서구, 남구에 이 과장이 있는 것은 가산과 서구, 마산과 남구의 과장구성이 같은 것과 관련이 있는 것으로 보인다. 이 과장은 대광대의 연행을 본받아 그대로 전승되다가 후대 분파에서 탈락된 것으로 보인다.

진주오광대의 경우는 방위신 또는 벽사가면으로서의 오방신장이 신성성과 주술성을 유지하고 있다. 그러나 가산과 서구오광대의 경우는 오방신장이 양반으로 인간화되어 영노에게 잡아먹힌다. 여기서는 신성가면의 위엄을 찾을 수 없고 희화화된 인간의 모습이 있을 뿐이다. 즉 오방신장무 과장은 오광대탈놀이의 초기모습에서 확인되며, 탈놀이가 오락화 되는 과정에서 호응을 얻지 못하여 탈락된 것으로 보인다.

중과장

마산, 고성, 김해는 중과 상좌가 각각 1명씩 등장한다. 고성, 진주, 통영은 소무가 2명이다. 소무 또는 선녀가 등장하여 중을 유혹, 또는 중이 소무를 희롱하여 둘이 짝을 이루어 퇴장한다. 소무나 선녀의 등장은 중의 파계라는 서사를 형성한다. 이 경우 인물갈등이나 대사를 통한 의미부여는 없고 춤과 연기로 의미를 확보한다. 오광대 연행에 기생집단이 관여할 시기에 이르면 기생이 직접 소무역을 맡았다. 그리고 소무가면은 양반과장의 첩이 그대로 쓰고 등장하는데, 소무가 2명인 경우 양반의 첩도 2명으로 설정되어 있다.

문둥이과장

문둥이과장은 초계, 신반, 김해를 제외한 전 지역에 있다. 김해 가락오광대는 노름꾼과장이 문둥이를 내포하므로 초계와 신반의 대광대 탈놀이에만 없다. 따라서 문둥이과장은 오광대 탈놀이의 가장 분명한 특징이다.

이 과장에서는 문둥이가 혼자 춤을 추다가 퇴장하거나 노름을 하면서 다른 인물과 갈등을 일으킨다. 통영오광대는 제1과장이 문둥이과장이고 제2과장이 중(먹탈)과장, 제3과장이 홍백·코비뚜러미과장이다. 이들은 대사 없이 춤만 추고 간단하게 끝난다. 탈 모양과 춤만으로 서사를 완성하고 있고 의미 있는 갈등을 만들어내지 않기 때문에 비교적 짧은 시간에 끝난다. 각 과장은 독립되어 있으면서도 전체 놀이판을 완성하는 부분으로 작용한다. 그렇기 때문에 흥미나 인기가 높은 과장 중심으로 시간이 분배된 것으로 이해된다.

가산과 진주는 문둥이가 '문둥이 혹은 거지'로 설정되어 있고 문둥이가 5명 등장한다. 그리고 어딩이와 무시르미가 같이 등장하여 서사적 갈등을 심화시킨다. 또 이들을 노름꾼으로 설정함으로써 노름꾼을 잡아가는 포졸 또는 순사가 등장하고 포졸도 2명 등장한다. 진주의 문둥이과장은 떠들썩한 난장판이다. 가산의 경우도 노름판의 갈등이 반복되면서 서사적 줄거리가 확장된다. 가산과 진주에 오방신장무가 존재하는 점, 문둥이과장에 다섯 문둥이가 등장하는 점은 등은 가산과 진주의 지역적 인접성과 관계된다. 할미·영감과장의 진오귀굿이 가산과 진주에만 있는 것도 같은 맥락이다.

오광대의 양반과장에 여러 병신들이 등장하는데, 문둥이과장에서 또 독립된 병신놀이가 있는 것이 특징이다. 또 문둥이의 춤사위만으로 의미를 드러내는 것이 아니라 문둥이의 신세타령이나 노름판의 갈등을 만들어냄으로써 인물을 희화화하는 데까지 나아가고 있다.

노름꾼과장

노름꾼은 문둥이과장과 노름꾼과장에 등장한다. 가산과 서구는 문둥이과장의 문둥이가 노름꾼이다. 노름판에서 어딩이가 개평을 요구하다가 요구가 들어지지 않자 문둥이를 고발하여 문둥이가 순사에게 잡혀간다. 도동오광대는 문둥이들이 노름을 하다가 시비가 일어나 다투게 되고, 말뚝이가 등장하여 문둥이들을 퇴장시킨다. 진주오광대에서는 다섯 문둥이가 노름판을 벌이고, 어딩이가 천연두에 걸린 아들을 업고 나와 춤추고 놀다가 노름판의 돈을 훔쳐 달아나다가 잡힌다.

노름꾼과장이 독립적으로 구성된 것은 김해 가락오광대이다. 어딩이가 거지복색을 하고 나오고 아들 무시르미가 반신불수라 절뚝거리는 것에서 문둥이과장의 문둥이를 닮았다. 가락의 마을굿의 고형은 지신밟기, 당산제, 줄다리기, 달집태우기, 오광대, 지신밟기 등으로 진행된다. 이 지신밟기의 판굿에 투전놀이가 있다. 죽림마을에서는 지신밟기 과정에서 포수가 총을 쏘는 시늉을 하여 가재도구를 내어오고 주인에게 되판다. 또 이에 그치지 않고, 주인에게 받은 돈으로 투전놀이를 한다. 이러한 투전판은 극적 재미를 더하고 서사의 확대를 가능하게 한다. 판굿의 투전놀이는 밀양, 동래 등지에도 있다(정병호, 1994: 98). 밀양의 경우, 대포수가 하동의 유혹에 빠져 투전에 가담하여 돈을 벌고 다시 하동에게 돈을 가로채이고 또 빼앗는 과정으로 놀이판이 진행된다.

가락오광대의 노름꾼과장과 투전놀이의 선후관계를 판단하기는 어렵지만 굿의 기능에 포함된 투전놀이가 탈놀이에서 극적 재미를 위해 노름꾼과장으로 독립된 것으로 보인다. 그것은 다른 지역의 오광대에서 대부분 문둥이과장을 노는데 비해 가락에는 문둥이과장이 없고 노름꾼과장이 구성된 것에서도 알 수 있다.

홍백·코비뚜러미 과장

홍백·코비뚜러미 과장이 있는 지역은 통영과 거제 학산이다. 앞에서 보았듯이 통영과 학산은 문화적, 지리적으로도 친근하므로 과장의 명칭이 동일한 것이다. 가산과 서구가 과장구성과 명칭이 일치하는 것도 마찬가지로 사천시 곤양면 서구와 사천시 축동면 가산의 지리적으로 인접성에 연유한 것이다. 같은 지역인 사천시 곤양면 남구의 경우는 사자무과장이 더 있다. 남구오광대가 서구보다 10여 년 정도 더 유지되었다는 것과 사자무과장의 구성이 관련이 있을 것으로 보인다.

통영에서는 홍백·코비뚜러미를 놀기도 하고 양반과장에 포함시키기도 한 것(최상수, 1963: 106)은 이 과장이 본래 양반과장에서 독립되었기 때문이 아닌가 한다. 그런데 통영 것을 보고 배웠다는 학산 역시 양반과장 앞에 홍백·코비뚜러미과장을 놀았다. 이것은 처음부터 독립된 과장으로 인식하고 있었음을 말한다. 이 과장 역시 문둥이과장처럼 탈놀이의 유희성에 대한 요구를 충족하기 위해 독립된 것으로 보인다. 고성오광대는 이 과장이 독립되기도 하고 양반과장에 포함되기도 했다. 그것은 1969년 공연당시까지 등장인물의 명칭을 명확히 구분짓고 있지 않았다는 의미다. 이는 홍백양반은 등장할 때도 있고 안 할 때도 있었다는 이윤순의 증언(심상교, 2000: 157)과 맥을 같이 한다. 1964년 중요무형문화재로 지정될 때의 기록에도 고성오광대의 경우 양반명칭이 구분되어 있지 않았다. 따라서 양반과장의 병신 양반들을 더욱 희화화하고 유희의 대상으로 끌어내기 위해 홍백과 코비뚜러미를 따로 놀게 한 것으로 이해된다.

두 가면은 홍가 백가라는 혈통의 불순성과 코가 비뚤어진 우스꽝스런 모습으로 양반을 희화화한다. 그러므로 양반과장의 여운을 더욱 늘이는 효과가 있다. 이 과장이 연행되는 지역에 문둥이과장이 모두 구성되어 있는 것도 이러한 해학적 기능의 확대와 관련하여 해석된다.

양반과장

양반과장은 오광대 탈놀이의 전 지역에 구성되어 있다. 진주오광대의 양반과장은 지역문화를 가장 적극적으로 그러낸다. 이를 '재담의 향토화'로 특징짓는다. 말뚝이가 양반을 찾아 평양으로 갔다가 진주로 돌아와 재담을 풀어놓는 대목에서 말티제, 수정봉, 조양각, 비봉산, 의곡사, 만경대, 촉석루, 의기암, 남사정 등의 지역명소를 풀어놓는다. 이들 향토적 소재들이 사설에 포함됨으로써 탈놀이 마당의 친밀감이 촉진되었을 것으로 보인다.

마산오광대의 경우 작은 양반은 청보양반, 차양반, 턱까불, 홍백, 초라니, 눈머리떼, 콩밭골손 등 다양한 모습으로 그려진다. 이들은 탈 모양과 이름으로 이미 양반에 대한 조롱과 풍자를 포함하고 있다. 가산의 경우도 작은 양반 1,2,3,4가 등장한다. 작은 마누리가 1명이거나 2명인 것의 차이는 양반의 첩질이 얼마나 노골적으로 드러나느냐를 강조하는 척도이다. 이 경우, 중과장의 소무와 양반과장의 첩 가면이 중복되어 쓰이는데, 그것은 어리고 예쁜 여자라는 의미가 중첩되기 때문이다. 그리고 양반과장의 양반탈이 오방신장무의 양반가면으로 또 할미·영감과장의 양반으로 두루 쓰이는 것은 이들이 풍자의 대상으로서의 양반이라는 동일한 성격이기 때문이다.

양반과장은 한 지역 내에서도 시대에 따라 양반의 명칭이 달라지기도 한다. 고성오광대의 경우, 1959년 이전은 청보양반이 원양반을 지칭했다. 그것이 나중에는 동방청제양반으로 변화되었다. 또 1959년 이전에는 간양반과 젓반이라는 명칭을 사용했는데, 이후 간양반이라는 명칭은 사라지고 젓양반과 양반이라는 명칭이 사용되었다(심상교, 2000: 157). 양반과장에 홍백양반이 등장하는 경우, 그 위상이 뚜렷이 구분되지 않았다. 고성오광대에서 홍백양반의 탈을 뚜렷하게 구분지은 것은 1970년대 이후다. 이것은 통영, 거제, 학산이 이 인물들을 독립된 과장으로 설정한 것과 상호 연관성이 있는 것으로 보인다. 작은 양반들은 탈 모양만으로도 성격을 대신할 수 있었으므로, 그들이 양반이기만 하면 되는 것이다. 원양반 이외의 양반들이 양반을 따라 "이놈 말뚝아"를 따라 합창하는 것도 이러한 양반들을 하나의 군상으로 만들어 풍자하는 것이다.

영노(비비)과장

영노과장은 영노와 양반의 대결구도를 통해 서사를 만들어간다. 영노에게 양반이 잡아먹히거나 쫓기거나 하여 양반의 열세를 보여주기 때문에 양반 사냥꾼 영노의 성격은 같다.

영노와 대결하는 양반은 비비양반으로 불리며 김해는 종가양반, 마산은 차양반, 고성은 젓양반, 통영은 차양반이 그대로 등장한다. 마산과 통영은 영노과장의 비비양반이 양반과장의 차양반이면서 할미·영감과장의 양반이다. 김해는 영노과장의 양반과 할미·영감과장의 영감이 모두 양반과장의 종가양반이다. 고성은 비비양반은 젓양반이고 할미·영감과장의 영감은 간양반으로 각각 다르게 설정되어 있다. 이와 같은 현상은 오방신장무에서부터 영노과장, 양반과장, 영감·할미과장에 등장하는 양반이 그 이름에 관계없이 양반이라는 신분으로 범주화되어 있음을 의미한다. 영노과장에 따로 양반탈을 만들지 않은 것은 그가 단지 영노에게 잡아먹히는 양반이기만 하면 되기 때문이다.

마산오광대의 영노과장은 비비양반과 영노 사이의 '말싸움-부채싸움-단가 부르기'로 진행된다. 양반이 두 차례나 영노에게 잡아먹힐 위기를 면하고 떨어진 부채를 주워 단가나 한 바탕 부르자 하고 노래하며 퇴장한다. 채록본 말미에 "이 단가는 반드시 하는 것은 아니다"고 명시하고 있다. 이로 보아 당시 구술자인 김순일이 시조와 단가에 능숙하여 단가를 구술하였기 때문으로 보인다. 이와 같은 변화는 탈놀이 연행자에 따른 사설의 변화이다.

가산이 다른 지역과 구별되는 특징은 영노가 사자탈을 쓰고 등장하는 것이 다. 이것은 가산에 사자무과장이 없는 것과 관련되어 생각

해볼 수 있다. 다른 지역에는 영노가 양반을 잡아먹는 것으로 끝나지만 가산에서는 포수가 등장하여 황제장군을 잡아먹은 영노를 총으로 쏘아죽임으로써 탈춤의 서사는 더욱 확장되어 있다. 통영에도 포수와 함께 담보와 사자가 등장한다. 포수와 담보가 대결하는데 사자가 담보를 잡아먹는다. 담보를 잡아먹은 사자를 또 포수가 총으로 잡는다.

할미·영감과장

할미·영감과장은 양반과장과 함께 모든 지역에 있다. 등장인물, 인물갈등, 서사적 흥미에 있어서 다른 모든 과장을 압도한다. 영감을 중심으로 본처인 할미와 첩의 삼각관계가 극적 긴장과 재미를 이끌어가는 중심이다.

가산오광대의 경우는 영감이 박생원으로 불린다. 영감이 없는 사이 옹생원이 할미를 희롱하는 것과 할미의 아들인 마당쇠가 등장하는 것이 인형극 박첨지와 닮았다. 할미·영감과장은 처첩문제와 새 생명의 탄생을 둘러싼 서사로 엮어지며, 할미의 죽음으로 끝나는 것이 일반적이다. 그런데 가산에서는 아들의 살림 가르기 문제로 영감과 처첩간의 갈등이 일어난다. 부부싸움에서 화가 난 영감은 조상단지를 깨버리고 이로 인해 영감은 기절하여 죽는다. 영감이 죽는다는 면에서 김해와 가산이 같지만, 김해에서는 영감이 할미 때문에 화병이 나서 죽는다. 죽은 영감의 넋을 위해 5명이 무당이 등장해서 굿을 하는 것으로 탈놀이는 끝이 난다.

할미·영감과장에 오구굿이 등장하는 것은 진주와 가산, 김해의 독자성이다. 통영과 마산에서는 헤어진 영감을 찾기 위해 할미가 스스로 굿을 한다. 통영에는 용왕제를 하고 마산은 산신제를 하는 차이가 있다. 진주와 가산의 유사성은 가산의 조창이 진주의 조곡을 징수했기 때문에 문화적 교류의 정도가 다른 지역에 비해 활발했던 데서 원인을 찾을 수 있다.

고성오광대의 할미·영감과장 마지막에 할미의 상여가 나간다. 이로써 오광대 탈놀이는 막을 내린다. 현재의 상여는 1979년경에 만들어진 것인데, 상여가 나가고 죽은 이의 넋을 위로함으로써 볼거리를 더욱 풍부하게 해준다. 또 할미의 상여는 풍자, 갈등, 신명으로 풀어가던 놀이판을 화해의 대단원으로 전환시켜준다.

마산오광대에서 할미가 굿을 하는 것은 탈춤 연희자의 변화 과정에 무녀가 참여한 것과 관계있다. 연행의 배경에서 살펴본 바와 같이 남해안별신굿의 무당들이 탈춤의 예능에 영향을 미친 흔적이 마산오광대에 있다. 탈춤 담당계층의 사회적 위상이 높아지면서 음악과 춤 등 예능이 뛰어났던 무속인의 도움을 받게 되고, 무속 계층이 탈춤을 주도하게 된다. 마산오광대는 이러한 과정에서 무당이 등장인물 속의 할미로 자리하게 된 것으로 보인다.

사자무과장

사자무과장은 초계·마산·통영·거제·김해·학산·도동·남구오광대에 있다. 사자가 등장하여 담보를 잡아먹는 내용이다. 오방신장무과장과 같이 대사 없이 춤만 추다가 퇴장하는데, 춤이 서사를 내포한다.

도동오광대의 사자무과장은 사자가 포수의 총에 맞아 죽는다. 신성가면이 인간화되고 오락의 기능이 강조되면서 영노와 사자 같은 신성가면이 동물 분장이라는 도구적 가면으로 변한다. 이 경우, 사자탈의 제작에 드는 노력을 덜기 위해 사자무과장 자체를 없애는 방법을 선택했을 것으로 보인다. 그것은 인물의 갈등이나 대사, 서사적 흥미 등에 있어서 비중이 적은 과장이기 때문에 조정이 편리했을 것으로 보인다. 초계와 신반은 탈놀이의 성격이 가장 유사한데도 불구하고 사자무과장에 있어서는 차이가 있다. 또 통영오광대가 고성으로 전파되었다고 하는데, 통영에 있는 사자무과장이 고성에는 없다. 거제는 사자무과장을 초년에는 하였으나 뒤에 폐지하였다.

이러한 현상은 사자무과장이 제의성을 본질로 하며 서사적 갈등이나 대사의 흥미소가 부족하기 때문에 탈놀이의 오락적 추구 과정에서 탈락되었다고 할 수 있다.

토착탈놀이와 대광대의 만남

오광대 탈놀이의 연행과 전승의 매개, 과장과 등장인물의 특성을 통해 각 지역의 오광대는 그 지역의 문화적 환경을 반영하고 있음을 살펴보았다. 오광대 탈놀이의 연행 매개는 시장, 조창, 군영 등이다. 이들 지역은 별신굿의 과정에서 연희되는 토착탈놀이가 선행했고, 합천 초계의 대광대 탈놀이가 낙동강을 낀 문화의 조류를 따라 각 지역 탈놀이에 영향을 미친 것으로 나타난다.

최상수(1963)는 1910년대에 통영과 고성에 오광대가 전파되었다고 했다. 그러나 이훈상(1989: 483)은 1893년 고성관아의 뜰에서 추었던 광대들의 탈춤에 대한 기록(오홍묵, 『고성총쇄록』 고종 30년 12월 30일)을 근거로 "현전하는 고성오광대의 형식은 조선후기에 앞서 단옷날의 성황제에서 보인 백희를 토대로 성립되었다"고 했다. 진주오광대는 1890년대에 의령 신반대광대의 오광대에서 분파되었다고 했는데(송석하(1933)는 1880년 무렵), 1820년대에 진주에 본거지를 두었던 솟대쟁이패의 영향을 직접 받았을 것이라는 주장 역시 오광대발생의 자생적 측면을 강조한 것이다. 그리고 마산오광대의 경우, 1900년대 초계의 대광대가 마산에 와서 공연하기 전에 이미 별신굿(송석하, 1933)이 존재했다. 굿놀이가 풍요기원의 일반적 범주에 속한다 하더라도 남해안 별신굿에 할미광대의 굿놀이는 초계대광대 이전의 토착탈놀이(노성미, 2010: 270-274)의 존재를 확인시켜 준다. 서연호가 정의한 '초계 밤마리는 오광대의 시원지나 성립지가 아니라 성숙지 내지는 발전지'라는 말은 이를 가장 잘 대변하는 말이다. 그에 의하면, 토착광대로서의 향인광대와 예인 유랑광대가 밤마리에 공존하면서 활약했다. 이러한 주장은 이두현(1973: 420)의 조사에서 지역의 토착 탈놀이패가 대광대패와 사당패 등과 어울려 놀기도 했다는 데서도 분명히 알 수 있다.

지금과 같은 정형성을 갖춘 각 지역의 오광대는 대광대패의 지역적 이동과 토착탈놀이의 만남을 통해 만들어진 것이다. 이 과정에서 지역의 문화적 환경이 반영되었고, 과장과 사설도 변화되었다. 즉 각 지역의 오광대는 발생 단계에서 초계대광대의 영향을 받았지만 그 지역의 토착적 탈놀이와의 상호관계 속에서 발전되면서 각 지역의 개성을 확보한 것이다.

할미·영감으로 풀어내는 은유

탈춤 연행과 연희본

오광대 탈놀이는 1937년 이후 20년의 공백기를 거쳐 1958년 다시 부활하였다. 이 시기 전국민속예술경연대회에 통영오광대와 고성오광대가 경연에 참가하였고 1963년 12월에 동시에 무형문화재로 지정되었다. 1963년 『경상남도지』에 발표된 최상수의 연희본은 오랜 동안의 현장조사를 통해 완성된 것으로서, 이후 다른 지역 연희본의 전범이 되었다. 1980년 11월 가산오광대가 중요무형문화재로 지정되고, 2003년 6월 진주오광대가 시도무형문화재로 지정되었다.

탈놀이의 전승에서 가면, 소도구, 의상 등의 실물은 안정적이고 고정적으로 전승된다. 그러나 춤과 대사는 구술자의 기억과 연행자의 능력에 따라 유동적이다. 연희본의 복원은 구비전승이 기록화된 것이다. 채록 당시 현지인들의 기억으로 채우지 못하는 대사는 이주한 이

전 탈놀이 경험자의 진술, 인근 지역 탈놀이에 대한 기억, 구술의 기억 등 다양한 방법으로 메꾸어진다. 탈춤연행은 '텍스트' 생산과정 자체이고, 탈춤 텍스트란 특별한 공동체적 집단적 경험으로서 탈춤 '연행' 과정 그 자체인 셈이다. 이전의 탈춤연행은 재컨텍스트화 되는 인용 행위라는 측면에서 모방되고, 번역되며, 리허설된다(주현식, 2012: 5-39). 그러므로 탈놀이의 전승과정에서 자연히 연희본의 지역적 상호의존성이 발생한다. 그러나 상호의존성은 한 지역에서 다른 지역으로의 수직적 이동이 아니라 여러 지역이 복합적 의존관계에 있기 때문에 단정적으로 규명하기는 어렵다. 그러나 연희본의 특성을 계열화하고, 관용적 표현을 비교하면 지역적 상호의존성을 밝힐 수 있을 것으로 보인다.

살펴볼 연희본은 최상수(1963)의 진주·마산·통영·고성오광대와 최상수(1984)의 김해오광대, 이훈상(2004)의 가산오광대이다. 이들 연희본은 현재 문화재로 지정되어 전승되거나 채록시기가 비교적 오래된 것이다. 그중에서 할미·영감과장을 비교 대상으로 삼은 것은 이 과장이 오광대권의 공통과장이며, 할미의 익살스런 춤과 행위, 처첩갈등, 재담의 풍부한 표현 등으로 대중적 흥행을 누리고 있기 때문이다. 또한 영감을 찾기 위한 할미의 산신제나 용왕제, 죽은 이를 보내는 의식인 오구굿과 상두가 등 비교를 통한 유형성을 파악하기 용이하기 때문이다. 여기서는 할미·영감과장의 유형성과 유형 안에 내포되어 있는 관용적 표현을 비교함으로써 오광대 연희본의 지역적 상호의존성에 대해 이야기하기로 한다.

망자의 넋을 위로하는 두 의식

할미·영감과장은 양반과장과 함께 오광대 탈놀이의 공통된 과장이다. 이 중에서 할미·영감과장은 인물갈등과 서사의 측면에서 가장 대중적인 흥행요소를 가졌다. 그리고 그 유형성과 관용적 표현으로 인하여 연희본의 지역적 상호관련성을 밝히기에 가장 효과적이다. 할미·영감과장에서 주목할 특성인 할미, 영감, 첩 사이의 갈등내용과 결말, 그리고 마지막 애도의식의 관계를 비교하면 다음과 같다.

할미·영감과장의 갈등과 결말 비교

지역	등장인물	갈등내용	갈등의 결말	애도형식
가산	할미, 마당쇠, 옹생원, 의원, 영감, 서울애기(첩), 무당들	자식과 첩의 재산 가르기	조상단지를 깬 동티로 영감이 죽음	오구굿
김해	영감, 큰이(할미), 작은이(첩), 마을사람, 봉사, 의원, 무당, 상도군	자식의 죽음과 할미의 질투	화병이 나서 영감이 죽음	오구굿, 상두가
진주	할미, 영감, 작은마누라들(첩), 봉사, 의원, 무당	처첩갈등	영감이 때려서 할미가 죽음	초혼제
마산	할미, 영감, 제물집(첩), 아기, 마을사람, 상주	할미의 아기 죽임	영감이 때려서 할미가 죽음	상두가
통영	각시, 영감, 끝돌이, 오입장이, 할미, 봉사, 아기, 마을사람, 상주, 상도군	할미의 아기 죽임	각시가 때려서 할미가 죽음	상두가
고성	제물집(첩), 영감, 마당쇠, 할미, 황봉사, 아기, 상도군, 상주	할미의 아기 죽임	제물집과 영감이 때려서 할미가 죽음	상두가

할미·영감과장을 인물갈등의 면에서 보면, 영감-처-첩의 삼각관계를 기본으로 한다. 첩을 명명할 때 서울애기, 작은이, 작은마누라, 제물집, 각시 등으로 달리 하지만 이들은 영감의 젊고 예쁜 첩으로 전형화 되어 있다. 그러나 갈등내용에 있어서는 '가정 내의 갈등'과 '새 생명 탄생의 방해'로 인한 갈등으로 크게 나뉜다. 그리고 죽음에 대한 애도의 형식은 '오구굿'과 '상두가'로 나뉘며, 갈등의 전개에 있어서는 영감이 죽느냐 할미가 죽느냐에 따른 큰 차이가 있다. 이는 인물갈등을 통해 만들어가는 할미·영감과장의 주제를 판가름하는 중요한 부분이다. 주제는 망자의 넋을 위로하는 애도의식에도 영향을 미친다. 이 중에서 통영과 마산은 집 나간 영감을 찾기 위한 할미의 굿이 행해진다는 측면에서 이 두 계열의 경계에 있다. 이는 각 지역의 오광대가 무속과의 관련을 더하고 빼면서 구성된 결과로 보인다.

현실적 갈등과 오구굿

오구굿 계열은 죽은 이에 대한 애도의식으로 오구굿 또는 초혼제를 행하는 경우이다. 이같이 마지막 의식을 유형의 기준으로 삼은 것은 이들이 인물의 갈등 내용이나 주제와 관련되기 때문이다.

가산오광대와 김해오광대는 죽는 이가 할미가 아닌 영감이라는 점에서 같다. 갈등의 결과 영감이 죽고 영감의 넋을 위로하기 위한 오구굿을 하면서 탈놀이가 끝난다. 진주오광대는 할미가 죽는다는 면에서는 가산, 김해와 다르지만 초혼제로 끝나기 때문에 오구굿 계열로 묶을 수 있다. 오구굿과 초혼제는 죽은 이의 영혼을 저승으로 천도하기 위하여 행하는 굿이라는 점에서 동일하다. 오구굿은 경상도와 강원도

영동지방에서 부르는 사령제의 이름이다. 전라도의 씻김굿, 서울의 지노귀굿이나 함경도 망묵굿 등과 기능면에서 같다.

가산오광대의 할미·영감과장은 살림 가르기가 중심 갈등이다. 집 나간 영감이 첩을 데리고 들어오자마자 살림을 갈라 첩에게 주려하면서 부부갈등이 일어난다. 여기에는 처첩간의 애정갈등이 배제되어 있다. 오히려 영감이 집으로 돌아오기 전에 할미와 옹생원의 애정행각이 서사의 많은 부분을 차지한다. 이 장면에서 옹생원과 할미, 마당쇠의 눈치싸움이 희화적으로 그려진다. 옹생원의 할미에 대한 희롱이 계속되는 장면에서 서울애기와 영감이 등장한다. 마당쇠가 서울애기를 데리고 '작은 엄마'라며 할미에게 인사를 시킨다. 이 장면을 목격한 옹생원은, "잘 됐다.", "박생원만 오면 내하고 산다고 카지 않았네."라며 할미에게 계속 치근댄다. 할미는 다른 지역처럼 적극적으로 영감을 찾아 나선 것도 아니고, 옹생원과 어울리다가 영감이 첩을 데리고 온 상황을 맞게 된 것이다.

영감은 집에 돌아오자마자 살림을 갈라야겠다고 선언한다. 할미는 "전부 살림을 가르면 우리 마당쇠 갖지 누가 갖노."라며 영감에게 항변하고, 영감은 '우리 서울댁'이라고 첩을 두둔한다. 첩에게 살림을 잘라 주려고 하는데서 부부갈등이 일어난다.

> 영감: 안 된다. 안 돼. 이놈의 집구석이 어른 시키는 대로 안 하는 것을 보니 살림 산산이 쪼개 부숴야 겠다.(일어서서 지팡이와 발로 땅을 구르며 가재도구를 부수기 시작한다)
>
> 할미: 아이고 와 이러내 와 이러내. 아이고 영감, 영감.(영감이 이윽고 조상단지를 깨자 까무러치고 만다)

할미: 아이고 영감 죽어버렸네. 아이고 영감 우짤꼬.(할미 영감을 잡고, 우는 소리로) 요 방정맞은 이년 때문에 우리 영감 죽는다.(서울애기를 바라보며) 아이고 이년 때문에 우리 영감 죽는다.(울며) 마당쇠야, 저 건너 옹생원 데꼬 온나.(마당쇠 탈판구석에서 옹생원의 손을 잡고 등장한다. 옹생원은 북을 매었다)

이훈상, 가산오광대, 160-161

영감은 부부싸움 과정에서 화가 나서 조상단지를 깨뜨리고 이로 인하여 동티를 얻어 죽는다. 영감이 까무러치자 할미는 옹생원을 불러 도움을 청하고, 사태를 수습하려던 옹생원은 '등 너머 웅동골 봉사'를 데리고 오게 한다. 그동안 할미는 부정을 치고 다니고 옹생원은 경문을 읽는다. 또 대잡이를 불러와 대를 잡고 괘를 뺀다. 이렇게 삶과 죽음의 기로에 선 영감을 살리려는 소동은 모두 무속신앙에 기대어 있다. 이 상황에서 마당쇠는 "옴매, 아버지가 죽었는지 까마귀가 눈을 파먹었다."고 말함으로써 영감의 아들이 갖는 모자람은 더욱 강조된다. 할미와 옹생원은 마당쇠의 말에 귀 기울이지 않음으로써 마당쇠의 존재는 더욱 비하된다. 첩을 데리고 의기양양하게 집으로 돌아온 영감은 살림 가르기 갈등으로 죽음의 자리에 비참하게 버려진 셈이다. 영감의 죽음을 확인한 옹생원은 "마당쇠 어매, 오구굿을 해야겠소."라며 굿을 청함으로써 영감의 죽음에 대응하는 행위를 결정짓는다.

할미 : 아이고 오구 아니라 육구라도 하소.

옹생원 : 애, 마당쇠야 무당들 데려 온나.(봉사는 퇴장하고 대잡이는 일어나서 대를 잡고 부정을 치면서 대를 잡고 돌아다닌다)

(무당 5인이 와서 오구굿을 하는데 4명의 무당이 와서 베의 네 끝을 잡고 큰 무당은 신광

주리를 베 위에 오락가락 하면서 황천길을 닦으며 북의 장단에 맞춰서 회심가를 부른다. 마당쇠는 베 밑을 왔다 갔다 하면서 장난한다)

이훈상, 가산오광대, 163

큰 무당과 작은 무당이 영감의 넋을 위로하기 위해 오구굿을 하는 동안에도 마당쇠는 아버지 죽음의 의미를 인지하지 못한다. 이로써 영감의 죽음에 대한 애도의 분위기는 약화된다. 큰 무당은 회심가를 부르고 작은 무당은 '나무아비타불'을 후창으로 한다. 맨 마지막에는 파지굿을 하고 끝난다. 이는 봉산탈춤의 미얄춤과장에서 미얄이 영감의 첩인 덜머리집과 싸우다가 영감에게 맞아 죽고, 마지막에 무당이 나와서 미얄의 혼백을 위로하는 지노귀굿을 하는 것과 같은 구성이다.

영감의 죽음은 자식보다 첩을 애중하게 여기다가 조왕신의 동티를 입어 죽은 한 가부장의 초라한 죽음으로 그려진다. 그것은 영감이 가정을 보살피지 않은 동안 할미와 마당쇠가 가난의 질곡을 견뎌야 했던 현실을 비추어준다. 이로써 영감의 죽음에 대한 동정의 시선은 소외된다. 오히려 할미가 신 값을 엉덩이로 때워야 하는 도덕적 파기를 가난과 결부시킴으로써 할미가 겪어야 했던 고난의 현실이 부각되고 있다. 그리고 첩을 데리고 등장한 영감의 도덕성을 비판하게 한다. 영감의 죽음 이후 옹생원이 할미를 차지하게 될 상황을 예견하게 함으로써 영감의 죽음에 대한 연민이나 동정을 조롱하고 있다.

진주오광대의 마지막도 오구굿으로 끝난다. 할미가 누런색 동저고리에 몽당치마를 허리가 드러나게 입고 영감을 찾아다니는 모습은 가산오광대를 제외한 모든 지역에 표현되어 있다. 그러나 진주오광대는 영감을 찾아다니는 노정의 사건들은 구체적으로 서사되지 않는다. 다만, 무대를 돌아다니며 영감 찾는 시늉을 하는 것, 오줌 누는 형용, 영감을 만나 서로 반가워서 부둥켜안는 대목으로 다른 지역에 구체화된 여정을 요약하여 연출할 뿐이다.

진주오광대는 작은 마누라가 2명이다. 영감은 할미를 만나자 마자 작은 마누라 인사를 시킨다. 할미는 인사를 거부하다가 곧 두 첩을 앞에 앉혀놓고 나이와 이름 등을 묻는다. 작은 마누라 2명은 고개를 숙이고 부끄러운 태를 한다. 이를 본 할미의 태도가 갑자기 변한다.

> 할미: (갑자기 질투와 시기심이 일어난다. 작은마누라1,2를 번갈아 향하여 덤벼들며) "잇년들 남의 영감 왜 뺏아 갈라카노? 오늘 사생결단을 해보자." (하고 작은마누라 1,2를 번갈아 때린다)
>
> 작은마누라1,2 : (각기 순차로 영감에게 피하면서) "아이고 영감! 이 무슨 꼴이요, 사람 살리소."
>
> 영감 : (이 광경을 보고 할미에게 달려들어 불문곡직 힘껏 때린다)
>
> 할미 : (죽어 넘어진다)
>
> 최상수, 진주오광대, 3401

할미의 죽음은 첩의 등장으로 인한 질투심이 낳은 처참한 죽음이다. 그러나 할미가 죽자 영감은 죽은 할미를 깨우려고 봉사를 불러 경을 읽게 하고, 또 의원을 불러 침을 놓게 한다. 그러나 할미는 살아나지 않는다. 영감은 "한이나 없게 굿이나 해주자."라고 말한다. 이어 무당이 무복을 입고 등장하여 초혼제를 한바탕 하는 것으로 끝난다. 영감에게 맞아 죽는 할미의 죽음은 동정을 불러일으킨다. 영감도 할미를 위해 봉사를 불러 경을 읽고 의원을 불러 침을 놓는 등 할미를 살리려는 노력을 다한다. 그러나 끝내 죽음은 다가왔고 할미의 죽음을 애도하는 오구굿을 한다. 진주오광대의 할미의 죽음은 처첩갈등에서 영감에게 버림받은 결과로서의 죽음이다. 이에 대한 동정이 오구굿을 부른 것이다. 그리고 굿을 부른 주체도 영감이라는 점에서 할미의 죽음은 동정과 애도의 시선이 담겨있다. 그런 점에서 이 초혼제는 이승에서의 억울함을 풀어 저승으로 할미를 천도하는 역할을 한다. 할미의 억울함에 대한 인식이 전제된 오구굿이다.

김해오광대는 영감이 죽는다는 점에서 가산오광대와 같다. 그러나 처첩갈등에 있어서 아이를 임신한 첩에 대한 설정은 없고 단지 '일등미색'인 첩에 대한 영감의 사랑과 할미의 질투만 있다. 그러나 처첩갈등에 대한 서사적 관심은 곧바로 영감의 자식 챙기기에 밀려나고 만다.

> 영감: 할맘! 그런데 두 아이는 다 어쨌노?
>
> 큰이: 영감! 말도 마소. 큰아이는 물고기 잡으러 갔다가 물에 빠져 죽었고, 둘째 아이는 산에 나무하러 갔다가 범에게 물려 죽었다.
>
> 영감 : 이제는 자식도 없단 말이지. 자식도 없는데 너와 살아서 무엇 하며, 또 내가 살아서 무엇 하겠나. 그런데다가 작은이 하나 얻어서 사는 것까지 용심을 지기니(부리니) 내가 어떻게 살겠는가? (하고 두 손으로 가슴을 치고 발버둥을 치다가 화병이 나서 기절한다.)
>
> 최상수, 김해오광대, 185

영감은 자식이 죽었다는 말을 듣고 삶의 의미를 잃는다. 거기에 더하여 첩을 데리고 들어온 일에 대해 할미가 불평까지 더하자 화병을 얻어 죽는다. 이러한 죽음 앞에 처와 첩의 반응은 다르게 표현된다. 첩은 바로 퇴장해버리고 처는 의원을 불러 맥을 짚고, 봉사를 불러 경을 읽게 하고, 그래도 영감이 살아나지 않자 무당을 불러 굿을 한다. 첩의 존재가치는 영감의 사랑을 받는 것으로 끝난다. 그러나 할미는 자식도 죽고 기다리던 영감도 죽어 처량해진 신세이지만 영감의 마지막을 장례하는 중심을 잃지 않는다. 할미의 부름에 따라 무당이 무복을 입고 갓을 쓰고 등장하여 한바탕 굿을 하고 들어간다.

마산오광대의 경우 할미역과 무당역이 겹쳐있는 것을 볼 수 있다. 할미의 분장은 다른 지역과 대동소이한데, 꼭대기에 댓잎사귀가 있고 방울이 달린 장대를 손에 들고 등장하는 것이 특이하다. 무당이 굿을 하는 모습 그대로다. 이런 할미가 등장하자마자 영감을 찾기 위한 굿을 한다. 그러면서 손에 쥔 대를 흔들어 방울소리를 낸다. 그뿐 아니라 산신제를 지내기도 한다. 이같이 할미와 무당역이 분화되어 있지 않고 할미가 무당으로 등장하는 것을 탈춤 담당 층의 변화 과정에서 무녀가 끼어든 것(조만호, 1999: 79)으로 해석하기도 한다. 즉 중인서리 계층이 탈춤을 담당하다가 이들의 사회 신분적 위상이 상승하면서 점차로 예능 기능이 뛰어났던 무속 층의 도움을 받게 되고 급기야는 무속 층이 탈춤을 주도하면서 탈춤사설과 등장인물에 면모를 가져온 것으로 보고 있다. 그러나 이것이 탈춤과 굿의 하나 됨을 의미하는 것은 아니다. 오히려 탈춤과 굿이 독립된 놀이판으로 연행되는데, 어느 시기 굿판의 무당이 탈춤광대역을 하게 되면서 할미의 성격이 무당역과 겹치게 된 것으로 보인다. 마산오광대는 그 전형을 보여준다.

이상과 같이 진주·가산·김해오광대의 결말은 죽은 이의 넋을 위로하는 굿이 중심을 차지한다. 오구굿계열의 특징은 아기의 생산과 관련된 사건이 없다는 공통성이 있다. 가산오광대는 살림 가르기로 인한 갈등 끝에 영감이 조상단지를 깨고 동티가 나서 죽는다. 진주오광대는 영감의 죽음과 동시에 작은마누라1,2는 퇴장한다. 김해오광대도 첩의 임신이나 출산 사건이 설정되어 있지 않고 할미로부터 자식 죽음 소식을 들은 영감이 화병이 나서 죽는 것으로 되어 있다. 역시 영감의 죽음과 동시에 첩은 퇴장한다. 진주의 경우 할미가 죽는다는 점에서 가산이나 김해와 다르지만 역시 첩의 출산 사건은 없다. 따라서 오구굿계열은 젊은 첩의 임신이나 출산과 관련된 서사가 없다는 공통점이 있다. 이 계열은 생산력과 관련된 의미를 내포하지 않으며, 처첩갈등 또는 재산상속이나 가계의 계승이라는 현실적 가치를 주제로 한다.

늙음의 소멸과 상두가

상두가 계열은 인물의 갈등 내용과 그 결과로서의 죽음이 생명의 탄생과 관련되며, 죽은 이를 위해 상두가를 부르는 것이 특징이다. 이 계열에서 처첩간의 갈등과 그 결과로서의 할미의 죽음, 그에 대한 애도로서의 상두가는 할미의 죽음이 갖는 의미를 극적으로 드러내는 효과가 있다. 할미·영감과장의 의미를 다산과 풍요의례로 읽는 것이나, 첩과 할미의 대결을 여름과 겨울의 싸움으로 읽는 것은 바로 여기에 초점을 둔 것이다.

마산오광대의 할미는 큰머리를 들어 얹은 상주가 자주색동 소매를 한 누런색 동저고리에다 흰 몽당치마를 내려 입어 허리가 드러나게 하고 등장한다. 이때 뒷 치마를 걷어 올려서 피 묻은 '월경 띠'가 나오도록 하였다. 할미의 치마위로 드러난 피 묻은 월경 띠를 과장되게 강조하고 오줌 누는 장면을 연출함으로써 할미의 생산력에 대한 강렬한 열망을 표현한다. 이 열망은 할미가 영감을 찾기 위한 노력이 할미의 생산력을 발현하기 위한 과정으로 인식되게 한다. 그리고 젊은 첩의 출산은 할미의 생산력의 무력함을 깨닫게 하는 것이며, 그에 대한 거부의 몸부림이 아기를 죽이는 극단적인 행동으로 드러난 것이다.

할미·영감과장에서 집 나간 영감이 첩을 데리고 집으로 돌아오는 경우가 일반적이다. 그러나 마산오광대는 할미가 영감을 직접 찾아 나서고 그 노정에 할미가 스스로 굿을 한다. 이 굿을 산신제로 명명하고 있다. 산신제의 형식은 촛불을 켜놓고 사발에 물을 떠놓고 축원하는 것이다.

> 할미: 아이고 그러면 우리 영감이 어디를 갔는지 굿이나 한번 해봐야겠다.(손에 쥔 대를 흔들어 방울소리를 내면서)
>
> (창)이거라 중천라 거리야 거리야 이도 거리, 저도 거리, 삼도 네거리야, 우리 영감 찾을랴고 나는 갑네.(하고는 영감을 찾아가다가-무대를 돌아다니면서="영감, 영감, 우리영감" 소리를 하고는 앉아서 미영질을 한다.=손을 가지고 형용을 3~4차 한다.-그리고 나서는 우줌을 누러 가는데 치마 아랫도리를 걷어 올려서 피 묻은 월경 띠가 다 보이게 하고 엉거주춤 하면서 오줌 방울을 떨어뜨리는 형용을 3~4차 한다. 그렇게 한 뒤에는 "산신제를 올려야겠다."하고는 제를 올리는데 촛불을 켜놓고 사발에다 물을 떠놓고 축원한다.)
>
> 최상수, 마산오광대, 3382

진주오광대는 할미가 등장하자마자 놀이판을 돌다가 오줌 누는 장면을 연출한다. 월경 띠의 노출과 방뇨 등은 할미가 자신이 아직 생산력이 있다는 것을 과시하는 것이다. 그러나 이 늙은이의 열망과 생산력에 대한 욕망은 첩의 젊음에 곧 패배하고 만다.

젊음과 늙음의 대결에서 늙음이 패배하는 것은 처첩관계에만 한정되지 않는다. 늙음에 대한 소외는 할미와 영감의 만남에도 나타난다. 두 사람은 만나자마자 서로의 늙고 초라함을 비난한다. 할미는 "영감 좋은 청사도포 입성에 줄안당굴 대모관자 금옥탕창을 입혀서 놓았더니 어데 가서 다 팔아 묵고 개가죽 두루망태를 쓰고 다니느냐?"라고 하고, 영감은 "너는 북도다래 석자 지장 비단옷을 입혔더니 어데 가서 다 팔아 묵고 이 모양이 되었느냐? 라며 서로의 늙고 초라함을 들추어 낸다. 이들의 외향은 늙음이라는 범주에서는 같은 꼴이다. 이 비난 뒤에 등장하는 '인천 제물집'은 '일등 미색'으로 '쪽진 머리에 분홍저고리 옥색치마'를 입은 젊은이다. '개가죽 두루망태'를 쓴 영감과 '누런색 동저고리에다 흰 몽당치마'를 입고 허리를 드러낸 할미의 모습은 '분홍저고리 옥색치마'의 일등미색 첩의 등장으로 낡고 초라함이 더욱 분명하게 강조된다.

여기에서 가장 중요한 사건은 첩이 등장하자마자 아이를 낳는 것이다. 부부가 해우한 기쁨은 잠깐이고 첩의 출산에 대한 기쁨이 무대를 흥분된 분위기로 만든다. 첩은 장한 일을 한 귀한 존재가 되고, 아기의 생명은 찬양의 대상이 된다. 여기서 할미의 내적갈등이 노출된다. 월경 띠를 노출하며 생산력을 과시하던 할미는 이미 첩의 출산 앞에 패배자의 자리로 물러난다. 아이를 생산하지 못한 할미의 존재는 이미 존재의 위기상황을 맞은 것이다. 할미는 아이를 죽임으로써 자신의 존재의미를 확보하기 위한 마지막 승부를 건다. 그러나 그것은 아이의 출산이 아니고는 승리할 수 없는 싸움이기 때문에 할미의 몰락을 자초한다.

영감: (이것을 보고) 잇년이 이 아이를 죽였다.(하면서 몽둥이를 들고 할멈을 때리니 할멈이 죽는다.)

제물집·영감 : 퇴장한다.

상주들: (굴건을 쓰고 대지팡이를 짚고 5명이 "아이고 아이고 울 어매가 죽었다"고 곡소리를 하면서 등장한다.)

큰상주: 살인자는 사다. 죽었으면 그 뿐이지 초상이나 치자.

상주들 : (5명이 시체를 메고 상도군 소리를 하면서 나간다.)

(상도군소리) 관세음보살, 너허 넘차, 너허 넘차, 어이 가리 넘차, 어화야 북망산천이 머다더니 건너 앞 산이 북망이로구나. 너허 넘차, 너허 넘차, 어이 가리나 넘차. 어화야 남혼을 열고 바레를 치니, 계명산천이 밝아온다. 어이 가리 어이 가리. 어이 가리니 넘차 어화야.

최상수, 마산오광대, 3383

할미가 아기를 죽이는 것은 첩의 생산력을 시기하고 부정하려는 몸부림이다. 그러나 이것은 할미 스스로 죽음을 부르는 사건이다. 아기를 낳은 첩은 살아남고 할미는 죽음으로써 첩의 생산력이 받아들여지고 할미의 늙음은 버려진다. 상두가의 내용은 더 이상 생산력을 발휘하지 못하는 할미가 버려져 죽음의 세계로 가는 것에 대한 동정과 연민을 표현한다.

통영오광대는 각시의 미색과 그를 둘러싼 오입장이들의 희롱으로 시작된다. 상좌가 첩과 춤추며 놀고, 영감이 첩과 놀고, 놀량패와 첩이 놀고 있다. 이같이 각시와 여러 남성들의 성적 희롱은 생산력으로 충만한 질펀한 놀이마당을 연출한다.

> "영감을 잃어버려서, 그 영감 찾기로 팔도강산 다 다녀도 영감은 간 곳이 없고 이 늙은 할미가 오동지 선달에 미영도 짜고 물품도 팔고 해서 다녀도 찾지 못하고, 통영 오입쟁이 논다 하니 행여나 그런 영감 하나 지내 갔는지 물어보는 기요."
>
> 최상수, 통영오광대, 3389

마산·통영오광대는 할미가 굿을 할 때, "남무로다. 동해용왕님네. 서해용왕님네. 남해용왕님네. 북해용왕님네. 이 굿을 하거들랑 우리 영감 찾기로 점지하소. 남무로다. 어기헤-에헤에 남무요."(최상수, 1977: 3389)라고 읊는다. 그리고 피리, 젓대, 장구, 징 등 무악기 소리를 낸다. 할미가 무당이 되어 악기 없이 입으로 악을 연주하며 혼자 굿을 하는 장면이다. 그런 할미가 영감을 찾으러 온 곳은 오입장이들이 노는 곳이다. 이로써 영감과 첩, 오입장이들을 한데 아우르는 전체적인 분위기는 생산력으로 충만하다. 할미와 영감의 만남과 각시의 해산 준비를 위한 영감의 장보기 등은 이런 분위기를 더욱 강조한다. 모든 사건의 중심에는 '젊은 각시'가 있다. 젊음과 늙음의 대비와 성적 유희를 전면에 내세운다는 점에서 마산오광대보다 통영오광대는 더욱 생산력을 강하게 드러낸다고 할 수 있다.

통영오광대에서 할미가 영감과 상봉할 때 서로 허리를 껴안고 자빠지는 것은 부부합방의 장면을 연출한 것이다. 이때 각시가 등장하여 할미를 때려 두 사람을 갈라놓는다. 이에 대해 할미는 "세상에 늙은 할미는 영감을 찾을라고" 다니다가 영감을 만났는데 "어느 젊은 년이 와서 나를 팸네"라며 첩에 대항한다. 그러나 이 갈등은 각시의 출산소동으로 아주 짧은 순간에 끝나버린다. 할미와 영감이 껴안고 자빠진

행위는 첩의 출산 앞에 무기력하고 무능한 생산력으로 소외된다. 출산한 아이를 영감과 할미가 서로 번갈아 안고 노래를 부른다. 할미가 안고 있는 아기를 영감과 각시가 뺏으려고 하고 할미는 아기를 내놓지 않는다. 아기를 뺏기 위해 각시가 할미에게 달려들어 "네 욧년, 와 아이를 안 줄라카노?"하고 할미를 때린다. 할미는 기절하여 죽는다. 할미를 죽인 것은 아기를 지키기 위함이다. 그리고 할미는 영감의 사랑을 빼앗은 첩을 시기하는 것이 아니라 새로 태어난 아기를 시샘하다 죽은 것이다. 이러한 갈등의 결과 할미만 죽는다. 마지막으로 상주와 상두꾼이 등장하여 할미를 장사지내고, 상두꾼이 할미를 메고 상두가를 부르며 퇴장함으로써 갈등은 마무리된다.

이때 상두가의 사설은 할미의 죽음에 대한 의미를 보다 분명하게 제시하고 있다.

> "어화넘 어화넘 에나니 넘차 에화넘 북망산천이 머다하더니 저 건너 저산이 북망이네. 어화넘 어화넘. 에나디 넘하 에화넘. 이 세상은 늙은 사람은 살 곳이 없고, 젊은 사람은 살 세상이라. 어화넘 어화넘 에나디 넘차 에화넘."
>
> 최상수, 통영오광대, 3391

늙은 사람은 이 세상이 살 곳이 아니니 젊은 사람에게 자리를 내주고 물러나야 하는 슬픔을 노래한다. 이로써 할미의 죽음은 젊음에 밀려난 늙음의 슬픔으로 받아들여진다. 마산오광대의 상두가가 죽은 이가 가야할 어두운 황천길에 대한 애도의 정서라고 한다면, 통영오광대는 '늙은 사람은 이 세상에 살 곳이 없고 젊은 사람 살 세상'이라는 보다 구체적인 의미를 표현한다. 늙음은 버려진다는 것이 의미의 중심이다. 할미의 죽음은 젊음에 밀려난 늙음의 죽음이며 이를 사설로 엮음으로서 늙음의 패배에 대한 애도를 담아낸다. 늙음은 젊음에 자리를 내주고 떠나야 한다는 당위를 제시하여 할미의 죽음을 위로한다. 즉 처첩갈등보다는 늙음과 젊음의 대결과 늙음의 소멸에 대한 의미를 강조한 것이다.

고성오광대의 할미와 제물집 역시 '누른빛 동저고리 몽당치마'와 '분홍저고리 옥색치마'의 색깔의 대비를 통해 할미의 초라함과 첩의 생동감이 대비된다. 영감과 할미가 상봉하여 얼싸안고 좋아하는 모습을 본 첩은 자신의 첩된 처지를 알고 신세한탄가를 부른다.

> 할미: (이 노래를 듣고 짐작을 하고 제물집 있는 데로 가서) 내가 속았구나.(하고는 제물집과 싸우기 시작한다.)
>
> 제물집: 내가 속았구나.(하고는 할미와 싸우면서 영감에게 매달린다.)
>
> 영감: (할미를 보고) 네가 작은 각시 얻었다고 해서 네가 야단치니 나 같은 오입장이가 네 같은 것 데리고 살겠냐마는, 부모가 정해준 배필이라 할 수 없이 너를 좀 생각하는데, 네가 너무 한다.
>
> 최상수, 고성오광대, 3395

할미는 영감과 상봉한 기쁨을 누리지만 곧 영감의 첩을 의식하고 자신의 처지를 생각한다. 첩 또한 본처의 존재를 알고는 첩된 자신의 처지를 한탄한다. 그러나 영감은 첩의 편이 되어 할미의 첩 시샘을 나무란다. 영감이 자신보다 첩을 두둔함으로써 소외된 할미는 첩이 해산기미를 보이자 재기불능의 패배에 당면한다. 그러나 첩의 출산 앞에 처첩갈등의 가치는 사라지고 영감과 할미는 정화수를 떠놓고 절을 한다. 이들은 "속히 무사히 순산해 주십사"라는 기도로 하나가 된다. 첩의 출산은 모든 갈등을 뒤엎어버리는 위력을 가지는 것이다.

처첩 대결을 늙음과 젊음의 대결로 설정한 것은 남해안별신굿의 해미광대탈놀음의 주제와 닮았다. 할미는 수부굿의 굿사설을 하다가 "아이고, 내가 잠간 나가서 볼일 좀 보고 올꾸마."라고 말하며 몇 걸음 물러나 앉아서 치마를 걷어 올리고 오줌 누는 시늉을 한다. 박장대소하는 구경꾼들을 향해 할미광대가 고무신에다 받은 오줌을 뿌린다. 이때 "내 오줌 가는데 마다 농사도 잘 되고 해옥도 잘 되고"라며 축원을 한다. 또 제석굿을 하다가 갑자기 "아이고, 배야"하고 소리친다. 그리고는 "아이고, 내가 태기가 있더니마는, 배 속에 아가 놀라는 갑다. 아이고 배야, 아이고 배야"하며 구경꾼들에게 하소연한다. 이를 본 구경꾼들은 '미역국 한 단 값과 해산 국밥 쌀값'을 준다. 그러면 할미는 돈을 받아들고 퇴장한다(김선풍, 1997: 207-208). 남해안별신굿의 이 장면은 당산할미로서의 할미의 능력에 근거한 것이며, 할미가 늙게 되자 젊은 소무에게 자리를 내주고 물러나는 대목이다. 할미가 동네사람들에게 동정을 받는다는 점에서 오구굿계열의 대단원과 같다. 할미가 더 이상의 생산력이 없음에도 불구하고 거짓 임신소동으로 구경꾼의 마지막 동정을 사고, 이를 빌어 해산비용을 챙긴 할미는 무대에서 사라진다. 할미의 존재 의미는 생산력의 소멸과 함께 사라지는 것이다. 이 장면은 봉산탈춤에서 미얄이 영감에게 달려들어 아이를 낳기 위한 노골적인 음란한 행위를 하고, 뜻대로 되지 않자 영감은 소용없게 된 할미를 버리고 젊은 첩을 얻는 것과 상통한다. 그러므로 이 놀이의 의미는 성적 충동이라고 하는 본능의 장을 넘은 풍요와 생산력을 추구하는 신앙적 차원으로 해석된다.

이상과 같이 상두가 계열은 새로운 생명의 탄생이 주제의 핵심을 이루고 있다. 그러므로 할미의 죽음은 처첩간의 갈등이라는 현실갈등이 아니라 여름과 겨울의 대결, 젊음과 늙음의 대결로 읽히며, 이것은 생산력의 추구와 풍요기원이라는 신앙적 의미로 해석된다.

관용적 표현으로 기억을 잡다

인물의 대사는 탈놀이 연행에서 의미를 전달하는 가장 적극적인 기능을 한다. 그러므로 연행자는 춤과 동작뿐만 아니라 대사를 효과적으로 구연하는 능력이 있어야 한다. 이때 연행자는 구비전승의 계승자이지만 전승되는 대사를 암기하여 재현만 하는 것이 아니라 자신의 창작을 추가·삭제·변형함으로써 작품창작에 적극적으로 참여한다. 즉, 탈춤연행은 텍스트 생산과정 자체인 것이다. 이때 연희본의 구성은 탈놀이의 전파과정과 지역적 영향관계 속에서 대사의 모방과 반복을 경험하게 되고, 연희본의 지역적 상호의존성을 낳는다. 그리고 대사는 지역적 유형성을 갖게 되며 관용적 표현은 연희본의 지역적 상호의존 관계를 보여주게 된다.

탈놀이 대사의 유형성은 구비설화의 여러 형태에서 유래한다. 이는 대구법에 의한 반복, 상투적인 수식어, 유사어의 반복, 수수께끼 형식의 문답, 속담, 유사음운에 의한 말장난, 욕설 등으로 다양하게 나타난다(김열규, 1977: 171-173). 탈놀이 대사는 연행자의 창의성에 전적으로 의존하는 것이 아니라 여러 형태를 빈 대사의 유형성을 가짐으로써 관중들 의식 속에 저장된다. 이로써 관객들은 쉽게 대사를 따라갈 수 있고 다음 대사를 예측할 수도 있다. 이 유형성은 탈놀이 전반의 대사가 갖는 유형성이다. 그러나 좀 더 자세히 들여다보면 대사의 유형성 안에 관용적 표현이 사용되면서 연희본의 지역적 특성이 형성됨을 알 수 있다.

마산오광대는 영감과 할미가 서로를 찾아다니는 노정이 연출된다. 이때 할미와 영감이 마을사람과 주고받는 대사는 반복법으로서 하나의 유형성을 보이며 또한 관용적 표현으로 고착되어 있다.

> 할미: 여기 영감 한분 안지나 갑디까?
> 마을사람: 생기기를 어떻게 생겼소?
> 할미: 잘 생겼지요. 얼골이 질죽하고 코가 크며 미남자로 생겼지요.
> 마을사람: 그러면 그런 영감 이리 지나갔소.
>
> (중략)
>
> 영감: 여보게 여기에 웬 할멈 하나 지나가지 않던가?
> 마을사람: 생기기를 어떻게 생겼소?
> 영감: 잘 났지요. 얼골이 포루쪽쪽하고, 연지 찍고 분바르고 색골로 생겼지요.
> 마을사람: 그런 분 이리 지나갔소.
>
> 최상수, 마산오광대, 3382

이러한 반복적 표현은 할미와 영감이 "영감 영감 우리영감", "할맘 할맘 우리 할맘"을 외치며 서로를 찾아다니는 대목에도 동일하게 적용된다. 두 사람이 상봉할 때까지 이 대사는 여러 번 반복된다. 마산오광대와 진주오광대는 할미가 영감을 찾아다니다가 오줌을 누는 장면이 동일하다. 그리고 "할멈! 할멈!"과 "영감! 영감!"하며 서로를 찾아 부르는 대사, 상봉하여 서로를 부둥켜안고 "아이고 할맘", "아이고 영감"이라고 외치는 대사도 반복적으로 쓰인다.

통영오광대는 영감·첩의 생활과 할미·영감·첩의 갈등이라는 두 단위의 서사로 나누어져 있다. 통영오광대의 전반부 서사는 영감과 첩의 유흥을 중심으로 전개된다. 이 내용이 마산오광대에는 없고, 고성오광대에는 영감과 첩이 술상을 차리고 한바탕 노는 대목으로 축약되어 있다. 그러면서 통영·고성오광대는 영감과 할미의 상봉 이후 단락이 같다. 통영·고성오광대가 대사의 상호의존성이 강하다고 할 수 있는 대목이다. 통영오광대에 '영감과 첩의 생활'이 많이 표현된 것은 지방의 한량들이며 오입쟁이들인 연희자를 비롯한 남성의 유락적인 꿈이 많이 투영된 것이며, 고성오광대는 가정에서의 처첩관계의 실상이 보다 충실히 반영되어 있다(정상박, 1990: 128)고 한 것은 통영오광대 전반부의 유흥적인 분위기에 근거한 것이다. 즉 통영오광대의 '제1경'이 오입장이들로부터 각시를 지키기 위한 영감의 분투를 그리고 있다는 점에서 설득력을 갖는다. "너 이놈, 너 어째서 집을 잘 못 보았노? 니가 뒷집의 강서방 오니라, 앞집의 박서방 오니라, 모다 오라케 하여 가지고 뚱땡뚱땡하여 가지고 안청의 청주 다 부어 묵고, 모도 그놈들이가 희롱하면서 너 놈도 같이 춤을 추어 놀았나? 너 이놈, 너 꼴 보기 싫다. 나가거라."(경상남도지, 1977: 3388)라는 영감의 대사는 전반부의 서사가 젊은 첩과 영감의 유흥뿐만 아니라 첩을 둘러싼 남성들의 성적 유희를 적극적으로 드러낸 것임을 말한다.

마산오광대와 통영오광대는 할미가 영감을 찾기 위한 굿을 한다는 점에서 같다. 마산오광대는 할미 스스로 산신제를 지내고, 통영오광대는 "영감을 찾을라면 분세수 정히 하고, 용왕제하고 큰굿을 하여야만 찾노라"는 마을사람들의 말에 따라 용왕제를 한다. 이 대목은 마산·고성·통영오광대가 표현적 유사성을 보인다. 이렇게 할미가 직접 굿을 하는 것은 이 지역 오광대가 기본적으로 마을굿의 맥락에서 연희되기 때문에 나타난 현상이다. 마산의 경우, 별신제의 굿 행사가 끝난 다음에 탈춤을 놀았는데, 굿의 주재자인 무당이 탈놀이 연행을 담당하는 것과 관계된다. 이는 탈춤 담당계층의 사회적 위상이 높아지면서 음악과 춤 등 예능이 뛰어났던 무속인의 도움을 받게 되고, 무속계층이 탈춤을 주도하게 된다(조만호, 1999)는 주장에서 더욱 설득력을 갖는다.

> 할미: 다름이 아니라 나는 열네살 묵어서 시집을 가고, 영감은 열두살 묵어서 장개를 와서 그렇게 살다가 각중에(갑자기) 영감을 잃어버려서, 그 영감 찾기로 팔도강산 다 다녀도 영감은 간 곳이 없고 이 늙은 할미가 오동지 섣달에 미영도 짜고 물품도 팔고 해서 다녀도 찾지 못하고, 통영오입장이 논다하니 행여나 그런 영감 하나 지내 갔는지 물어보는 기요.
>
> 마을사람 : 그러면 그 영감 생기기를 어떻게 생겼는고?
>
> 할미: 영감 생기기는 얼골이 두리넓적하고 한 쪽 코는 집행 당하고 그런 영감이요.

최상수, 통영오광대, 3389

통영오광대의 할미가 영감을 찾는 노정은 마산오광대와 같다. 그러나 통영오광대는 할미의 고단한 신세가 대사의 진술로 드러나고, 마산오광대는 할미의 미영질(물레질)을 하는 장면으로 표현된다. 가산오광대에서도 옹생원과 할미의 희롱장면에 할미의 베틀 돌리기가 연출된다. 마당쇠의 눈을 속이기 위한 할미의 물레질이지만 할미의 가난과 현실적 고난을 느낄 수 있는 장면이다. 마산·가산오광대는 미영질의 장면화로 보여주고, 통영오광대는 할미의 대사로 표현되는 차이가 있다. 그러나 할미의 고단한 현실을 표현한다는 점에서는 동질적이다.

다음으로 할미와 영감이 서로를 찾던 상황을 진술하는 대목에서 관용적 표현이 보인다. 마산·김해오광대는 이 대목에서 선창자가 하는 사설을 그대로 후창자가 되풀이하는 복창의 형식을 취하고 있다.

> 영감: 내가 할맘을 찾일랴고 조선 팔도를 다 댄겼고, 사립사립이 개지키고, 면면촌촌이, 방방곡곡이, 얼개빗 틈틈이, 챔빗 골골이 찾다가 오늘 이 자리에서 만났구나.
>
> 할미: 내가 영감을 찾일랴고 조선 팔도를 다 댄겼고, 사립사립이 개지키고, 면면촌촌이, 방방곡곡이, 얼개빗 틈틈이, 챔빗 골골이 찾다가 오늘 이 자리에서 만났구나.
>
> 최상수, 마산오광대, 3382

> 큰이: 여보 영감! 내가 영감을 찾일랴고 조선팔도 면면촌촌이, 방방곡곡이 얼게빗 틈틈이 찾아다니다가 오늘에사 이 가락 오광대 탈놀음에서 만났소.

영감: 내가 할멈을 찾일랴고 면면촌촌이, 방방곡곡이 찾았으나 못 찾았다가 오늘 이 가락 오광대 탈놀음판에서 만났구나.

최상수, 김해오광대, 184

할미와 영감이 서로를 찾아다닌 곳곳을 말할 때 '조선 팔도, 면면촌촌이, 방방곡곡이, 얼개빗 틈틈이'의 표현이 동일하다. 마산의 '오늘 이 자리'가 김해에서는 '가락오광대 탈놀음판'으로 바뀌었을 뿐이다. 어떤 대상을 찾기 위해 애를 썼다는 의미로 쓰인 위의 관용적 표현은 봉산탈춤의 '양반 말뚝이춤'과 동일하다. 양반이 자기를 모시지 않는다며 나무라는데 대한 말뚝이의 항변에 이 표현이 쓰인다. "동여울 서구월 남드리 북향산 삼천리 방방곡곡 면면촌촌, 바위 틈틈이, 모래 짬짬이, 참나무 결결이, 가랑잎 새새 다 찾아봐도 그 양반 비득한 놈도 없고 보니"(박전열, 2001: 131)라는 말뚝이의 대사는 유사어의 반복이라는 유형성을 가지며, 마산오광대와 김해오광대에서는 할미와 영감의 대사 부분에서 관용적 표현으로 쓰인다.

마산·통영오광대는 할미가 굿을 해서 영감을 찾고, 고성오광대는 영감을 찾아다니다 우연히 상봉하는 차이가 있다. 영감을 만난 할미는 "영감을 찾일랴고 수삼년을 조선 팔도 방방곡곡을 찾아 다녔소"라며 눈물을 흘림으로써 상봉의 감동을 표현한다. 여기서는 '방방곡곡'이라는 상투적 표현으로 짧게 진술한다. 진주·통영오광대에는 이 부분의 대사가 없다.

최상수(1963년) 채록본에는 김해오광대 대사본이 실리지 않았고, 등장인물과 가면, 과장의 전체적인 내용만 소개되었다. 그러던 것이 1983년(최상수, 172-187)에 김해오광대 대사본이 완결되어 소개되었다. 이는 김해의 대사본이 이미 완성된 다른 지역의 채록본의 영향 속에서 이루어졌음을 말해준다.

할미와 영감이 상봉하여 얼싸안고 좋아하다가 서로의 행색을 진술하는 대목에도 관용적 표현이 나타난다.

> 할미: 그런데 영감 좋은 청사도포 입성에 줄안당굴 대모관자 금옥탕창을 입혀서 놓았더니 어데 가서 다 팔아 묵고 개가죽 두루망태를 쓰고 다니느냐?
>
> 영감: 그도 내복. 너는 북도다래 석자 지장(길이) 비단 옷을 입혔더니 어데 가서 다 팔아 묵고 이 모양이 되었느냐?
>
> 최상수, 마산오광대, 3382-3383

> 큰이: 그런데 영감! 삼백주 통영갓에 비단옷을 입혀 놓았더니, 어데 가서 다 팔아 묵고 석새베옷에 다 찌그러진 파관을 시고(쓰고) 다니니, 웬 말이냐?
>
> 영감: 그것도 내 복이다. 그런데 할맘, 너는 석자 지장(길이) 북도 다래, 비단옷을 입혀 놓았더니, 어데 가서 다 팔아 묵고 동저고리에 몽당치마가 웬 말고? 그것도 네 복이로다.
>
> 최상수, 김해오광대, 184

> 할미: (영감의 허리를 두 손으로 잡고) 아이고! 아이고! (하면서 돌아다니다가) 날 마다하고 가더니 개가죽 감투가 웬일인고? 날 마다고 가더니 서산나귀 어데 두고 노랑 강생이가 웬 일고?
>
> 최상수, 진주오광대, 3400

마산오광대의 '개가죽 두루망태'와 진주오광대의 '개가죽 감투'는 형편이 초라한 차림새를 나타내는 상투적 표현이다. 김해오광대는 상대의 형색을 좀 더 구체적으로 진술한다는 차이가 있을 뿐이다. 이 대사는 초라해진 두 늙은이를 관중 앞에 들추어내는 기능을 하고, 진주는 영감의 외유와 첩을 들인 것에 대한 할미의 힐난을 대신한다. 통영오광대는 할미와 영감이 만나 기뻐서 안고 뒹굴다가 바로 첩의 해산 대목으로 이어진다. 그러므로 서로의 행색에 대한 관심은 표현되지 않는다. 고성오광대도 영감과 할미의 행색에 대한 진술이 없다.

이외에도 독경 대목에 관용적 표현이 나타난다. 진주오광대는 영감에게 맞아 죽은 할미를 살리려고 영감이 봉사를 부르는 대목에 나온다. 봉사의 독경이 끝나자, "여보 봉사! 돈은 며칠 후에 보내주겠소"라며 외상을 단다. 가산오광대는 옹생원에게 신을 산 할미가 신 값을 엉덩이로 때우고, 마당쇠가 배 아파 쓰러졌을 때는 의원을 불러 침을 놓게 하고 의원비는 "훗 장날 주지"라며 외상을 단다.

또 할미의 죽음에 반응하는 대목에서 관용적 표현을 찾을 수 있다. 마산오광대는 영감이 아기를 죽인 대가로 할미를 몽둥이로 때려죽인다. 상주들은 할미의 죽음에 대해 "아이고 아이고 울 어매가 죽었다"고 곡하고, "살인자는 사死다. 죽었으면 그뿐이지 초상이나 치자"라고 대응한다. 통영오광대는 마을사람들이 "사람이 죽었다"고 호통치고, 상주들의 맏상주 자리다툼이 이어진다. 고성오광대는 영감이 "살인자를 죽여야 한다. 초상이나 치자"라고 말하며, 상주들의 맏상주 자리다툼이 이어진다. 죽은 할미에 대한 빠른 체념의 말과 양반 자식들의 맏상주 타령이 관용적 표현으로 자리하고 있다.

현재 전승되는 오광대 대본은 1935년부터 27년 동안에 걸쳐 70여 차의 실지 조사 탐방을 거쳐 채록하여 정리된 것이다. 오광대가 "옛적부터 해마다 연희하여 내려오던 지방은 다년간 나의 실지 조사한 바에 의하면 동래읍, 수영(지금은 모두 부산시에 편입), 부산진, 김해(가락), 마산(창원), 통영, 고성, 거제, 진주, 초계(합천군) 등지이다. 이 극은 시대의 변천에 따라 현재는 거의 중절되었고, 한 동안 중절되었다가 최 근년에 와서 다시 부흥된 곳(통영, 고성의 전과장, 진주의 일부 과장)도 있으나 그것은 여하튼 이제 이 극은 명맥만 약간 잔존되고 있는 상태"(최상수, 1963: 59-60)라는 보고는 탈놀이의 단절과 부흥의 과정, 채록기간 등에 대해 말해준다. 이들 구술과 채록 과정에서 대사의 유형성과 관용적 표현은 기억과 전승의 유용한 기재로 작용했을 것으로 보인다. 그에 의하면, 1900년경 창원에서 통영으로 전파되었고, 창원과 통영오광대가 고성으로 유입되었다. 또 1900년 경 창원사람 이순오가 고성관속으로 있으면서 남촌파 사람들에게 오광대를 전수했다는 점과 마산사람 이군찬의 생질녀 진양월이라는 기녀가 창원에서 오광대놀이를 보고 와서 고성에서 놀아보았다는 점 등을 종합하면 고성오광대는 창원에서 전파된 것이(최상수, 1977: 3177-3178)다. 따라서 마산→통영→고성의 모방과정을 상정할 수 있다. 또 고성오광대가 현재의 모습을 갖추기 시작한 1960년 당시 활동했던 인물 중에는 방국형, 조양순 등 일류기생들이 섞여 있었다(심상교, 2000: 177)는 사실에서 기생과 관속들의 지역적 이동이 각 지역의 대사본 구성에 영향을 미쳤음을 알 수 있다. 가산오광대와 진주오광대의 유사성은 두 지역의 문화적·지리적 친근성으로 해석할 수 있다. 그러나 진주와 마산지방에 있어서 소무小巫역은 여자인 기생이

하는데 이것은 최근 탈놀이를 그 지방 기생조합에서 주관 내지 관여하면서부터 나타난 현상(최상수, 1963: 64)이다. 이렇게 파악한 것은 진주오광대와 마산오광대가 기생이 연희자로서 본격 탈놀이에 가담한 시기의 특성으로 해석된다.

마산·통영·고성오광대의 연희본이 관용적 표현의 유사성을 가장 많이 보이는 것은 결국 오광대의 지역적 전승과정과 연희본의 구성이 밀접한 관계가 있음을 말한다. 연희본의 대사가 이전 연행지역 탈춤의 연행에서 모방되고 재현되는 과정에서 새롭게 생산되었음을 의미한다. 이는 대사의 관용적 표현을 통해서도 증명된다.

지역적 상호의존성

할미·영감과장을 중심으로 오광대 연희본의 지역적 상호의존성을 규명하였다. 오광대 연희본은 오구굿 계열과 상두가 계열로 나누어진다. 오구굿 계열은 가산·진주·김해오광대, 상두가 계열은 마산·통영·고성오광대가 각각 해당된다. 오구굿 계열은 재산싸움이나 처첩갈등과 같은 현실적 삶을 다루고 있다. 상두가 계열은 현실적 갈등을 전면에 내세우고 있으나 아기의 탄생이라는 생산력의 추구가 주제의 본질이다. 이러한 주제의 차이는 대사의 관용적 표현에도 영향을 미친다. 마산·통영·고성오광대가 관용적 표현의 유사성을 가장 많이 보인다. 이것은 마산오광대와 통영오광대가 남해안별신굿을 배경으로 탈놀이가 연행된 것과 깊은 관련이 있다. 그리고 탈놀이 전승의 경로가 마산과 고성의 상호의존성을 크게 했다. 대사는 반복적 표현, 문답형식, 유사음운에 의한 말장난 등으로 유형화되어 있다. 그리고 유형화된 대사 안에서 할미와 영감이 서로를 찾아다니는 과정, 서로를 찾아다닌데 대한 설명, 상대의 행색에 대한 비난, 외상달리기 등에서 관용적 표현이 고착화 되었다. 관용적 표현은 구술자의 기억의 제한성, 탈놀이의 지역적 이동, 연희자의 지역적 교류 등을 거치면서 상호 의존하면서 연희본이 구성되었다.

참고문헌

강용권(1972), 「가산오광대의 특성」, 『국어국문학』 55-57 합병호, 국어국문학회.

______(1977), 『야류·오광대』, 형설출판사.

경상남도지편찬위원회(1963), 『경상남도지』, 경상남도.

____________________(1977), 『경상남도지』, 경상남도.

국립민속박물관(2004), 『석남 송석하 한국민속의 재음미』 상권.

김선풍(1997), 『남해안별신굿』, 박이정.

김승곤(2000), "신반오광대 탈춤의 발생 문제 고찰", 『겨레어문학』 25, 겨레어문학.

김영일(2004), 『한국민속과 전통의 이해』, 세종출판사.

김정희(2006), 「마산오광대연구」, 경남대학교 교육대학원 석사논문.

김태곤(1981), 『한국무속의 연구』, 집문당.

김형윤(1973), 『마산야화』, 태화출판사.

노성미 외(2008), 『마산 성신대제 연구』, 마산문화원.

노성미(2008), 「마산지역 성황당의 제의전승 고찰」, 『문학과 언어』 30, 문학과 언어학회.

______(2010), 「마산오광대의 연행배경에 대하여」, 『배달말』 47, 배달말학회.

______(2012), 「마산별신제의 전승기반과 연희의 특징」, 『인문논총』 29, 경남대학교인문과학연구소.

______(2014), 「오광대 탈놀이의 지역문화성」, 『인문논총』 34, 경남대학교인문

과학연구소.

동래기영회(1984), 『동래기영회 140년사』.

마산성신대제복원추진위원회(2007), 『성신대제 조사 자료』, 마산문화원.

몽고식품(2008), 『몽고식품 100년의 발자취』.

민족문화추진회(1989), 『국역 동국이상국집』, 민족문화추진회.

박전열(2001), 『봉산탈춤』, 화산문화.

박진태(1985), 『한국가면극연구』, 새문사.

______(1997), 「진주오광대의 독자성과 시대성」, 『배달말』 22, 배달말학회.

______(2004), 「김해 가락오광대의 지역문화적 특성: 유래담·대본·탈을 중심으로」, 『국어교육』 113, 한국어교육학회.

서연호(1988), 『야류·오광대탈놀이』, 열화당.

______(1988), 『황해도탈놀이』, 열화당.

______(2002), 『한국가면극연구』, 월인.

세종대왕기념사업회(1994), 『국역 증보문헌비고』

송석하(1960), 『한국민속고』, 일신사.

송성안(2007), 『일제강점기 <중외일보> 속의 마산』, 마산문화원.

심상교(2000), 『고성오광대』, 화산문화.

______(2001), 「고성오광대 공연의 변이양상 연구」, 『어문논집』 43, 민족어문학회.

심우성 편저(1975), 『한국민속극』, 창작과비평사.

우리춤연구소(2007), 『춤으로 본 지역문화』, 한양대학교출판부.

유제헌(1994), 『한국근대화와 역사지리학』, 한국정신문화연구원.

이두현(1979), 『한국의 가면극』, 문화재관리국.

이미원(2010), 「굿 속의 탈놀이: <영산할아뱜·할먐굿>과 <탈굿>」, 『한국연극학』 40, 한국연극학회. 5-27.

이영훈 편(1987), 『한국지방사자료총서』, 여강출판사.

이훈상(1989), 「조선후기 향리집단과 탈춤의 연행」, 『동아연구』 17, 동아대학교.

______(2004), 『가산오광대』, 국립문화재연구소.

______(2010), 「탈근대기 무형문화재정책과 민속문화의 정치학」, 『비교문화연구』 16-2, 서울대학교비교문화연구소.

______(2014), 「매귀희에서 매귀 연극으로, 매귀극에서 오광대로: 고성오광대의 연희자들과 연행의 역사적 맥락」, 『공연문화연구』 28. 한국공연문화학회.

전경욱(1998), 「세계 여러 나라의 가면극의 기원과 발전과정」, 『한국민속학』 30, 한국민속학회.

______(1998), 『한국가면극 그 역사와 원리』, 열화당.

______(2007), 『한국가면극과 그 주변문화』, 월인.

______(2009), 「한국가면극의 계통을 보는 시각 재론」, 『한국민속학』 50, 한국민속학회.

정병호(2011), 『한국 전통춤의 전승과 현장』, 민속원.

정상박(1986), 『오광대와 들놀음 연구』, 집문당.

______(2003), 「경남가면극의 전승양상」, 『공연문화연구』 7, 공연문화학회.

정약용 저, 노태준 역해(1981), 『목민심서』, 홍신문화사.

조동일(2006), 『탈춤의 원리-신명풀이』, 지식산업사.

조만호(1999), 「탈춤자료 '읽기'에 대한 반성적 제안(Ⅱ)」, 『역사민속학』 9, 한국

역사민속학회.

주현식(2012), 「「봉산탈춤」의 '인용'발화 연구」, 『한국문학이론과 비평』 57, 한국문학이론과 비평학회.

최상수(1963), 「야류·오광대가면극」, 『경상남도지』 하권, 경상남도.

______(1984), 『야류·오광대가면극의 연구』, 성문각.

하효길(1998), 『남해안별신굿』, 국립문화재연구소.

황경숙(2004), 「죽림마을의 민속문화와 김해 가락오광대」, 『전통문화연구』 3, 용인대학교 전통문화연구소.

황루시(1993), 『거제도 별신굿』, 열화당.

역사적 인물로서의 최치원이 주목받는 가장 핵심적인 자질은 그의 문학적 재능과 업적이다. 최치원의 시문에 대한 평가는 '파천황破天荒의 큰 공이 있어 우리나라 학자들이 모두 조종祖宗으로 여기고 있다'는 평가에서 보듯이, 천여 년 동안 대다수 사대부들에 의해 문장가로서의 최초의 전범이자 상징적 인물로 평가되었다. 이와 반대로 그의 정치적 삶은, 당 말기와 신라 말 고려 초의 격동하는 정세 속에서 뜻을 펴지 못한 불운한 지성인의 생애로 표상된다.

4부 — 문화영웅 최치원의 탄생

최치원의 탄생, 신화의 부활

최치원의 새로운 해석

<최고운전>은 최치원(857-?)의 전기적 사실을 허구적 서사로 변화시켜 그의 문학적 명성과 세계의 모습을 그려낸 영웅소설이다.

역사적 인물로서의 최치원이 주목받는 가장 핵심적인 자질은 그의 문학적 재능과 업적이다. 최치원의 시문에 대한 평가는 '파천황破天荒의 큰 공이 있어 우리나라 학자들이 모두 조종祖宗으로 여기고 있다(이규보, 「백운소설」)'는 평가에서 보듯이, 천여 년 동안 대다수 사대부들에 의해 문장가로서의 최초의 전범이자 상징적 인물로 평가되었다. 이와 반대로 그의 정치적 삶은, 당 말기와 신라 말 고려 초의 격동하는 정세 속에서 뜻을 펴지 못한 불운한 지성인의 생애로 표상된다. 그것은 그의 가야산 은둔과 선화仙化의 전설을 만들어내고 소설의 주인공이 되게 한 중요한 동기로 작용했다. 그리고 <최고운전>에서 허구의 세계

속에서 최치원을 새롭게 탄생시키는 동력이 되었다.

<최고운전>의 주제는, 중국에 대한 문화적 자존심을 발로(윤영옥: 1987), 최치원의 비극적 좌절과 은둔적 인간상의 구현(설성경: 1974), 현실적 세계의 대결적 원리를 통해 세계의 도착된 질서를 비판하고 고발한 것(성현경: 1978), 권력구조에 대한 총체적 사유와 문제화의 서사화(최기숙: 1997) 등으로 해석된다. 이러한 견해는 그가 문학적 성취에도 불구하고 정치적으로 불운했다는 전기적 사실에 역점을 두고 최치원의 생애를 해석한 것이다. 그러나 이는 <최고운전>이 허구적 서사를 통해 완성하려고 한 인물형상이 무엇인가에 대한 충분한 답을 제시하지 못했다. 즉, 최치원의 탄생모티프가 신화를 차용하고 있다는 견해는 대체로 일치하지만, 주인공에게 신화의 옷을 입히려고 했던 작가의식에까지는 관심을 갖지 않았다.

이 글은 '과연 <최고운전>의 결말이 비극적 좌절인가?'에 대한 의문에서 출발했다. 주인공의 대결은 권력을 상대로 하고 있다. 그러나 그 대결관계를 통해 실현하려고 한 주인공의 인간상은 무엇인가에 대한 해석은 미흡하다. 여기서는 최치원의 탄생모티프가 갖는 신화적 상징을 해석하고 이것이 서사의 한 층위로서 전체 서사에 어떻게 기능하고 있는지 살펴본다. 이로써 최치원의 삶이 비극적 생애로서가 아닌 신화적 영웅의 생애로서 작품 속에서 새롭게 완성되고 있음을 주목하고자 한다.

최치원 탄생서사와 입사식

입사의 공간으로서의 지하굴

<최고운전>의 탄생모티프는 입사식의 상징체계를 갖추고 있다. 그리고 입사식의 절차에 대응되는 공간으로서 지하굴이 설정되어 있다. 이 지하굴은 신성한 주인공의 탄생을 위해 설정된 공간이다.

입사식은 그 달성수단의 세부적 차이는 있지만 구체적인 절차는 대체로 '분리-전이-결합'의 세 범주로 나누어진다(반 겐넵: 1985). 입사식에서 주인공이 통과하게 되는 공간으로서 일상적 세계와 격리된 타계가 설정된다. <최고운전>에서 이 타계는 지하굴로 설정되어 있다. 주인공의 어머니가 납치되어 가고 이어 그의 아버지가 찾아드는 공간이 지하굴이다. 그들은 그곳에서 금돼지를 죽이고 돌아와 주인공을 낳는다. 이와 같은 단락으로 구성된 이야기로 '지하대적제치설화'가 있다. 그러나 지하대적제치설화는 미혼의 남녀가 동굴을 통과하고 결혼에 성공하는 것이 기본구조다. 그런데 이 설화의 구조가 최치원 탄생담과 결합하게 되면 기혼의 남녀가 동굴을 통과하고, 그 이후 아이가 태어나는 '영웅의 탄생담'으로 변한다. 소설은 "부인이 임신한 후 금돼지에게 납치된 것"이라는 부연설명에도 불구하고 '최치원은 금돼지의 자식'이라는 전제가 소설을 지배하고 있으며, 설화에서는 이것을 명시함으로써 지하굴이 주인공 탄생을 위한 신성공간임을 말하고 있다.

최치원의 탄생모티프는 고대신화에 연원한 것인데, 최치원의 탄생공간 역시 고대신화의 알, 석총, 함, 합자, 나무상자, 궤, 이물의 내부,

땅 등과 같은 표현이다. 이것은 자궁 이미지에서 파생된 소재들로 인위적으로 조성된 산실이다. 이 산실은 주인공의 통과의례를 위한 입사식의 공간이다. <최고운전>의 탄생모티프에서 가장 핵심적 상징체계인 입사공간이 바로 이 '지하굴'이다.

> 그 틈을 따라 들어가니 그 안의 땅은 넓고 기름졌으며, 꽃과 나무가 빽빽하고 기이한 새들이 꽃나무 가지에 가득 늘어앉아 있었다. 이에 충이 탄식하며 이적을 돌아보고 말했다. "세상에 어찌 이 같은 땅이 있겠느냐? 이는 필시 신선의 땅일 것이다." 마침내 동쪽으로 행하여 50보쯤 되는 곳에 이르니, 한 채의 큰 집이 있는데 매우 장대하고 아름다워 마치 하늘나라 궁전과 같았다.
>
> 최고운전: 428

이 공간은 최치원이 탄생하기 전 아버지와 어머니가 여행하는 타계이며 금돼지의 세계이다. 이 지하계는 '큰 돌문이 막고' 있는 곳이며, '아침에 열리고 저녁에 닫히'는 신비한 문이 있으며, '반야삼경半夜三更이면 절로 열리는' 신비한 장소로 설정되어 있다. 이러한 공간의 신이성은 이 공간의 주인인 금돼지의 신이성으로 확대된다. 금돼지는 "이곳에 사는 사람은 죽는 법이 없는" 초월계인 이 지하계의 주인이다. 최충과 그의 아내는 세속적 공간의 문지방을 넘어 이 신성의 세계를 여행하고 있다.

최충과 그의 아내에게 이 공간은 두려운 장소가 아니다. 최충의 아내는 미리 '붉은 실'을 매어두고 이계여행에 대비했으며, 아내를 찾으러 온 최충 역시 금돼지의 세계와 적대적 관계로 대립하고 있지 않다. 뿐만 아니라 금돼지는 스스로 자기를 퇴치하는 방법을 최충의 아내에게 알려줌으로써 탐색자를 돕고 있다. 따라서 이 지하계는 주인공의 입사식을 위한 신성의 공간이다. 최충의 아내는 이 지하굴을 통과함으로서 신성한 주인공을 탄생시킬 수 있다. 따라서 최치원은 지하굴을 통과한 신성한 어머니의 자궁에서 태어나며, 초월적 질서가 내재된 지하굴에서 태어남으로써 생물학적 탄생과 인식적 탄생이라는 두 층위의 입사식을 보여준다. 이것은 최치원이 역사적 인물이기 때문에 현실적 문면으로 주인공의 탄생을 표현하려 했기 때문이다.

지하굴은 대지의 표상으로서 단군신화의 동굴, 혁거세신화의 나정, 알영이 탄생하는 알영정, 수로왕이 탄생하는 구지와 등가적이다. 주인공이 대지로부터 탄생한다고 하는 것은 인식한 자로 태어나는 것, 즉 입사식을 치름으로써 주인공으로 탄생했다는 것을 말한다. 그럼으로써 이전 단계의 삶이 소멸되고 새로운 자격을 지닌 인간으로 탄생한다. 엘리아데(1983: 30)에 의하면 세계는 다음과 같이 체계 지을 수 있다. 거룩한 장소는 공간의 균질성에 단절을 가져온다. 이 단절은 하나의 우주적 영역에서 다른 영역에로의 이행을 가능케 하는 출구로 상징된다. 천상과의 교섭은 몇몇 이미지들, 이를테면 기둥, 사다리, 산, 나무, 덩굴 등의 하나에 의해 표현된다. 이들은 모두 세계의 축에 해당된다. 세계는 이 우주적인 축을 둘러싸고 펼쳐진다. 따라서 이 축은 '가운데'에 '대지의 중앙'에 위치한다. 그것은 세계의 중심이 된다. 최치원설화에서 최충은 칡넝쿨을 타고 내려가 동굴에 도착한다. 동굴에 도착한 그는 우물곁에 있는 버드나무에서 아내를 만난다. 이들은 입사식의 공간으로서 세계의 중심이며 신성한 공간의 상징체계를 소설보다 더 완벽하게 갖추고 있다.

최치원의 어머니 역시 신화의 웅녀나 유화와 같이 세계의 질서를 표상하는 존재와 결합함으로써 질서를 받아들이는 대지가 된다. 따라서 최치원의 어머니가 지하굴에 들어갔다 나오고, 그 지하굴은 금돼지의 세계이다. 금돼지의 아들인 최치원을 낳는다는 것은 최치원이 신화의 주인공과 같이 대지로부터 탄생했다는 것을 의미한다. 따라서 최치원은 생물학적 부모의 아들이면서 지모신의 신성이 통합된 존재가 된다.

다음으로 이 지하세계의 주인인 금돼지에 대한 문제가 있다. 금돼지는 주인공에게 신성을 부여해주는 초월적 질서를 상징한다. 이 초월적 질서가 대지에 내렸고, 그 자격은 최충에게 계승됨으로써 최충은 주인공의 생물학적 아버지라는 자격으로 최치원에게 신성을 전이시켜준다. 최충의 아내가 지하굴을 통과한 후 신성한 대지가 된 것처럼 최충은 금돼지를 죽임으로써 그 자격을 계승하는 것이다. 따라서 주인공의 활동과정은 금돼지의 신성계와 항상 연결되어 있다.

건국신화에서 금와왕의 '금빛 개구리'와 수로왕의 '황금란', 알지의 '금궤' 등이 신성의 상징으로 표상되어 있다. 최치원의 탄생에는 신성의 매개인 금돼지가 등장하여 이들 상징을 되풀이하고 있다. 이때 '금金'은 지명의 명명법에 있어서 'ᄀᆞᆷ'형 지명으로서 신앙·정신면과 관계되는 지명이며, <단군신화>에 나타나는 '웅熊'과 같이 지모신을 뜻하는 'ᄀᆞᆷ~ᄀᆞᄆᆞ'를 표기하기 위한 차자로 사용된 것이다. 'ᄀᆞᆷ~ᄀᆞᄆᆞ'는 보통 '釜', '熊', '黑', '玄', '玆', '烏', '柑', '柿', '錦', '金'으로 차자표기 되었다(민긍기: 1999). 따라서 금돼지는 '지모신이 깃들어 있는 존재'라는 의미다.

민긍기(2001: 77)에 의하면, 금돼지는 신화에서 해모수나 환웅의 층위와 동일하다. 그들은 절대 신격에서 분화되어 세계에서 활동하는 신으로서 천재의 대변자 역할을 한다. 웅녀와 결합하는 환웅이나 유화와 결합하는 해모수는 천신으로 이 세상을 다스리는 존재라는 점에서 이 세상을 움직이는 질서 곧 세계의 질서를 표상하는 존재이고, 그와 결합하여 단군이나 동명왕을 낳는 웅녀나 유화는 세계의 질서를 받아들이는 대지를 표상하는 존재이다. 웅녀나 유화를 흔히 신모神母 혹은 지모신이라고 지칭하는 것은 그 때문이다. 웅녀나 유화가 지모신 곧 세계의 질서를 받아들이는 대지의 표상일 때 이들 신화의 주인공은 대지로부터 탄생하는 것이다.

문제는 소설에서 왜 주인공의 탄생이 동굴로부터 또는 어머니로부터 바로 이루어지지 않고 어머니의 동굴통과 이후 다시 모체로부터 탄생하는가 하는 것이다. 주인공이 신화의 주인공처럼 동굴에서 바로 태어나지 않는 것은 신화와 소설의 형성시대가 갖는 인식적 거리를 말하는 것이다. 그러나 주인공이 속의 시간과 장소로부터 분리되고 성의 시간과 장소로 여행한 후 새로운 자격을 갖게 된다는 입사식의 기본 구조에는 변함이 없다. 이 공간을 통과한 최충 아내는 주인공을 잉태하고 낳는 어머니인 대지가 되고, 금돼지는 죽음으로써 최충에게 그의 자격을 전이시켜줌으로써 초월적 질서의 상징이 된다.

그렇다면 어떻게 소설에서 고대 신화의 상징체계들이 반복되고 있는 것일까. 그것은 <최고운전>이 창작될 그 시대까지도 신화가 사람들의 정신세계를 지배해왔으며 그 정신세계에 구조화되어 있는 신성한 인물의 탄생에 대한 설명이 문학의 창작과정에서 되풀이 되고 있기 때문이다. 소설을 창작하는 시대에 이미 잃어버린 신화를 인식하지는 못하다 할지라도 그들은 문학창작을 통해 입사식을 통한 주인공의 인식적 탄생을 설명하고 그를 통해 영웅의 탄생을 표현하는 신화의 설명방식을 재현하고 있는 것이다.

생물학적 탄생과 인식적 탄생

<최고운전> 탄생모티프에는 최충 부부와 최치원이라는 두 층위의 입사식이 있다. 그러면서도 전자는 후자의 입사를 위해 기능함으로써 입사의 주체는 최치원이 된다.

먼저 최충의 아내는 세속계로부터 분리되어 금돼지가 사는 지하굴이라는 초월계로 옮겨가고 다시 세속계로 통합된다. 그가 입사에 참여하는 자세는 주체적이고 적극적이다. 최충이 붉은 실을 아내 손에 묶어 두거나, 발목에 매어 두거나, 최충의 아내가 붉은 실을 자기 몸에 연결해 놓고 대비한다는 등 이본간의 차이는 있지만 최충의 아내가 스스로 괴물에게 납치될 것을 대비하고 있다는 것은 동일하다. 최충은 문창고을의 수령으로 발령 난 것에 대해 걱정하고 잠을 이루지 못하는데 비해 그의 아내는 남편을 설득하여 가게 한다. 그리고 납치된 뒤에도 향을 맡고 남편이 자기를 찾아왔음을 얼른 알아차리고 금돼지를 퇴치하는 방법을 알아낸다.

여기에 대해 최기숙은(1997: 65)은 "충이 굴속에 들어가 약주머니를 풀어놓았다는 것은, 곧 충이 동굴 밖 세계의 원리, 즉 질서를 동굴 속 세계에 요구했다는 것을 뜻하는 것이다."라고 하여, 최충과 금돼지의 갈등관계에 의미를 부여하고 있다. 그래서 금돼지를 퇴치한 최충의 귀환을 영웅적 귀환으로 해석하고 있다. 그러나 <최고운전>의 탄생모티프에서 금돼지와 최충은 대결관계가 아니라 계승관계로 해석해야 한다. 최충의 지하계 여행은 금돼지의 초월적 질서를 계승받아 주인공의 탄생을 돕기 위한 행위이다.

최충과 그의 아내는 입사식에 드는 자들이며 이들의 입사식은 신성한 모체가 되어 영웅을 탄생시키기 위한 준비단계라 할 수 있다(권택경 2006: 28-30). 최충의 아내가 세속계로부터 분리되어 신성계를 체험하는 것은 그에게 신모神母 즉, 신성한 대지의 자격을 부여하기 위한 것이다. 따라서 최충의 아내와 최충의 활동은 주인공을 탄생시키기 위해 존재한다.

다음으로 최치원의 입사는 금돼지의 자격이 전이된 최충의 아들로 태어남으로써 인식적 탄생에서 그가 질서의 주체임을 나타내기 위한 것이다. 그는 신성으로부터 와서 세속계를 살고 다시 신성으로 통합된다. 그 과정에서 최충에게서 생물학적으로 탄생한 현실계의 그는 버려짐으로써 외딴 바닷가라는 격리된 공간으로 이동하고 이로써 다시 신성계로 통합되는 구조를 가지고 있다.

주인공이 버려져 바닷가에 격리되는 것은 세속계로부터 분리된다는 것이다. 최충이 이적을 보내어 다시 데려가고자 할 때, "너희는 돌아가서 다시는 오지 말라"고 하였으며, 최충이 직접 갔을 때도 "소자는 잠시 몸을 빌어 이 세상에 태어난 것이니"(최충전: 489)라고 하여 스스로 세속계의 인물이 아님을 말하고 있다. 그리고 중원으로 가는 길에 만난 이적에게도 자신이 천상에서 적강한 인물임을 진술하고 있다. 이 격리된 바닷가에서 그는 천상과 교통하는 것은 그가 신성의 세계에 통합되었다는 것을 의미한다.

신화 주인공의 탄생은 입사식을 통해서 주인공이 인식한 자로 다시 태어난다는 의미이다. <최고운전> 탄생모티프에서는 주인공의 탄생이 어머니로부터 어린아이로 탄생하고 다시 바닷가에 버려져 신성을 회복하는 것으로 되어 있다. 민긍기(1994: 64-65)에 의하면, 신화 주인공의 탄생은 인식적 탄생을 의미한다. <동명왕신화>에서 주인공이 태어난 지 한 달이 지나지 않아서 언어가 갖추어졌다거나, <혁거세신화>와 <알지신화>의 경우 주인공이 탄생하여 바로 일어나 '알지거서간'이라 말했다거나, <탈해신화>의 경우 태어난 지 칠 일이 지나자 자신이 그 곳에 오게 된 내력을 말하고는 지팡이를 끌고 토함산에 올랐다거나, <수로왕신화>에 태어난 지 십여 일에 키가 구척이 되었다는 기록 등은 신화 주인공의 인식적 탄생을 서사화한 것이다. 그러나 후대의 영웅서사는 주인공이 입사식을 통해서 어른으로 탄생한다는 의미가 어머니로부터 탄생하듯이 어린아이로 탄생하는 것으로 변이되어 나타난다.

> 관비가 명령을 듣고 아기를 안고 밖으로 나가는데, 마침 지렁이가 길바닥에 늘어져 있었다.
>
> "한 일자一字로다." 관비가 크게 놀라 이상하게 여기고 원님에게 이 말을 아뢰니, 최충이 요망하다 하고 크게 꾸짖었다. 관비가 어쩔 수 없이 아기를 안고 문밖에 나오니, 아기가 죽어있는 개구리를 보고 또 말했다. "하늘 천자天字로다."
>
> 최충전: 485

이러한 표지들은 최치원이 세속의 세계로부터 격리되는 순간 그가 세속의 세계로 분화되기 전의 신성의 세계에 편입되는 것이며, 그 순간 인식적 탄생이 이루어짐을 말한다. 인식의 내용은 문화영웅의 자질인 천하문장이 되는 것이다.

전이를 통한 주체의 변화

입사식을 통해 주인공은 세속적 존재에서 신성적 존재로 전이된다. 그리고 이를 통해 인식적 탄생을 경험함으로써 주인공은 새로운 질서의 주체로 다시 탄생한다.

최충의 아내는 최충의 세속세계로부터 분리되어 지하굴의 신성을 체화하고 다시 현실계로 통합된다. 그는 대지의 표상인 신성한 모체로 전이된다. 최충은 세속세계로부터 분리되어 금돼지의 질서를 체화하여 주인공의 아버지가 됨으로써 초월적 질서로 전이된다. 이들은 신성한 주인공의 신성한 탄생을 위한 부모의 성화이다.

다음으로 최치원이 생물학적 탄생을 하자마자 버려짐으로써 세속세계로부터 분리된다. 그는 외딴 바닷가에서 천상적 존재들과 소통함으로서 신성세계와 통합되는데, 이를 통해 '천하의 문장'이라는 문화영웅으로 전이된다.

> 하루는 하늘에서 선관 수십 명이 내려와 그 아이에게 삼척三尺 철장을 주고 또 매일 글과 온갖 신이한 일을 가르치니, 그 아이가 한 글자를 배우면 백 가지 글자에 통하고 한 가지 일을 배우면 백 가지 일을 알았다. 최충전: 491

5일이 지나자 선비 수천 명이 하늘에서 내려와 그 대 위에 모여 각각 자신들이 배운 것을 모두 아이에게 가르쳐주었다. 아이는 이로 말미암아 문리文理를 크게 깨우쳐 마침내 문장文章을 이룩하게 되었다.

최고운전: 434

최치원이 최충의 세속세계에서 분리되어서 머무는 곳은 '외딴 바닷가'이다. 그곳에 홀로 머무르는 동안 그는 천상적 존재들과 소통한다. 이 '외딴 곳'은 금돼지가 있는 동굴과 등가적이다. 이곳에 듦으로서 그는 '하늘의 문장을 모두' 전해 받게 되고 '천하의 문장'으로 태어나는 것이다.

최치원설화에서는 최충의 아내가 납치되어간 지하국은 산을 넘고 골짜기를 지나 사람의 발길이 닿지 않은 먼 곳, 또는 석곡石谷의 어느 구석, 또는 까치나 여우 또는 호랑이와 같은 인도자가 아니고는 발견되어질 수 없는 비밀의 장소에 있다. 그리고 이 지하굴로 들어가는 입구는 조개껍질, 바위, 철문 등의 장애가 있다. 조개껍데기 등으로 표시되는 것은 엘리아데의 용어에 의하면 '문지방'인데, "문지방, 문은 공간에 있어서의 연속성의 단절을 직접적으로 또 구체적으로 보여주며, 여기서 그것이 갖는 커다란 종교적 중요성의 유래되는 것이다. 왜냐하면 그것은 하나의 공간에서 다른 공간으로 넘어가는 이행의 상징이자 동시에 매개자가 되기 때문이다." 최치원이 기아상태에서 머무는 외딴 해변은 바로 세속의 세계에서 문지방을 넘어 신성의 세계로 넘어간 것을 말한다. 이때 최치원이 기거하는 바닷가의 월영대는 세속의 질서로부터 단절된 초월적 질서가 지배하는 공간이다. 이 공간에서 최치원은 "사람됨이 청결하였으며, 시부를 읊조릴 때마다 모두 운율이 딱 들어맞아 그 소리를 듣는 자들은 칭찬하지 않음이 없는" 천하의 문장가로 탄생하게 된다.

주인공은 입사식을 치름으로써 그 전과는 다른 전혀 새로운 존재론적 층위를 획득하게 된다. 그는 '천하의 문장'의 자격으로 자신의 과업을 스스로 깨닫게 되며, 이후의 서사는 주인공이 과업을 성취하는 과정을 중심으로 전개된다.

최치원 탄생모티프의 신화적 지향

최치원은 '천하의 문장'이라는 자격 때문에 세계의 도전을 받는다. 탄생모티프 이후의 서사적 갈등은 모두 여기에서 비롯되며, 이 갈등은 연쇄적으로 전개된다.

> 중원 황제가 뒤뜰에 나와 노니는데 멀리서 시 읊는 소리가 들려왔다……"신라 유생의 시 읊는 소리입니다."……황제는 재사才士를 보내어 신라 문사文士와 더불어 서로 재예才藝를 겨뤄보고 싶었다. 그리하여 천하의 학사 중에서 탁월한 자 두 사람을 뽑아 보내었다.
>
> 최고운전: 435

중원 황제는 신라와 재예겨루기를 시작했고, 중원 학사들이 최치원에게 패하여 돌아감으로써 최치원은 일차적인 승리를 거둔다. 그런데 이때 최치원은 학사들에게 스스로를 "신라 승상 나업羅業의 창두蒼

頭"라고 소개한다. 이것은 그가 이미 앞으로 펼쳐질 대결을 알고 있다는 뜻이다. 일차적인 패배를 한 중원 황제는 "신라국에 재사가 많이 있는 까닭에 대국을 우습게 여기니, 짐이 이제 한 계교를 써서 시험하여 저들을 침노코자 하노라" 하고는 더 강한 대결을 시도한다. 그것은 현실적으로 불가능한 석함속의 비밀 풀기다. 황제는 해결할 수 없는 문제를 던지고 "너희 나라가 만약 이 함 속에 있는 물건을 알아내어 시를 지어 바치지 못한다면, 너희 나라를 도살하여 없애버리겠다."고 위협함으로써 신라를 위기에 빠뜨린다.

최치원은 이러한 요구가 있을 것을 미리 알고 경성으로 들어가 스스로 나승상의 파경노가 되어 준비한다.

> 경노가 말들을 넓은 초원에 흩어져 먹게 하고 저는 수풀 사이에 앉아 글만 읊고, 하늘에서 푸른 옷을 입은 동자 수십 명이 내려와 뭇 말을 먹이고 길들이며 놀고 있었다 …… 화초를 맡아 기르니 밤이면 선동仙童이 선계의 화초를 옮겨다 심고 물도 주고 기음도 매어 주는지라. 열흘이 못 되어 후원에 화초가 무성하여
>
> 최충전: 499

파경노가 된 최치원은 이렇게 신성의 세계와 소통하며, "거울 속에 비친 자가 능히 그대 근심을 풀리라"고 자신의 과업해결을 예고하기도 한다.

> 꿈에 쌍룡이 하늘로부터 내려와 함 위에서 서로 벗하며, 오색 무늬 옷을 입은 동자 열 명이 함을 받들고 서서 노래 부르니 함이 저절로

> 열리려 하였다. 이윽고 오색 서기가 쌍룡의 목구멍으로 나와 함속을 꿰뚫어 비추었다. 홍의를 입은 청백靑白의 사람들이 좌우에 나열하여 어떤 자는 시를 지어 부르고 어떤 자는 붓을 쥐고 글을 쓰려고 할 때
>
> 최고운전: 448

승상 딸의 꿈에 보인 이 장면은 최치원이 천상과 소통하여 석함의 비밀을 풀었다는 것을 말한다. 이로써 중원황제와의 대결에서 최치원은 이차적인 승리를 거둔다.

세 번째 도전은 중원에서 일어난다. 그가 중원으로 가는 길에 용왕의 아들이 나타나, "선생이 천하의 문장으로서 이 바다를 지나신다 함에 부왕께서 보시고자 하여 나로 하여금 모셔오라 하시기에 왔습니다"라고 한다. 이것은 최치원의 문장이 용궁에까지 닿았음을 뜻한다. 위이도 주민들이 그에게 문장으로 가뭄을 해결해 달라고 호소하는 것도 최치원의 문장력에 대한 믿음에 근거한다. 이들 삽화는 최치원이 '천하문장'임을 증명하는 기재로 작용하고 있다.

또 중원으로 가는 과정에서 만나는 '장에 적신 솜을 주는 노구', '능원에서 만난 노인', '물가에 있던 미녀', '음식에 독약이 든 것을 알려주는 새' 등은 모두 최치원의 조력자로서 신성계로부터 파견된 자들이다. 조력자에 힘입어 최치원은 결국 탁월한 문장을 발휘하여 중원 황제와의 대결에서 또 승리한다.

그의 문장의 힘은 싸우지 않고도 황소를 굴복시켰으며, 중원에 가서 단번에 과거에 장원으로 급제하며, 황제를 제압하고 꾸짖을 정도

로 그에게 우월한 지위를 부여해준다. 그는 무력이 아니라 문장으로 중원을 평정하고 승리자가 되어 신라로 돌아온다. 그가 돌아오는 모습도 소매에서 '돼지 저자猪字'를 꺼내 땅에 던지니 그것이 즉시 푸른 사자로 변하였고 치원은 그 사자를 타고 구름 속으로 솟구쳐 올라간 것으로 되어 있다. 이것은 탄생모티프에서 확보된 신성을 근거로 한 것이며, 그가 문장으로 세계와의 대결을 끝냈음을 말한다.

그러나 여기에 최치원의 가야산 은둔 사건이 이어진다.

> "세상이라 하는 것은 반복을 자주하여 더러운 곳이요, 우리가 오래 있을 곳 아니니 가사家事를 버리고 돌아가십시다." 하고 그 아내를 불러 가사와 제사 받드는 것을 맡기고, 부처가 함께 당하堂下에 내려서더니 문득 간 데 없는지라 …… 가야산에 들어간 후에 종적을 아는 사람이 없었다.
>
> 최충전: 541

> 마침 신라왕이 나와 놀다가 치원을 보고는, 대국에서 미적거리며 놀다가 이제 돌아왔다고 하여 사람을 시켜 치원을 포박하도록 하고 심하게 꾸짖었다 …… 이로 말미암아 치원은 마침내 집안사람들을 데리고 가야산으로 들어가 다시는 돌아오지 않았다.
>
> 최고운전: 476

이러한 결말은 <최고운전>의 주제를 '능력은 있으나 정치적으로 불우한 인간의 비극적 최후'를 다룬 것으로 해석하게 했다. 최치원이 가야산에 은거한 이유에 대해 <최충전>은 '스스로 더러운 세계를 버리는 것'이라 했고, <최고운전>은 '신라왕과의 갈등' 때문이라고 했다. 또 <최충전>은 그가 신선이 된 것을 나무꾼이 목격했다고 부연하고 있으며, 설화에서는 가야산 은거가 '선계로의 진입'으로 단정되어 있다. 소설에서 신라왕과의 갈등이 막연한 것, 국가의 위기를 구한 최치원을 민족영웅으로 추앙하고 있지 않은 것 등은 그의 삶이 세속적 가치의 성취를 보여주기 위한 것이 아님을 말한다. 따라서 가야산 은거는 탄생모티프에 대응되는 영웅신화 주인공의 죽음과 같은 의미로 해석해야 한다.

최치원의 최후에 대해 후대인들은 그가 "매미가 껍질을 벗듯" 이 세상의 옷을 벗고 선화했다고 인식하고 있다. 이러한 선화에 대해 권택경(2006: 154-155)은 민중들이 자신들의 추앙의 대상인 최치원이 현실에 패배하고 가야산으로 은거한 사실을 용납하기 어려웠고, 이러한 배격은 결국 최치원이 은거한 후에 평범하게 죽음을 맞이하지 않고 선화仙化한 것으로 미화시켜, 민중들의 가슴속에 영원히 살아있는 존재로 전설화한 것으로 보았다.

실제 최치원은 904년 무렵 산중에서 거사 생활을 하던 수년 동안 종창과 관절염 등으로 짐작되는 병마와 힘겹게 싸우면서, 동복형 현준스님의 부탁을 받아 법장화상 현수의 전기를 기초했다. 이 시기 그는 삶을 버리려는 생각이 들 정도로 육체적 고통이 심했지만, 다시 학자 본연의 자세로 돌아가 <법장화상전>을 완성했다. 뿐만 아니라 <부석존자전>, <석순응전>, <석이정전> 등 화엄고승들의 전기 찬술과 사산비명 찬술은 그가 학자로서의 본연을 끝가지 추구했음을 보여준다.

이상의 <최고운전>의 탄생모티프가 전체 서사에 기능하는 과정을 보면 다음과 같다.

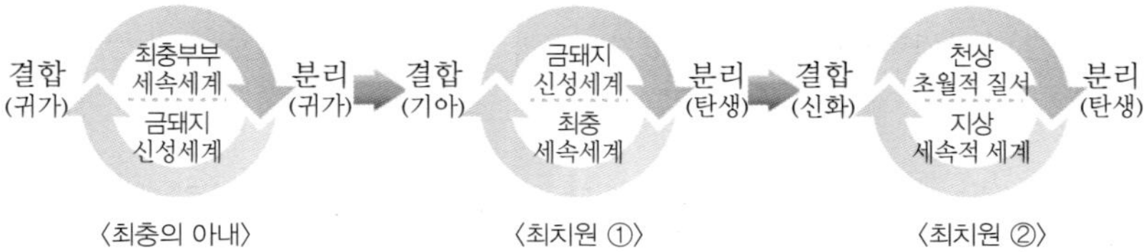

탄생모티프에서 최치원은 부모의 입사를 통해 신성세계에 속하게 된다. 그럼으로써 그는 금돼지의 신성세계에 속하는 존재가 된다. 금돼지의 신성에 근거한 그가 생물학적 탄생을 하는 것은 신성세계에서 세속세계로 분리되는 것이며, 아버지에게 버려지는 것은 신성세계에 통합되는 것이다. 이로써 그는 신성계로부터 분리된 존재가 되며, 그의 지상에서의 문학적 승리는 문장의 가치를 세계에 펼친 것이다. 그의 영웅으로서의 과업은 그로써 모두 완성된 것이다. 과업을 완수한 주인공은 선화仙化를 통해 다시 신성계로 통합됨으로써 영웅의 일생은 완전하게 된다. 따라서 그의 가야산 은둔을 정치적 패배로 해석하는 것은 영웅의 일생이라는 서사의 원리에 맞지 않다.

<최고운전>은 개인의 사회적 제도화 과정 속에서 잃어버린 환상적 세계의 힘을 보여준다. 최치원이 현실계에서 환상계인 신성의 힘을 입증하는 역할을 하고 있으며, 그의 삶을 영웅의 일대기와 동일한 서사로 구성함으로서 그것을 가능하게 했다. 그는 문장이 지배하는 문화의 세계에 자기를 동화하고 실현하고 있다. 그 세계를 지배하는 힘은 무력도 아니며 권력도 아닌 문장이다. 문장으로 중원의 황제를

굴복시키고, 문장으로 국가적 위기를 극복하고, 문장으로 세계의 위기를 해결한다. 최치원을 통해 건설된 사회는 문화의 세계이며 최치원은 그의 천부의 재능으로 그 문화의 세계에 동화됨으로써 그 세계와 동질성을 확보하고 영웅의 삶을 완성한다.

<최고운전>에서는 역사적으로 증명될 수 있는 최치원의 구체적 사건도 신화적 상징으로 변화되어 나타난다. 이 과정에서 최치원의 어떤 행위가 신화적인 범주와 동일시됨으로써 역사적 인격으로서의 최치원이 신화적 규범에 의해 재구성된 인격으로 탄생한 것이다. 그럼으로써 그의 역사적인 개인성은 상실된다. 그것은 역사적 행적이 소설의 소재로 차용되는 예가 적다는 것에서 분명히 알 수 있다. 작가가 역사적 실제를 넘어 최치원을 신화의 영역으로 끌어들여야 했던 이유 즉, 작품의 창작의식 또는 주제의식의 본질도 문화영웅 최치원의 삶을 보여주기 위한 것이다.

문화영웅의 부활

지금까지 <최고운전> 탄생모티프의 상징체계를 해석하고 이것이 전체 서사에 어떻게 기능하는가 살펴보았다. 그 결과 소설은 그의 정치적 갈등을 드러내기 위한 것이 아니며, 그의 삶을 비극적 생애로 해석하기 위한 것도 아니었다.

<최고운전>의 탄생모티프에는 천계와 금돼지, 지하굴과 최충 부부 등으로 입사식의 공간이 다층적으로 나타난다. 이들 서사는 주인

공이 역사적 실제 인물이기 때문에 그를 신화의 영역으로 끌어와서 생물학적 탄생을 거쳐 인식적 탄생을 경험하게 하는 것이다. 최치원의 일생으로 그려낸 입사식의 구조는 먼저, 최충 부부가 돼지를 통해 신성을 계승하기 위한 지하계 여행이 있고, 다음으로 주인공의 영웅적 탄생을 위한 신성계로의 분리로 이야기의 층위를 나누었다. 이 영웅은 현실계에서 문화영웅으로서의 과업을 완수하고 초월적 질서로 다시 통합됨으로써 또 하나의 입사식을 완성한다. 주인공의 최후의 선화仙化는 자신이 분리되어 나온 신성계로 통합되는 것이다. 그러므로 최치원의 삶은 비극적 좌절이 아니라 영웅의 일생으로 완성된 것이다.

최치원의 기우제와 요괴의 빛

기우제에 남은 신화의 흔적

최치원은 신라 말 고려 초의 역사적 변동기를 살았다. 그는 탁월한 문장능력에도 불구하고 정치적으로는 불운했다. 이러한 그의 삶은 후대인들의 끊임없는 관심의 대상이 되었다. 이러한 관심은 시, 소설, 설화뿐만 아니라 종교적 영역에까지 다양한 모습으로 표현된다. 여기서는 소설 「최고운전」과 돝섬기우제에 나타난 신화화현상을 살펴보자.

소설과 기우제를 비교대상으로 선택한 것은 이들이 '최치원'이라는 공통화소를 근거로 하고 있기 때문이다. 최치원이 소설의 기우모티프와 민간신앙으로서의 돝섬기우제에서 차지하는 의미를 비교할 것이다. 이로써 민속적 층위에서 역사인물의 신화화 현상을 파악할 수 있을 것이다.

이를 위해 「최고운전」의 기우모티프가 어떻게 최치원의 신성을 드러내고 있는지, 기우모티프는 소설의 전체 서사에 어떻게 기능하는지 해명해야 한다. 이러한 관심은 역사인물의 신화화가 문학영역에서 구체적으로 실현된 예를 보여줄 것이다. 그리고 돝섬기우제 발생설화는 창원의 월영대 등 최치원의 유적지에 대한 인식이 기우제에 미친 예를 보여줄 것이다. 이를 위해 돝섬기우제의 형식과 제의의 변화과정을 살펴보고, 이것이 최치원의 신화화현상과 어떻게 관계되며, 제의의 폐지 또는 세속화가 갖는 의미는 무엇인지 살펴보기로 한다. 이를 통해 역사인물 최치원이 문학이나 신앙의 영역에서 어떻게 역사적 실제를 떠나 신화의 영역으로 편입되는지 알 수 있을 것이다.

기우제 이야기와 최치원

비를 내리게 하라

「최고운전」 기우모티프는 용궁과 천상을 지상의 섬에 연결하여 주인공의 신성을 드러내는 기능을 한다. 기우모티프는 최치원이 신라에서 중국으로 가는 도중 섬에 머무는 동안 일어나는 사건이다. 섬 주민들은 최치원에게 비를 내리게 해달라고 하는데, 그 근거는 '최 문장의 글은 하늘도 움직일 수 있다'는 믿음에 근거하고 있다. 이 모티프는 용궁과 천상세계 등의 공간 설정으로 서사공간을 확장하고. 최치원의 문장능력 시험이라는 과업에도 관계되면서 소설의 서사에서 중요한 기능을 담당하고 있다.

「최고운전」은 다양한 삽화로 구성되어 있다. 정병욱은 「최문헌전」

의 소개에서 소설은 금저설화(탄생설화), 기아설화(유년시절), 파경설화(사춘기), 입당설화(중로삽화), 수난설화(유당시기), 귀국설화 등 여러 독립 설화로 구성되어 있음을 밝혔다. 기우모티프는 입당설화(중로삽화) 속에 들어있다. 입당설화에 해당하는 서사단위를 이혜화는 용궁부연, 사룡강우, 신인보우로 세분화하였다. 기우모티프는 최치원이 용왕의 초대에 응하여 용궁으로 감, 섬으로 돌아온 뒤에 섬주민의 요청으로 비를 내려 가뭄을 해결함, 당나라로 가는 중에 신인을 만나 신물을 얻음 등 서사단위로 구성되어 있다.

> 첨성도란 섬 밑에 이르니, 배가 돌며 가지 않았다. 최치원이 선장에게 그 까닭을 물어 보니, 대답하기를 "용신이 이 섬에 있다더니, 아마 용의 장난으로 그러한가 하오니 한번 올라가 봅시다."하였다. 이에 최치원이 배에서 내려 섬으로 올라가니……최치원은 시서 수편을 내어 보이니, 용왕이 기쁨을 이기지 못하고, 인하여 용궁의 서책을 내어 보이는데
>
> 「최고운전」, 6

첨성도에 이르러서 용왕의 조화로 인하여 최치원 일행은 뱃길이 막히는데, 이때 용왕의 아들 이목이 나타나 '최 문장의 이름이 수부에까지 알려져 용왕이 최치원을 초대했음'을 전한다. 초대에 응한 최치원은 용왕에게 '시서 몇 편'을 지어준다. 이를 본 용왕은 기쁨을 이기지 못하며 최치원을 아들의 스승으로 삼는다. 용궁출입은 최치원의 문학적 재능을 입증하기 위한 것이다.

최랑 가지 못하여 슈닐을 머무러 글을 가르치고 도라가물 쳥하니 용왕이 니목다려 왈 최선생을 뫼셔가며 글도 배호며 험한 데를 평안이 가시게 하라 이목이 슈명하고 한가지로 가물 청한데 최낭이 치사하고 하직하며 이목으로 한가지로 배에 돌아오니 사공이 바회 우의 안자다가 최낭을 보고 반겨나와 문왈 어데로 가셨다가 오시나잇가 최낭 왈 마참 용궁으 갓다가 용왕이 관대하미 슈이오지 못하엿노라 사공왈 명공게로셔 제사를 하려고 우의 올라가신 후

「최고운전」, 402

최치원이 용왕에게 뱃길을 빌리기 위해 제사지내러 갔다가 용궁으로 초대되어 갔던 사연을 진술한 대목이다. 최치원은 문장의 힘으로 용자의 스승이 되었고, 이때부터 용신의 수호를 받게 된다. 그것은 비를 부리는 용과 일체가 된 능력을 가진 것을 의미한다.

한 섬에 이르니, 섬의 이름은 우이도牛耳島였다. 가뭄이 매우 심하여 섬 안의 초목이 다 이울고 섬사람들이 다 죽게 되었더라. 섬의 백성들은 신라국 사신의 배가 다다랐다는 말을 듣고 노소 할 것 없이 다 나와 무릎을 꿇고 빌었다. "가뭄이 매우 심하여 이 섬 백성들이 다 죽게 되었으니, 바라건대 명공은 비를 빌어 억만명의 생명을 구하여 주십시오." 백성들이 말을 마치고는 일시에 통곡하니, 최공이 불상하게 여겨 이목에게 말하기를, "저렇듯 잔인한 일이 없으니 그대는 나를 위하여 약간의 단비를 내려주는 것이 어떠하겠는가?"하니, 이목이 말했다. "비록 옥제玉帝의 명령은 없었으나 선생이 이르시니 그렇게 하겠습니다."

「최충전」, 523

「최충전」에 비하여 「최고운전」은 이 부분의 서사가 훨씬 상세하다. 섬 주민들이 최치원에게 호소할 때도 '천하의 대현', '최문장' 등으로 칭하고, '글로써 비를 기원'하는 '기우제문'을 지어달라는 구체적 표현을 쓴다. 즉, 최치원의 문장력이 신통하다는 인식을 더욱 뚜렷하게 표현한다.

> 위이도魏耳島에 이르니 마침 가뭄이 극심하여 만물이 모두 붉게 시들어 있었다. 그 섬 주민들은 최문장이 온다는 말을 듣고 뛰어나와 맞이하며 애걸하였다. "이 섬의 주민들은 가뭄의 고통을 이기지 못해 모두 말라 죽을 지경에 이르렀습니다. 다행히 아직까지 죽지 않은 자들 또한 대부분 떠나거나 흩어져 이 섬은 거의 비게 되었습니다. 이제 다행히도 천하의 대현大賢께서 이미 이곳에 오셨으니 어찌 이 궁한 목숨을 이으려 하지 않겠습니까?" 또 말하길, "듣사오니 현인께서 진실로 지성을 드리면 하늘이 반드시 응한다고 합니다. 엎드려 바라옵건대 명공께서는 특별히 상림桑林의 뜻을 생각하시어 글로써 비를 기원하여 죽어가는 수많은 목숨을 구해주십시오." 하니, 치원이 그 정성을 가련하게 여겨 이목을 돌아보고 말했다. "자네의 재능이면 가히 이 일을 해결할 수 있을 것이네. 용기를 내 비를 뿌려주어 이 섬의 말라죽어가는 백성들을 구해주게."
>
> 「최고운전」, 460-461

기우제를 지내는 섬은 위이도이다. 용궁에서 돌아온 최치원이 목격한 것은 극심한 가뭄으로 고통 받는 섬 주민들이었다. 최치원은 이 같은 문제 상황을 해결하기 위해서 이목으로 하여금 조화를 부려서 '검은 구름이 위로 일어나고 번개와 우레가 진동하며 큰 비가 붓듯이'

오게 하여 가뭄을 해결한다.

비를 내려 가뭄은 해소되었으나 이로 인해 하늘의 사자인 천승天僧의 징벌이 뒤따른다. 그 죄는 이목이 "선생님의 명령을 어기지 않으려고 하늘의 명령을 따르지 않은 채 마음대로 비가 오게 했습니다. 그래서 하늘이 나의 방자함을 미워하여 마음대로 비 내린 죄를 받게 하고자 하니"와 같이 최치원의 명령과 하늘의 명령 사이에 최치원의 명령을 선택한 죄이다. 이에 대해 최치원은 "자네는 걱정하지 말고 잠시만 몸을 숨기면 벌을 면할 수 있을 것이네"라고 하며, 교룡으로 변한 이목을 변호한다. 이 과정에서 최치원이 적강한 존재임이 진술된다.

> "천제께서 나에게 명하시기를, '최치원이 천상에 있을 때 마침 조그마한 죄를 얻어 인간세계에 떨어진 것일 뿐이지 본래는 인간 세상의 평범한 사람이 아니다. 네가 이목을 목 베려 할 때 만약 최치원이 간절하게 말리면 삼가 죽이지 말라.'고 했습니다."하고, 인사를 올린 후 하늘로 되돌아갔다. 「최고운전」, 463

옥제의 명을 받은 천승이 이목을 목 베려 하지만 최치원은 천승을 제어할 수 있었다. 그 힘의 근거는 최치원이 적강한 존재로서 천상의 질서에 속해 있기 때문이다.

따라서 기우모티프에서 최치원은 비를 부리는 용신과 동일한 지위를 획득한다. 또한 주인공이 적강한 존재이므로 신성의 영역으로 편입된다. 즉 기우모티프 안에서 최치원은 천계-수계-지상계를 아우르는 능력자로 표상된다. 이러한 능력은 이후 전개될 중국 황제와의 대결에서의 승리를 예고한다.

문장대결의 승자가 되다

「최고운전」에서 최치원의 탄생에서 기우모티프에 이르기까지의 서사는 다음과 같이 진행된다.

① 최치원은 금돼지의 자식으로 기이한 출생을 한다.

② 기이한 출생으로 인하여 아버지로부터 버려진다.

③ 글공부를 할 때 밤이 되면 천상에서 선유(仙儒)들이 내려와 문장을 가르친다.

④ 경성으로 들어가 스스로 승상집의 파경노가 된다.

⑤ 중국 황제가 신라에 석함을 보내어 수수께끼를 풀어 시로 바칠 것을 요구한다.

⑥ 최치원은 수수께끼를 맞히고 승상의 사위가 된다.

⑦ 중국 황제는 신라에 대문장가가 있음을 위험하게 생각하여 없애려고 중국으로 불러들인다.

①은 탄생모티프로서 독립된 서사를 이루고 있다. 최치원의 탄생담은 <지하대적제치설화>의 구조를 그대로 가지고 있으며 신화의 입사식 구조를 바탕으로 하고 있다. 또 ①~③은 신성에 근거한 주인공이 '천하 문장'으로 탄생하는 또 하나의 독립된 서사단락이다. ①~⑥은 주인공의 결혼입사를 보여주는 서사단락이다. 이와 같이 주인공의 '탄생담-천하문장의 탄생담-주인공의 결혼담'은 각각 독립된 서사이면서 전체가 영웅의 일생의 서사를 완성한다.

기우모티프는 ⑦에 의해 중원으로 가는 도중에 설정되어 있다. 최치원은 자신을 없애려는 함정이 기다린다는 것을 알면서도 자청하여 중국으로 간다.

위이도에 작용하는 신성원리를 서사맥락으로 그려보면 다음과 같다.

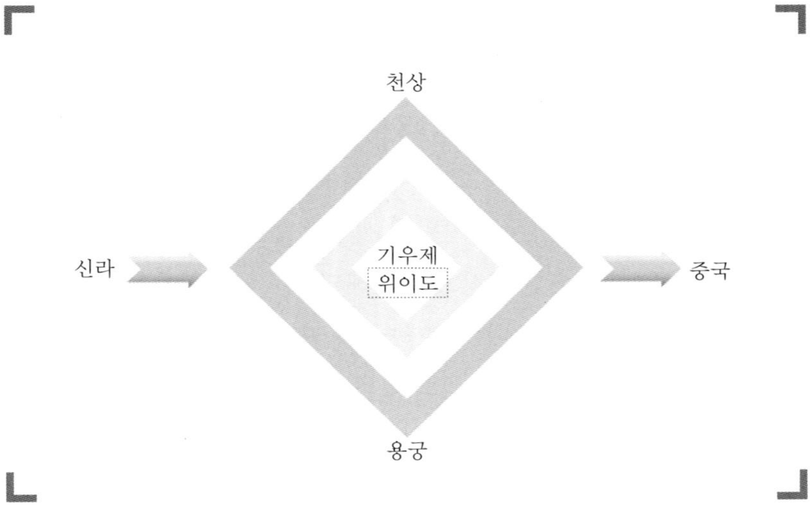

위의 그림에서 위이도에 작용하는 힘의 원리는 천상과 용궁의 권능이 이미 주인공에 체화되어 있음을 보여준다. 그리하여 ①~③과 ①, ④~⑥은 이후 전개될 중국에서 주인공의 활약에도 영향을 미친다.

최치원의 위상은 천상 옥황과 용궁 용왕의 권위에 기대어 있다. 인간계에 비를 내리도록 명한 사람은 최치원이고 그 명령을 받아 비를 내린 것은 용자이다. 또 용자는 하늘의 도리를 거역한 죄인이 되어 죽을 고비에 이르고 그 위기를 벗어나게 하는 것은 최치원이다. 그것은 최치원의 신성은 용의 존재조차 미약하게 만들고 있다.

설화나 역사적 기록에서 용은 실제 무궁한 변화의 능력, 삼계(지상, 천상, 지하)의 조정자, 물, 비, 바다의 관장, 불법수호, 수송, 선인을 도움, 재앙을 제거하고 복을 불러들이는 존재이다. 이런 다양한 속성은 신이나 영적인 존재의 역할과 같다. 그러기에 인간은 용을 수신水神으로 섬긴다. 그러나 수신이 내리는 비는 또 하늘의 관장이다. 따라서 용은 천제의 하위 신으로 인식된다.

최치원이 용궁으로 초대받는 이야기는 『삼국유사』의 <보양이목>과 유사하다. 설화주인공인 보양과 소설주인공인 최치원은 동일한 서사적 지위를 갖는다. 이는 최치원의 신성적 면모를 드러내기 위해 설화를 차용하면서 일어난 현상으로 이해된다.

최치원의 신성을 드러내는 또 하나의 관련은 '옥황상제'의 설정이다. 하늘의 명을 받지도 않고 임의로 비를 내린 용자를 벌하러 내려온 사자는 최치원 앞에서 무력해진다. '이목이 비를 내린 것이 최치원의 명령이라면 그를 벌하지 말라'는 상제의 명령은 곧, 최치원과 상제의 동격 관계를 진술하는 것이다. 최치원은 적강한 존재이므로 그의 힘의 근원은 하늘에 있다. 그를 신성의 영역에 편입시킴으로써 문장대결의 절대강자가 되게 하는 것이다.

최치원의 천상과의 인연은 입당 경로에 나타난 신인의 도움에서도 계속된다. 절강에서 노고가 '장 묻인 솜'을 주고, 능원 땅에서는 '노옹이 장차 닥쳐올 환난에 대비한 가녀와의 만남'을 주선하며, '가녀가 부적을 주며 화를 면하는 방법을 구체적으로 알려주는' 대목에서 그가 초월계의 보호 속에 있음을 보여준다. 이러한 신성의 부여는 이후 전개되는 중원에서의 문장 대결에서 주인공의 승리를 담보하고 있다.

그 승리를 위해 예비하는 주술적 물건을 제공하는 조력자들 또한 주인공의 최종적 승리를 위해 기여하고 있다.

따라서 「최고운전」의 기우모티프는 최치원을 수신인 용신과 천신인 옥황과의 관계 속에 설정함으로써 주인공에게 신성을 부여하는 기능을 한다. 용자를 부려 비를 내리게 하는 능력과 적강한 인물로서 존재근원에 힘입어 그의 신성을 증명하는 것이다.

요괴의 빛과 돝섬기우제

최치원이 요괴의 빛을 쏘다

최치원과 관련된 기우제는 경남 창원시 마산합포구의 돝섬기우제와 전북 군산시 옥구읍의 자천대기우제가 있다. 이들 지역은 모두 최치원의 탄생설화를 가지고 있으며, 기우제 역시 최치원과 관련된다는 공통점이 있다.

돝섬기우제 발생설화는 최치원 탄생담과 기우제 설제자로서의 최치원의 행적에 대한 두 이야기가 결합된 것이다. 최치원 탄생담은 설화나 소설에서 '금돼지의 자식으로 기이하게 태어난' 것이다. 마산 두척산 꼭대기의 굴에 금돼지가 사는데, 그 금돼지는 여자들을 납치해 가므로 백성들이 두려워했다. 왕이 군병을 파견하여 금돼지를 잡아 퇴치했다. 이때 골포 현령의 아내가 금돼지에게 잡혀갔다가 돌아와 아이를 낳았다. 그 아이가 바로 금돼지의 자식 최치원이었다. 이와 같은 최치원 탄생담은 독립된 설화로 존재할 때는 금돼지의 아들 최치원으로 존재하고, 소설에서는 주인공의 탄생모티프로 자리한다. 이들은 모두 문장가 최치원의 신성을 증명한다. 소설과 설화는 최치원 탄생담에 있어서 동일한 서사를 보여준다. 소설의 탄생모티프는 최치원의 문화영웅으로서의 삶을 완성시키기 위한 기능을 한다는 측면에서 설화보다 주인공의 일생담에 기여하고 있다.

설화와 소설에서 최치원의 탄생담은 돝섬기우제의 발생설화에 변형된 모습으로 나타난다. 현실적인 맥락에서 볼 때 금돼지의 자식 최치원과 금돼지의 요운을 퇴치한 최치원은 상호 모순적이다.

최치원의 탄생담은 기우제 발생설화에서 제의의 창시를 해석하는 서사로 변형된다. 『마산야화』(김형윤 1973: 120-122)에 전하는 <돝섬의 전설>에 의하면, 기우제발생설화는 최치원 탄생담이 변화된 모습이다.

> 옛날 김해 가락왕의 총애를 받던 미희가 있었는데 어느 날 밤에 홀연 그 흔적이 없어졌다.……밤마다 금도야지가 나타나서 사람을 잡아가되 특히 어린 계집아이나 젊은 부녀자를 좋아한다는 풍설이 퍼져서 왕의 귀에까지 들린 터였다. 왕은 군병을 동원하여 두척산 바위를 포위했다.……홀연 암상에 절연한 미희가 나타났다. 순간 늙은 금도야지로 변하여 달려들었다.……드디어 금도야지는 바위 밑으로 굴러 떨어지자 한줄기 요운이 아지랑이 같이 그 섬으로 뻗어 사라지고 말았다.……그 후 그 섬 근방에는 밤마다 도야지 우는 소리와 함께 괴이한 광채가 일기 시작했다.
>
> 『마산야화』, 121

이 부분은 <금돼지의 자식 최치원> 설화와 소설 「최고운전」의 탄생모티프와 동일한 서사이다. '여인의 납치와 지하굴의 괴적, 괴적의 퇴치와 여인의 구출'이라는 서사는 '지하대적제치설화'와 동일하다. 그런데 기우제 발생설화에서 여인은 바로 요괴이고 퇴치의 대상으로 변해있다. 「최고운전」에서는 이 부분이 주인공의 신성한 혈통을 설명하기 위한 서사단위로 기능한다. 그러나 돝섬기우제 발생설화에서는 재앙의 대상인 요괴로 인식되고 있다. 요괴의 빛은 사라지지 않고 밤마다 울음소리와 괴이한 광채를 냄으로써 두려움의 대상이 된다.

> 신라 거유 고운 최치원 선생이 골포의 산수를 즐기려고 월영대에 향학을 설치하고 기거하던 무렵, 어느 초생달 밤에 이 괴이쩍은 현상을 보고 그 섬을 향해 활을 쏘았더니 괴이한 광채는 별안간 두 갈래로 갈라져 사라지고 말았다. 이튿날 고운선생이 그 섬에 건너가 화살이 꽂힌 곳에 제를 올린 뒤로는 그러한 현상은 없어졌다 한다. 이 섬이 바로 돝섬인 것이며 고운선생이 제를 올린 곳(위치 미상)에 기우제를 올리면 영험이 있다 하여 후세에 오랫동안 그 풍습이 이어졌다 한다.
>
> 『마산야화』, 121-122

월영대에서 기거하던 최치원이 돝섬의 요운을 퇴치한 행적을 설명한 설화이다. 빛을 쏜 화살이 꽂힌 자리를 찾아가 제를 지낸 뒤에 요괴가 완전히 사라졌으므로, 후세 사람들은 최치원이 제를 지낸 자리에서 기우제를 지내게 되었다는 것이다. 이것은 월영대에 머문 최치원의 행적, 요괴의 빛을 쏘아 맞춘 최치원의 능력, 최초의 설제자로서의 최치원의 행위, 제의를 행했던 장소의 신성 등 다양한 의미들을 만들어내며, 이들이 복합되어 돝섬기우제 발생설화를 이루고 있는 것이다.

<자천대설화>에서도 최치원과 관련된 기우제가 있다.

> 전라북도 임피 서쪽에 옥구라는 곳이 있다. 옥구에서 서해를 바라보고 있는 쪽에 자천대가 있는데, 그 기슭은 바다로 이어져 있다. 신라 때, 최고운이라는 사람이 태수로 이곳에 부임해 왔는데, 그는 비서秘書를 큰 석룡石龍 안에 넣어 두었다. 그리고 그후 사람들에게 이것을 열어보지 못하도록 엄히 명했다. 그 이유는, 만약 이 석룡에게 노여움을 타면 바다에 폭풍우가 온다는 것이었다. 그래서 가뭄이 들면 이것을 이용해서 마을사람 수백 명이 그물을 치고 석룡을 움직였는데 그때마다 효험이 있었다.
>
> 『조선전설집』, 270-271

여기서 최치원의 '비서'는 문장의 능력이며, '석룡'은 용이 지닌 수신으로서의 능력이다. 비서와 석룡이 합쳐져서 폭풍우를 불러오는 강력한 주술을 발휘한다. 최치원이 만든 문서의 힘과 용이 결합하여 비를 내리는 것이다. 따라서 자천대 기우제의 발생은 최치원의 능력에 근거한다.

돝섬기우제는 최치원이 요괴의 기운을 퇴치한 탁월한 능력과 더불어 최초의 설제에 대한 행위의 신성에 기대어있다. 이때 최치원이 요괴의 빛을 퇴치한 수단은 문장이 아닌 화살이었다. 이것은 무인의 능력이다. 최치원이 무술훈련을 하면서 화살보다 늦었다고 생각한 말의 목을 베었다는 전설이 있는데, 이 전설은 용마를 얻은 견훤이 용마를 시험하고자 화살과 내기를 시켰다는 '아차산'의 전설과 같은 맥락이다. 최영이나 이성계도 이와 관련된 이야기가 전하고 있다. 그러나 이들은 모두 주인공의 탁월한 능력을 드러내는 상징이라는 점에서 동일한 범주에 속한다. 돌섬기우제의 최치원의 능력은 요괴의 빛을 퇴치한 능력이면서, 최치원의 소요처인 월영대를 같이 말함으로써 문장가 최치원의 능력도 내포되어 있다.

이상 돌섬기우제 발생설화는 최치원 탄생담이 변형된 서사이다. 설화와 소설의 탄생담에서 금돼지가 사는 지하굴은 인물의 신성한 탄생을 위한 입사공간이다. 그러나 기우제 발생설화에서 지하굴은 요괴가 사는 곳이며, 요괴의 퇴치는 주인공의 영웅적 활약성이 드러낸다. 거기에 더하여 요괴의 빛이 떨어진 자리에 제사를 지낸 최초의 행위 자체는 신성한 행위로 인식된다.

즉, 돌섬기우제 발생설화는 최치원의 탄생설화와 최치원이 요괴의 빛을 퇴치하고 제사를 지낸 행위에서 신성을 확보하고, 후대인들이 최치원의 행위를 모방하여 기우제를 지낸 내력을 설명한 것이다. 기우제 발생설화에서 최치원 탄생설화의 금돼지는 요괴로 변형되어 있다. 이들은 상호모순을 보이지만 기우제설화 내에서는 통일된 원리를 가지고 있다. 그것은 요괴의 빛을 퇴치할 수 있는 능력자 최치원이라는 의미를 확보한다. 최치원이 기우제라는 제의 속에 편입될 수 있었던 것은 최치원이 이미 신성의 영역에 있었기 때문이다.

용신에게 제물을 바치다

돌섬기우제의 형식과 내용에 대한 가장 오래된 기록은 송석하(1938)의 보고서다.

> 부 내의 각 집에 황토를 뿌리고 금줄을 두른 항아리를 엎어서 끈을 둘렀다. 마산만 내 돝섬에서 용왕신께 빈다. 제물은 생돼지를 사용하고 밤중에 부민 중에 선발된 제관 1명이 기우한다. 제물은 전부 바다에 버린다. 요즘은 관민이 모두 제일 높은 산에 올라 단지 불을 놓는 것으로, 주로 용신을 제사한다.
>
> 『석전·기우·안택』, 232

마산부(소화 11년 5월 현재)의 기우제에 대한 기록은 1936년의 현황이다. 기우제의 형식은 제당의 공식적인 제의와 각 가정의 주술신앙으로 나누어진다. 공식적인 제의는 밤에 돝섬에서 주민 대표 1명만 참가한다. 제물은 생돼지를 사용하고 제물은 바다에 던진다. 가정의 주술신앙은 각 집에서 금줄 두른 항아리를 엎어서 끈으로 두르는 형식이다.

그런데 이러한 기우제의 형식은 관민이 제일 높은 산으로 올라가 불을 놓는 것으로 변한다. 이때 '제일 높은 산꼭대기'는 무학산으로 보인다. 돝섬에는 비교될만한 산꼭대기가 없다. 또 다른 기록에는 마산지역의 기우제 형식으로 가정에서 병에 물을 담고 솔가지를 끼운 다음 처마 끝에 거꾸로 매달아 둔다고 소개되어 있다. 이러한 기우형식은 "경남지역의 창원·마산·의령에서 보인다."고 한 것으로 보아 이 지역의 민간에서 행한 일반적인 기우형식으로 보인다. 솔가지를 병에 꽂아 거꾸로 매다는 의식은 솔가지에서 물방울이 떨어지는 것처럼 하늘에서 빗줄기가 떨어져 땅을 적셔주기를 바라는 유감주술적인 행위이다. 이 형식이 돝섬에서도 행해졌는지 분명하지는 않으나 기우제가 마을공동대표의 제관이 하는 기우제와 민간에서 하는 주술적인 행위가 병행되었던 것만은 분명하다. 그리고 산정분화 형식으로 변한 것은 이 시기에 이미 최치원의 신성에 대한 의식이 약해짐으로써 장소의 신성이 더 이상 발휘되지 못한 것을 의미한다.

돌섬에서는 제의 장소의 신성에 근거하여 제관이 기우제를 지낸다. 그 장소는 최치원이 화살로 요괴의 빛을 쏘아 떨어뜨린 바로 그 자리이다. 기우제 발생의 근본에는 문장가 최치원에 대한 신성의식이 작용하고 있다. 그런데 이 신성의식이 용신께 지내는 기우제 일반으로 변한 것이다.

산정에서 불을 피우는 기우제의 형식은 우리나라뿐만 아니라 일본, 아프리카 등 세계적인 분포를 보인다. 기우제 때의 연기는 구름을 상징하는 것으로 인식하고 있다. 우리나라의 경우 산정에서 지내는 기우제의 연원은 통일신라시대까지 거슬러 올라간다. 「삼국사기」에서 산천기우제를 확인할 수 있고, 창녕 화왕산성 저수지 출토유물인 '龍王開祭'의 목간유물에서도 수신인 용신에 대한 제사를 산에서 행했음을 알 수 있다. 연기를 일으키는 형식도 솔가지를 꽂은 물병을 거꾸로 다는 것과 동일한 범주의 주술로 해석된다. 그러나 산정의 불 피우기에서 더 이상 최치원에 대한 신성의식이 없다.

자천대기우제는 최치원이 남긴 비서가 들어있는 석룡을 흔들어 비를 내리는 것이다. 이것은 수신인 용과 문장가 최치원의 '비서秘書'가 가진 신성에 기대어 있다. 「최고운전」의 기우모티프에서 섬주민들이 문장가가 왔다는 말을 듣고 최치원에게 제사를 지내달라고 하는 것도 그의 문장을 신성으로 인식하고 있는 것이다. 그러나 자천대기우제는 기우효과의 유효함에도 불구하고 섬주민들에 의해 석룡이 폐기된다(『조선전설집』, 270-271). 그것은 신성의 기피를 의미한다. 기피 이유는 마을에 석룡을 구경하러 온 손님들이 끊이지 않았고, 간혹 높은 관리라도 오게 되면 그 때마다 만만치 않은 비용이 소요되었기 때문이다. 자천대의 석룡은 후대로 갈수록 신성이 아니라 경제적 비용의 지출과 성가심이라는 세속적 잣대로 받아들인 것이다.

돝섬은 창원시 마산합포구 월영동 625번지로 마산항으로부터 1.5 Km 떨어진 112,000㎡ 크기의 섬이다. 『경상도속찬지리지』(1469년)의 '창원, 해도'에는 "창원도호부 서쪽에 저도가 수로로 2리이고, 읍에서는 23리이며, 둘레는 9리이다. 밭이 56짐 2뭇이고, 민가는 없다."고 하였고, 1800년대 초의 '광여도' 창원부 지도에는 '저도猪島'로 표기되어 있다. 『창원부읍지』(1832)에는 "창원도호부의 서쪽에 있는 월영대 남쪽에 있다. 둘레가 5리이고, 섬 안에 인가가 있다."고 하였다. 『창원군지』(1962: 9)에는 "부의 서쪽 월영대 동쪽(현재 마산합포구)의 해중에 있는데 주위가 5리가량 된다. 문창후 최치원의 유적이 있다. 지금 십여 인가가 거주한다."고 되어 있다. 『호구총수』(1789년)에 나오는 월영리는 현재 월영동의 옛 이름이다. 월영리가 『호구총수』 등에서 창원도호부 서면(삼운) 방리로 나오며, 월영동에 있는 월영대가 『동국여지지』(창원고적, 1660년대) 등에서 최치원의 소유처로 기록되어 있다. 돝섬과 월영대는 모두 최치원과 관련된 이름이다. 최치원이 신라말기의 어지러운 세상을 등지고 가야산으로 들어가기 전에 월영대에 머물렀다. 돝섬은 현재 행정구역상으로 월영대가 있는 곳과 같은 창원시 마산합포구 월영동에 속한다.

이상의 기록을 정리해보면, 돝섬에 처음부터 사람이 거주하지는 않았다. 배를 타고 들어가 밭을 일구다가 1800년대 점차 사람이 들어가 살게 된 것으로 보인다. 그런데 여기서 주목할 것은 돝섬에 '최치원의 유적'이 있다고 한 것이다.

현재 돝섬에 있는 민간신앙의 흔적은 샘이 있는 자리에 있는 소박한 형태의 석불상이다. 이 석불이 '최치원의 유적'이라고 단정할 수 없지만 이 섬의 유일한 신앙의 흔적이므로 불상의 유무에 관계없이 제장일 가능성이 높다.

돝섬은 1980년 해상유원지로 개장되어 민가가 모두 철거되었다. 현재는 생태환경복원을 위해 위락시설이 철거되고 2012년 창원조각

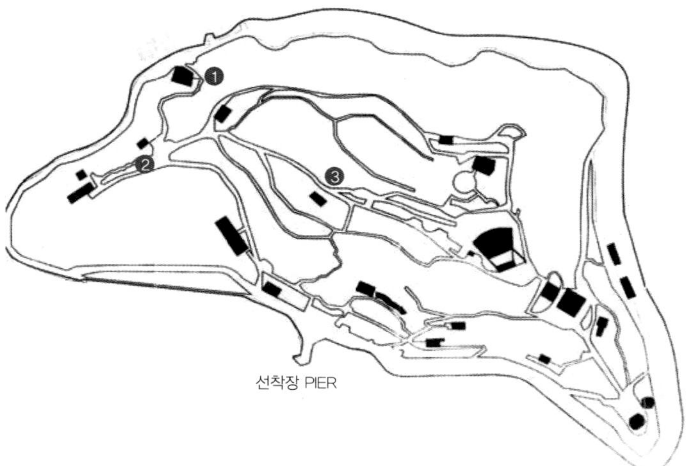

돝섬의 현재지도

비엔날레를 통해 조각품을 설치하여 시민들의 휴식처로 단장되어 있다.

앞의 그림은 돝섬의 현재지도이다. ①은 돝섬에서 유일한 샘이 있던 자리다. 현재는 저수조가 있던 곳을 석축으로 보호해 놓았다. 이곳은 마산만과 무학산을 바라보는 서쪽 방향이며 경사진 비탈로서 바다에 인접해 있다. 그러나 이 섬이 해상유원지로 개발되기 전에는 저수조는 없었고 자연 그대로의 조그만 물웅덩이였다.

> "돝섬에는 물이 귀했다. 샘이랄 것도 없는 조그만 웅덩이 물을 모아 마셨고, 배로 가포까지 가서 물을 실어 왔다. 빨래도 월영동까지 와서 해가지고 갔다. 샘 근처에 집이 있었다. 샘 뒤의 조그만 바위를 '신신바우'라 불렀다. 결혼하고 나서 신신바우 앞에 누가 불상이 들여놓았다고 들었다. 불상 밑이 샘이 있던 자리다. 돝섬은 섬이 작아도 깨끗해서 묘를 쓰지 않았다. 섬을 더럽히면 안 된다고 해서 시체를 배로 실어서 육지로 내보냈다. 불상 놓은 자리에 누가 기도하러 오고 그랬는데 자신은 가지 않아서 잘 모른다. 귀하던 물이 해방 되고 나서 많이 나와서 사람들이 다 신기한 일이라고 이야기를 많이 했다."

이 내용은 필자가 2014년 4월 21일 돝섬 이주민 조정수(88세, 여)씨로부터 들은 증언이다. 돝섬은 무덤으로 더럽히면 안 되는 깨끗한 장소이고, 그 중에 샘은 주민들의 식수원으로서 유일한 것이어서 애중하게 다루었던 곳이다. '신신바우'와 '불상'과 '샘'은 모두 하나의 범주 안에 존재한다.

②는 1980년 민가가 철거되기 전에 월포초등학교 분교가 있던 곳

이다. 주민들이 거주할 당시 5명 정도의 학생이 있었다. ①에서 가파른 길로 30미터 정도 거리다. ③은 비탈 밭을 가꾸던 자리다. 주민들이 약간의 보리와 채소를 길렀으나 규모는 10여 호 민가가 겨우 먹을 정도였다. 주민들의 생업은 어업이었다. ①은 이 섬에서 유일하게 물이 나는 곳이며, 신신바위와 불상이 있는 곳이다.

아래 그림은 ①에 위치해 있는 석조 불상이다. 뒤로 보이는 비스듬한 바위가 '신신바우'다. 불상은 화강석을 거칠게 다듬은 소박한 형태이다. 얼굴은 눈썹, 눈, 입술이 일자형으로 무뚝뚝하고 평범한 표정이다. 머리에 상투 모양의 육계가 있고 커다란 모양의 처진 귀 형태가 불상과 닮았다. 옷자락은 종아리까지 오는 짧은 갑옷 형상이다. 가운데

석조 인물상

가 갈라져 양쪽으로 나누어지고 갑옷의 비늘처럼 큰 타원이 대칭으로 늘어 뜨려져 있다. 손은 주먹 쥔 손가락 다섯 개가 강조되어 있고 손에는 염주를 들었다. 원래 단집이 있었으나 누군가에 의해 불태워졌으며, 최근 섬을 정비하면서 시멘트로 새로 단장했다.

①이 기우제장이라는 기록이나 증언은 찾아볼 수 없다. 그러나 돝섬기우제는 마산주민 대표로 뽑힌 제관 1명만이 밤중에 섬으로 가서 기우제를 지냈다(무라야마 지준 1938: 292)는 사실과 돝섬의 유일한 식수원이 있던 자리가 기도처가 된 것(조정수 증언), 지금도 무속인들의 기도처(2014년 4월 21일 필자 조사)인 것 등으로 보아 신앙의 영역에 속한 것은 분명하다. 따라서 돝섬 자체가 기우제의 제장이며 ①은 제를 지낸 구체적 장소로 추정할 수 있다.

최치원과 기우제의 관련은 역사적 인물의 신화화 현상이다. 역사 인물 최치원이 기우제라는 제의의 영역으로 들어간 것은, 실제적 인물이 현실을 초월하여 신성의 영역으로 편입된 것이다. 그것을 가능하게 한 것은 최치원에 대한 신성의식이다. 제의로의 편입은 인물 자체가 신격이 되거나, 신격을 대신할 수 있는 능력자이거나 모두 세속세계에서 신성세계로의 편입을 의미하기 때문이다.

집단은 최치원이 태어난 곳, 소요하던 곳, 관리생활을 하던 곳 등과 같이 설화나 역사상의 실제를 끌어와서 최치원을 제의의 영역으로 끌어올렸다. 돝섬에서 최초로 제사를 지낸 사람이라는 것은 역사적인 사건을 신화적인 행동의 범주와 일치시킨 것이다.

금돼지의 자식으로 태어난 기이한 출생, 지하세계 또는 용궁으로의 여행, 적강한 인물, 천상선유에 의한 문장 가르침, 요운을 화살로 맞춘 능력, 강우의 부림 등은 신화적인 행동의 범주에 속한다. 이들은 그의 역사적 실제를 벗어나 있으면서 역사적 실제에 대한 후대인의 가치인식을 반영한 것이다.

최치원의 역사성에 근거한 기우제는 지역에 따라 다르다. 또한 자연에 절대적 법칙이 없듯이 기우제 역시 시대적 흐름에 따라 변화되었다. 이 변화는 집단의 경험에 근거한다. 천하문장 최치원이 정치적으로 좌절했던 그 역사적 현실은 집단이 감내하기 어려운 현실로 받아들인다. 그러한 인식은 그를 제의의 영역으로 끌어들였고, 그 결과 신화적 영역 속에서 최치원은 부활한 것이다. 그는 역사를 뛰어넘어 문화영웅으로, 용신을 부려 비를 내리게 하는 신격으로 자리한다. 소설과 기우제 발생설화에 보이는 신성은 그 결과의 산물이다. 그러나 돌섬기우제는 산정에서 불을 피우는 의식으로 변했고, 자천대기우제는 폐기되었다. 그것은 집단의 세속적 가치에 의해 선택된 것이다. 돌섬기우제의 형식적 변화와 기우제 일반형식으로의 변화는 바로 이러한 신성의 세속화 원리에 따른 변화로 해석된다.

세속적 가치는 신성을 무너뜨린다

지금까지 「최고운전」의 기우모티프와 돌섬기우제를 비교해 보았다. 소설의 기우모티프는 주인공이 중국으로 문장시험을 받으러 가는 도중에 설정되어 있다. 신라에서 파경노가 되고 문장력으로 승상의 사위가 된 최치원은 문장대결에서 승리하기 위해 중국으로 떠난다. 위이도는 용궁초대와 문장 인정, 섬주민들의 강우 요청의 수락과 강우로써 주인공의 능력을 확인하는 공간이다. 특히 용궁으로 초대되어 문장으로 용왕을 감동시키고 용자의 스승이 된 것, 용자를 부려 비를 내리게 하는 능력 등은 문장력을 넘어 자연을 부리는 초월적 능력에 해당한다. 그 과정에서 하늘 사자의 진술에 의해 최치원이 인간세계에 적강한 선인임이 알려진다. 이로써 그는 천신과 수신의 호위를 받는 신성적 존재임이 증명된다. 따라서 기우모티프는 최치원의 신성을 확보하고 이후 전개될 중국 천자와의 대결에서 승리할 것을 예고하는 기능을 한다.

최치원과 관련된 기우제는 창원의 돝섬과 옥구의 자천대에 전한다. 이들 기우제의 발생배경에 최치원이 있다. 돝섬기우제는 최치원이 요괴의 빛을 퇴치하고 처음으로 그 자리에서 제를 지낸, 그 장소의 신성에 기대어 설제된 것이다. 자천대기우제는 최치원이 만든 비서와 석룡의 신비한 능력에 기대어 설제된 것이다. 돝섬의 경우는 1930년대까지 제의가 전승되었다. 돝섬기우제의 형식은 장소의 신성에 대한 인식이 소멸되고 민간주술의 일반적 형식으로 변한다. 자천대기우제는 최치원의 문장에 대한 신성의식이 세속적 계산에 밀려 기우제가 소멸되었다. 이들은 최치원에 대한 신성의식의 소멸과 기우제의 세속화로 해석된다.

「최고운전」의 기우모티프와 돝섬기우제 발생설화는 역사인물의 신화화 현상을 보여준다. 역사적 실제로서의 최치원은 뛰어난 문장능력을 가졌고, 그럼에도 불구하고 정치적 좌절을 경험했다. 소설에서는 그의 일생을 신화적 인물의 범주로 끌어올림으로써 문화영웅 최치원의 일생을 완성시키고 있다. 그러나 기우제설화에서는 문장가 최치원에 대한 신성의식에서 기우제가 발생했으나 후대로 갈수록 세속화된다. 기우제 형식의 변화나 기우제의 폐기는 집단의 세속적 가치가 신성을 무력화시킨 결과이다.

기우설화에 담긴 신성의 해석

기우설화의 신성원리

기우제는 비가 오기를 바라며 지내는 제사이다. 국가나 민간차원의 기우제가 의례로서의 권위를 잃은 지는 오래이지만, 제의의 소멸에도 불구하고 기우설화는 여전히 전승되고 있다.

기우설화는 민간의 기억 속에 존재하는 신성에 대한 인식과 사고체계를 이해하는데 있어서 중요한 서사적 단서를 제공하고 있다. 기우제가 의례의 형식이라면 기우설화는 의례의 구체적인 행위를 서사를 통해 해석하고 지역민의 기우의례에 대한 인식을 담아낸다. 특히 희생제의는 성속聖俗의 관념을 기반으로 한다는 점에서 신성의식을 직접적으로 기술한다.

기우제는 국행기우제와 민간기우제로 구분된다. 국가차원의 기우제는 사전祀典 체제 내에 수용되어 있는 정례화 된 기우제 또는 조정의

논의를 통해 국가주도로 행해진 것이다. 『삼국사기』, 『조선왕조실록』, 『기우제등록』 등에 그 형식과 내용이 전하며, 『대동야승』, 『신증동국여지승람』 및 문집 등에서도 국행기우제의 모습을 확인할 수 있다. 민간기우제는 민이 주재하는 기우제를 말한다. 『대동야승』, 『신증동국여지승람』 등에는 국행기우제와 함께 민간기우제도 실려 있다. 여기서는 국행기우제의 영향에 관계없이 민간기우제로 보고된 자료를 대상으로 한다. 일제강점기의 『석존·기우·안택』, 1960년대 후반의 『한국민속종합조사보고서』, 1980년대 『한국구비문학대계』, 1990년대 『한국민족문화대백과사전』, 웹자료 『한국민속대백과사전』과 기타 지역의 민속관련 보고서를 대상으로 했다.

여기서는 기우설화의 기우행위에서 '신성 더럽히기'와 '신성 회복하기'라는 대립적 현상이 어떻게 공존할 수 있는가라는 문제의식에서 출발했다. 신성의 오염이 기우제에서 어떻게 기능하고 있는지 살펴봄으로써 이들 대립적 서사의 신성원리를 해명할 수 있을 것이다. 이를 위해 먼저, 두 대립된 기우형식의 서사체계를 해석하고, 그 서사체계를 가능하게 한 제의의 원리를 살필 것이다. 이 신성원리를 죽음과 재생이라는 신화적 창조행위의 틀로 살펴봄으로써 기우설화가 종교적 신성관념을 기초로 하며, 그것은 궁극적으로 신화에 닿아 있음을 살펴보고자 한다.

신성에 가해지는 두 가지 태도

기우설화에는 비를 기원하기 위해 신성에 가하는 두 가지 태도가 나타난다. 하나는 더럽히는 것이고 다른 하나는 깨끗이 하는 것이다. 신성은 기우행위를 하는 장소다. 그런데 이 신성에 대해 하나는 희생의 피를 제장에 뿌려 더럽히고, 다른 하나는 시체로 더럽혀진 제장을 파헤쳐 깨끗이 하는 것이다. 제의 주체에 의해 더럽혀지고, 깨끗이 정화된다는 점에서 이 둘의 행위양식은 대립적이다. 그럼에도 불구하고 이들은 기우라는 동일한 목적을 위해 행해진다.

강우라는 동일한 목적을 위해 '신성 더럽히기'와 '신성 회복하기'가 존재한다는 점에서, 이들은 어떤 사고체계의 동질성에 기초하고 있을 것으로 보인다. 이를 해명하기 위해 대립된 기우설화의 서사체계를 먼저 살펴보기로 한다.

희생의 피 – '신성 더럽히기'

기우설화를 구성하는 요소 중에 신성표지를 보이는 것은 주로 대상신과 장소, 제의행위 등이다. 신성한 제장은 산꼭대기, 못, 시내, 바위, 굴 등으로 다양하게 나타난다. 이곳은 주로 용으로 대표되는 기우제의 대상신이 있는 장소다. 이 장소에서 희생물 죽이기, 피 묻히기, 제물 바치기, 묘 파기, 불 지르기, 병 거꾸로 매달기, 키질하기 등의 행위와 함께 제의가 이루어진다. 별도의 제의 없이 마을에서 행하는 주술행위만으로 기우제가 이루어지는 경우도 있다.

기우설화 중에서 제장에 돼지나 개를 제물로 바치는 희생제의가 중심이 되는 설화들이 많이 나타난다. 그러나 여기에서 논의하고자 하는 것은 피로 신성을 더럽히는 행위의 의미를 규명하는 것이므로, 희생 바치기는 연구대상에서 제외한다. 이들은 대상신에게 제물을 바치는 공경의 표현이기 때문에, 제장에 피를 바르는 부정화의 방법과 구분된다. 피로 제장을 더럽히는 기우행위가 온전하게 전하는 설화만을 대상으로 살펴보기로 한다.

기우설화에는 함부로 접촉하지 말아야 할 금기의 대상인 신성을 피로 더럽히는 부정화의 방법이 있다. 이들 행위에서 신성을 더럽힘으로써 대상신을 자극하고 그 결과 신을 움직여 기원하는 바를 이룰 수 있다는 공격적인 의식이 깔려 있다. 이 부정화의 방법은 산 위에서 기우제장 부근에 돼지나 개의 피를 바르기, 기우제단에 개나 소의 머리 묻기, 햇빛이 잘 드는 암석 위에 개나 돼지의 피를 뿌려놓기, 깊은 연못이나 강물에 돼지나 개의 머리를 던지기, 깊은 연못이나 폭포의 물속에서 키를 씻기, 피로 제장을 더럽히기 등으로 다양하게 나타난다.

희생동물은 개가 일반적이며, 희생의 피를 제장에 바르는 것이 부정화의 방법이다. 드물게 돼지의 피가 나타나기도 하지만, 희생동물이 개인 경우가 대부분이다. 동제의 경우, 일정한 금기를 행해야 하는 제관들이 먹거나 마셔서는 안 되는 것이 많다. 그 중에서 가장 피해야 하는 것은 개고기와 날것이다. 그래서 개고기를 먹고 당제에 참가한 자가 즉사했다는 전승은 어디서라도 들을 수 있을 정도다(임장혁, 1999: 150). 그런 의미에서 희생동물이 '개'인 것만으로도 부정하다고 할 수 있는데, 기우설화에서는 이 부정한 동물의 '피'를 제장에 바르는 부정한 행위로 나타난다.

'피로 더럽히기' 기우설화의 주요 구성요소는 다음의 [표]와 같다.

"옛날부터 가뭄이 들면 이곳에서 사람들이 기우제를 지냈는데, 그 제라는 것이 살아 있는 개를 잡아 피를 바위에 칠하면, 마치 핏물을 닦

구분	지역	장소	희생물	기우행위	비 내리는 이유
①	경남 거제군 장목면	백여도 바위	개	섬의 바위마다 개를 끌고 다니면서 피 흘림	선녀가 목욕하는 자리라 더러움을 씻으려고
②	경북 봉화군 춘양면	용탕	개	용수에 피 흘리고, 기우제 지냄	더러움을 씻으려고
③	경북 안동군 임동면	황산절	돼지, 암탉	아기산 기우제, 법당 축에 피 뿌림	지저분하여 씻으려고
④	충북 음성군 원남면 덕정리	화암사터	개	개피를 바위에 바름	핏물 닦으려고
⑤	충북 단양군		개	개피를 바위에 바름	
⑥	충북 중원군 엄정면 목계리		개	개피를 바위에 바름	
⑦	전남 구례군 상동면 위안리	바위	개	머리를 깊은 곳에 던져 넣음	용이 더러움을 씻으려고
⑧	강원도 정선군	찍소	개	바위에 개피 바르고 머리는 소에 넣음	더러운 물 씻겨가라고
⑨	강원도 양양군 서면	용소	개	개피를 바위에 바르고, 기우제 지냄	더러움을 씻으려고
⑩	강원도 양양군 현남면	개피바위	개	개를 달아놓고 기우제, 바위에 피를 바름	더러움을 씻으려고
⑪	강원도 양양군 현남면	죽도 신선바위	개	산에 개피를 흘리고 개는 바다에 넣음	불결한 것을 씻으려고
⑫	강원도 고성	구룡소, 구선봉 등	돼지	제장의 바위에 피를 바름	
⑬	강원도 횡성군	용암	꽃사슴	바위에 피를 바름	

기라도 하듯 비가 왔다고 한다."(『음성의 구비문학』, 충청북도 음성군 원남면 덕정리 설화)거나, "옛날에는 크게 할 직에는 돼지를 한 마리 잡았지요? 돼지를 한 마리 잡아가 법당 그 법당 축에 나가머 마구 피를 흘리지요. 피를 흘리는 건 그 왜 그래는 동 몰랬는데, 그 부처님이 그거 지저분하다고 비를 내라 씻부라꼬, 비를 내라 씻부라꼬, 피를 막 법당 처막에다 홀레 놓고설랑"(『한국구비문학대계』 7-9, 경북 안동군 임동면 설화 13), 기다리면 비가 내린다고 했다.

이상의 기우행위는 '희생의 피-제장 더럽히기'라는 범주로 묶을 수 있다. 제의 주체가 제장을 오염시켜 신격을 자극하고, 이로써 신격을 움직여 제의의 목적을 달성한다는 내용이다. 강원도 양양군 서면의 용소 바위 기우제와 현남면의 신선바위 기우제 등 강원도 지역 기우 설화(『한국구비문학대계』 2-5: 218-219; 2-4: 671-672; 『강원전통문화 총서-설화』, 강원도 정선군편 등)에서 이 유형은 뚜렷하게 양식화되어 있다.

이 설화유형은 선녀들이 내려와 노는 바위를 더럽히면 선녀가 씻어주고(『한국구비문학대계』 8-1: 180; 8-14: 527), 용이 기거하는 용수를 더럽히면 용이 씻어주는(『한국구비문학대계』 7-10: 500-502) 등으로 다양하게 나타난다. 또한 '용수에 피를 흘래고 기우제를 지내고 산하山下에 내려오기도 전에 비가 와가주고'와 같이, 기우방법의 즉각적인 효험에 대한 진술이 수반되기도 한다.

1936년 조선총독부에 보고된 약 161곳의 기우자료(최종성, 1997: 193 참고) 중에서 희생제물은 개와 돼지가 가장 많다. 여기에는 돼지나 개를 도살하여 그 피와 살을 살포함으로써 제장을 오염시키는 것으로 정형화 되어 있다. 흥미로운 사실은 일제강점기 강원도 고성지방에서 기우제에 사용된 개에 대한 인식이다. 1926년 금강산의 구룡연에서 거행된 기우제에서, 그들은 개를 죽이고 그 피를 용연의 암벽에 바르고, 죽은 개의 몸을 연못에 던져 넣었다. 이에 대해 운우를 관장하는 용은 부정한 개를 싫어하기 때문에 개의 살과 피로 오염된 지역을 씻기 위해 대우大雨를 내린다(무라야마 지준, 1938: 96-97)고 해석하고 있다.

여기서 주목할 것은, 개를 부정한 동물로 인식한다는 것이다. 부정한 동물인 개의 희생도 제장을 더럽히고, 거기다 더하여 희생의 피로 제장을 오염시킴으로써 제장에 대한 이중적인 더럽힘을 가하고 있다고 할 수 있다. 그러므로 희생을 바치는 것과 피를 바르거나 뿌리는 것은 본질적으로 제장 더럽히기라는 공통된 기우행위로 묶을 수 있다.

한편 1960년대 후반 이후의 민간기우제 보고에서도 이러한 양식이 나타난다. 이 양식은 전남 구례군 상동면 위안리의 경우와 충청북도 단양지역, 충북 중원군 엄정면 목계리(『한국민속종합보고서』, 전라남도편: 250; 충청북도편: 156-157) 등 여러 지역에서 발견된다.

민간기우제는 개나 돼지의 머리를 쓰지만, 국행기우에서는 침호두沈虎頭의 방법을 쓴다. 『성종실록』(권 44, 成宗 5년 윤6월 癸巳日) '기우요건'에는 국가에서 실행할 수 있는 의례의 총목을 정리하고 있다. 한강, 양진에서 침호두를 거행하고 도류에게 용왕경龍王經을 읽게 할 것과 박연에서도 침호두를 거행하라는 요건(이욱, 2009: 139 참고)이 있다. 침호두는 호랑이 머리를 물에 담그는 것으로써 기우제를 행하는 것이다. 중종 25년(1530)의 『신증동국여지승람』에 의하면 각 지방의 기우처에 침호두한 사례가 6곳 보인다. 이곳 중 4곳은 중종 22년과 26년에 영험 있는 기우처로 조정에서 논의되어 각 지방 수령에 의해 기우제가 거행되도록 조치되었다. 이때 호랑이 머리를 제물로 사용하고 있다. 호랑이가 신을 달래고 위무하는 일반적인 형태의 공물供物과 같이 신에게 바쳐지는 희생물로서의 성격을 가진다. 동시에 신을 위협하고 자극하는 유도물誘導物로서의 성격도 가진다. 호랑이 머리가 귀한 공물로 여겨진다면 침호두의 제의적 맥락은 신에 대한 위무가 주된 것이 될 것이다. 그러나 호두가 대상신을 자극하는 유도물이라면 침호두의 제의적 맥락은 신에 대한 위화적인 충격과 대항이 될 것이다(최종성, 1997: 190). 이렇게 본다면, 민간기우제의 '신성 더럽히기'는 국행기우제의 침호두가 갖는 위화적 충격과 그 제의의 효과에서 상통하는 것으로 이해할 수 있다.

민간에서도 용이 있다고 믿어지는 곳에 제물을 투여하는 것은 국행기우제와 같지만 희생이 호랑이의 머리가 아니라 개나 돼지의 머리로 대체된다. 민간에서 개와 돼지의 머리로써 기우하는 것은 호랑이 머리가 구하기 힘든 물건이기 때문이다. 이는 국행기우제에서도 호두를 구하기 어렵게 되면 개와 돼지의 머리를 대신 사용한 것으로 알 수 있다. 민간의 희생물로서의 개나 돼지의 머리를 쓰는 원리는 국행기우에서 호랑이 머리를 쓰는 것과 동일하게 인식했을 것으로 보인다. 그러므로 희생의 머리를 제장에 던져 넣는 것이나 피를 바르는 것은 신격에 대한 위협의 의미가 강한 것이다.

국행기우와 민간기우가 희생물은 다르지만, 용신이 기능을 발휘하게 한다는 제의의 맥락에서는 동일한 의미를 가진다. 게다가 침호두의 경우, 호랑이 머리로써 용신을 위협하여 그 힘을 발휘하도록 하는 강렬한 기우제의가 되는 것처럼, 민간기우제에서 개의 피라는 부정한 물질을 신성에 투척함으로써 대상신을 자극하는 것은 동일한 맥락이다. 이것을 최종성(2007)은 용부림이라는 용어로 정의하였다. 즉, 잠룡기우는 개, 돼지, 호랑이 등의 동물을 동원하여 용소에서 안정적으로 서식하고 있는 부동의 잠룡을 자극하여 강우를 얻어내는 기우제 형식인 것이라는 것이다.

이 설화유형의 서사과정을 도식하면 다음과 같다.

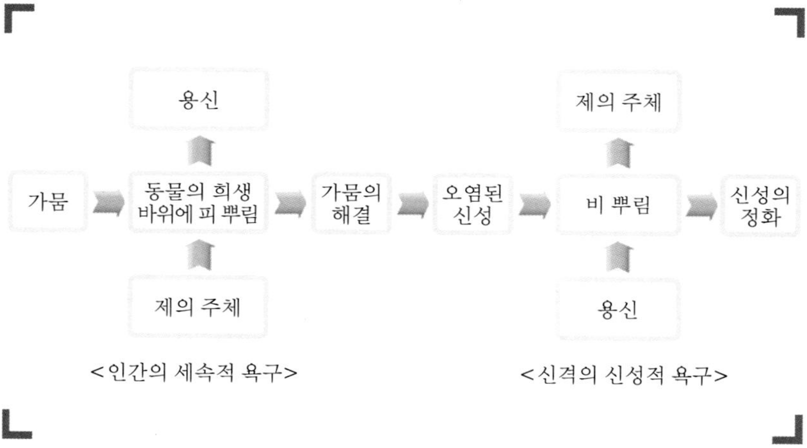

순조로운 기우를 통한 농사의 풍년은 생활의 안정을 위해 필수적이다. 이 안정은 인간의 세속적 욕구의 기초가 된다. 이 욕망을 달성하기 위해 제의 주체는 동물 희생과 피 뿌리기를 통해 대상신을 자극한다. 이로써 신격을 움직이고 가뭄의 난관을 해결한다. 대상신의 입장에서는 더럽혀진 제장을 비로 씻어서 스스로의 위엄을 회복하는 것이다. 이로써 제의 주체는 가뭄이라는 부정적 현실을 강우라는 만족한 현실로 바꾸어 생활의 안정을 회복한다.

'희생의 피-제장 더럽히기' 유형의 기우설화는 가뭄의 난관을 해결하기 위해 제의 주체는 희생의 피로써 신성을 오염시키고, 오염을 해결하고자 하는 대상신은 비로써 더러움을 씻는다. 대상신의 씻음은 신성을 유지하고자 하는 욕망에 기초한다. 인간은 이 대상신을 움직여 강우의 목적을 달성하는 것이다. 가뭄을 해결하기 위해 신성을 더럽히는 것은 신격을 움직이기 위한 수단이 되는 것이다. 신격의 욕망은 인간의 기우욕망을 달성하는 수단이 된다.

암장 파헤치기 – '신성의 회복'

'암장 파헤치기'는 특정 장소에 몰래 쓴 묘를 파헤침으로써 비를 얻는 것이다. 특정 장소에 묘를 쓰는 행위에 대한 금기가 전제되어 있고, 금기의 위반이 발생하며, 그 결과 가뭄이 초래되었다고 믿는다. 따라서 가뭄을 초래한 금지행위를 되돌림으로써 비를 얻을 수 있다는 논리를 가지고 있다. 이러한 서사가 중심을 이루는 기우설화를 '암장 파헤치기'로 유형화하여 살펴보기로 한다.

프레이저(1977: 106-124 참고)가 소개하고 있는 동아시아의 기우제에도 이 유형과 비슷한 사례가 많다. 시체 파내고 해골 위에 물을 끼얹기, 시체를 파내서 늪이나 연못 속에 가라앉히기, 배교자의 시체 파내서 두들기기, 선조의 묘 적시기 등이 그것이다. 이들은 우리나라 기우설화에 보이는 묘 파헤치기와 유사한 행위양식을 가지고 있다.

'묘 파헤치기' 기우설화의 주요 구성요소는 다음 [표]와 같다.

구분	지역	장소	암장 이유	가뭄의 원인	행위 주체	부대 행위
①	경남 진양군 대곡면	월아산		기우제장의 묘		
②	경남 밀양군 상남면	종남산		기우터의 묘		대창으로 묘를 팜
③	경남 의령군 의령읍	자굴산	대명지	대명지에 암장	장정들	뼈를 돌로 갈아 뿌리고 그 위에 불을 지름
④	경남 사량도 진촌	옥녀봉	명당		장정들	
⑤	경남 거창군 가지리	산꼭대기		제단 근처의 묘	부녀자들	산꼭대기 불 피움
⑥	울산		명산	묘 때문에 산신이 노함		
⑦	경산군 진하면		명당	신성한데 묘를 씀		
⑧	경산군 용성면 곡란리	용산 무지개샘	명당	암장		후손을 매질, 뼈를 멀리 던짐
⑨	경북 영일군 연일	형산	명당	산신이 노함		호미나 가래로 뼈를 발굴하여 흩어버림
⑩	경주군 강서면 산대리	무룡산	명산	시체 매장		사체를 발굴하여 유기함
⑪	경북 안동시 서후면	천등산			부인들	파헤친 후 헛장을 해놓고 다음 가뭄에 또 팜
⑫	경북 영덕군 창수면	칠보산		기우제장의 묘	장정들	묘를 파고 시체를 들어냄
⑬	경북 달성군 다사면 방천동	와룡산	용머리산	부자 되려고 신성지에 묘를 씀		송장을 파서 태워버림
⑭	전남 함평군 월야면	월악산		암장	부인들	호미로 파내고 뼈에 오줌을 눔
⑮	전남 고흥군 풍양면	천등산	명당	용마나는 자리에 함부로 묘 씀		
⑯	전남 함평군 나산면	천주봉	신성지	기우제장의 묘		징, 꽹과리 울리고 봉화 피우고 제지냄
⑰	전남 무안군 청계면 청계리	시루봉	명당		여자들	송장을 파내고 똥오줌을 퍼 부음
⑱	전남 진도군 진도면 사정리	북산, 남산	명산		부인네들	호미 등 연장으로 시체를 파냄
⑲	충북 괴산군 사리면 소매리	백마산		암장		백골이나 시체를 산상에 흩어버림
⑳	충남 서산군 서산읍 동문리, 서문리	옥녀봉	명당	암장		쇠꼬챙이로 파헤침
㉑	황해도 옹진군 서면 동문 외리	산봉우리	장자터	장자의 금괴를 찾으려 땅을 팜		흙을 파면서 기우제 지냄

이 기우설화에서 시체를 몰래 묻는 장소는 산이다. 이 산은 기우제가 행해지는 제장이거나 명당이다. 이들은 신성으로 표상된다. 신성한 장소에 시체를 묻는 것은 부정이며, 가뭄은 부정의 결과다. 그러면서 시체를 묻으려는 사람과 금지하는 사람은 개인의 이익과 공동체의 이익으로 대립하고 있다.

경남 밀양군 상남면의 기우설화에, "종남산에 미를(묘를) 씨면은 우리 밀양 고을엔 비가 안 온다 해서, 참 비가 안 오고 아주 오래 가물 때는 반드시 거어 종남산에 가서, 우리 오면 면민面民들이 전부 다 가서, 어 대창을 가지고 그 묘를 갖다가 전부 파는, 그 보통날도 가도 안 하고 진사일辰巳日로 택해서 이래 가면은, 그 묘를 다 파뿌고 나면은 각중에(갑자기) 뇌성벽력이 일어나서 어 비가 온다 하는 이걸 갖다가, 우리 눈으로도 목격하고 했으이까"(『한국구비문학대계』 8-7: 419-420; 8-4: 59-60)라고 하였다. 종남산에 묘를 쓰면 안 된다는 금기의식과 금기의 파괴를 가뭄의 원인으로 파악하고 있다. 그러므로 묘를 파헤치는 것은 가뭄의 원인을 해소하는 것이다. 이 설화는 '금지된 지역에 암장-가뭄 발생-금기파괴에 대한 의심-묘를 찾아 파헤침-비 내림'이라는 서사를 기본으로 하고 있다.

금기에도 불구하고 암장이 행해지는 이유는, 이태조가 백일기도를 드린 대명지大名地③이거나 제장 부근에 암장을 하면 대운을 얻는다⑦거나 용마가 나는 신성한 땅⑮, 옥녀탄금형으로 당대 발복하는 명당 길지⑳로 인식되고 있다. ⑬의 경우도 와룡산 꼭대기가 용의 머리에 해당되는 부분이기 때문에 그곳에 묘를 쓰면 묘 주인이 큰 부자가 된다(김광순, 1983: 182-183)고 한다. 그런데 이 명당이 기우제를 지내는 제장과 겹친다. 즉 명당이거나 제장이거나 그 장소는 신성한 곳으로 인식되고, 따라서 함부로 사사로운 이익을 위해 개인이 차지해서는 안 되는 것으로 말해진다.

⑮는 명당의식과 신성이 겹친 극치를 보여준다. 천등산 박장군은 웃대에 이 명당에 묘를 써서 난 인물이라는 것과, 박장군이 축지법을 쓰는 등 탁월한 능력을 가진 인물이었다는 것, 그리고 역적으로 모함을 받아 억울하게 죽었다는 것이다. 그런데 그 죽음은 스스로 택한 죽음이며 그의 죽음과 함께 천등산 그 자리에 "용마가 나와서 기양 울음 울고" 밤낮 사흘을 울고 다니면서 바위에 용마 발자국을 남겼다고 한다. 이때 천등산의 명당은 용마가 아기를 기다리는 장소로서 신성한 땅이다. 그 신성한 땅에 박장군의 선대가 묘를 쓴 때문에 박장군이 났고, 박장군 죽은 후에 그 자리를 파려고 해도 묘터를 큰 바위가 딱 눌러서 수천 명이 들어도 움직이지 않는다고 했다. 그리고 그 묘터는 어느 시절이든 또 임자가 나타나면 그 바위가 이동을 할 것이라고 한다. 용마가 영웅을 기다려 새로운 세상을 열게 될 대명지이다. 이는 아기장수설화와 기우설화가 겹치는 서사이면서 영웅신화에 접근한 것이다.

경기지역의 경우, 시체의 매장과 관계없이 땅을 파는 행위 자체로 기우를 초래한다고 믿고 있다. 이때, 땅을 파는 장소는 장자가 재물을 묻은 자리이다. 도둑들이 장자의 재물을 탐내므로 장자는 재물을 땅에 묻어놓았다. 그런데 후손들에게 알리지 못하고 장자가 죽고 말았다. 사람들은 장자의 재물을 차지하기 위해 땅을 판다. 누구라도 땅을 파기만 하면 비가 내렸다. "호미를 들고 그곳을 팔 때마다 맑은 하늘에 갑자기 구름이 끼고 비가 오는"(『이천시 장호원읍 문화유적·구전자료 보고서』, 대서

2리의 '장자터의 유래') 이러한 선험적인 강우현상은, 이후 비가 필요할 때마다 장자의 터를 호미로 파는 행위를 낳았다. 반복된 행위가 기우의례로 정착되었다는 것이다. 이런 경우, 남의 재물을 함부로 파는 것은 부정한 행위이며 부정에 대한 징벌적인 현상으로 하늘에서 비를 내린 것으로 이해할 수 있다. 그러나 더 본질적으로는 땅을 파는 행위로써 비를 부를 수 있다는 심연의 신화적 의미가 존재한다. 기우행위 자체의 상징적 의미가 또 다른 심연으로 전승 주체들을 신화의 세계로 이끌고 있었다고 보인다. 따라서 이것도 '묘 파헤치기'와 같은 범주로 묶을 수 있다.

이 유형의 기우설화는 일제강점기 총독부 자료에서도 확인할 수 있다. 가뭄이 들면 주민들은 가뭄의 원인을 찾는다. 그때 신성지역에 몰래 쓴 묘가 원인이라고 인식한다. 이러한 판단은 묘를 파헤쳐 시체를 폭로한다. 평상시에는 문제가 안 되지만 여름에 비가 오지 않을 경우에는 반드시 누군가의 사체매장 혐의를 근거로 묘 파헤치기가 감행된다. 사량도의 경우, "주산인 옥녀봉은 풍수지리로 볼 때 명당이라 자손이 잘 되려고 몰래 묘를 쓰는" 것으로 인식하고 있다. 이렇게 묘를 쓰는 자리가 명당이라는 인식은 충남 서산군 서산읍 동문리와 서문리의 묘파기기우제와 충북 괴산군 사리면 소매리의 경우도 동일하다(『한국민속종합보고서』, 충청남도편: 174; 충청북도편: 158). "서산읍의 옥녀봉이 당대 발복하는 명당"이므로 암장이 성행한다는 측면에서 보면 명당이다. 마찬가지로 그 자리는 함부로 묘를 쓰면 안 된다는 신성에 대한 금기가 전제된다. 그러므로 "암장을 하면 부락에 재앙이나 변고가 나타나"고, 가뭄은 이러한 변고에 해당하므로 주민들이 암장을 찾아내고 파헤쳐서 더럽혀진 명당을 깨끗하게 회복해야 한다는 명분을 주는 것이다. ⑦의 경우는 "용산은 명당터라 무지개샘 부근에 묘를 쓰면 당대에 큰 인물이 나거나 큰 부자가 된다고"(이동근, 2005: 165-166)고 믿어서 근처 마을 사람들이 틈만 나면 온갖 수단을 다 써서 이곳으로 이장을 하려고 했다. 그래서 가뭄에 암장한 묘를 발굴하면 후손을 마을에 묶어 놓고 매질을 하면서 비가 오도록 주문을 하고, 연고자가 없을 때는 백골을 멀리 던져버리기까지 했다.

묘 파헤치기에서 시체는 신성을 더럽히는 부정으로 인식되고 있다. 국행기우제의 경우는 시체에 대한 태도가 다르게 나타난다. 가뭄이 오래되면 국가에서 방치된 시체를 거두어 잘 매장해줌으로써 비를 구하고자 했다. "봄부터 비가 적게 내렸으니, 청컨대 고전에 따라 억울한 죄수를 심리하고 궁핍한 백성들을 구휼하며 버려진 뼈를 덮고 시체를 매장하고"(『고려사』 세가 6, 정종2년 5월) 명산대천에 기원했다. 이 경우 시체를 처리하는 것은 백성들에 대한 임금의 보살핌을 더욱 극진히 하는 것으로 인식된다. 통치자의 입장에서 버려진 시체를 거두어 백성의 원망을 없게 하는 것이다.

일본에서는 죽음의 부정관, 특히 충분한 공양을 받지 못한 채 방치되어 있는 오래된 무덤은 재난을 가져온다고 본다. 이는 8세기에 전개된 중국의 덕치사상과 연관되는 것으로써 임금의 은덕이 죽은 유골에까지 미친다는 덕의 실천으로 인식된 것이다(임장혁, 1999: 88-94). 이렇게 부정한 죽음을 거두어 묻어주어 하늘의 감동을 입으려는 것이 조선시대 국행기우제의 모습이다.

민간기우제에서 파헤쳐 흩어진 시체들은 그 자체로서 죽은 자에 대한 잔인한 형벌이 된다. 그러므로 신성 지역에서 행해진 암장이라 하더라도 남의 묘를 함부로 훼손하여 시체를 뿌리고 태우는 행위는 시체유기이며, 도덕적인 측면에서 문제가 된다. 오횡묵(1838-?)의 『함안총쇄록』에는 저자가 함안군수 재임 시 지방관으로서 기우제를 설행한 기록이 있다. 이 때 민의를 수렴하여 사직단과 명산 등과 같이 신성시하는 곳에 몰래 매장한 시체를 발굴한 사건을 기록하고 있다. 기우제 설행 하루 전, 6월 1일의 기록을 보면, "사직단, 안산에 올해 들어 몰래 무덤을 쓴 것이 열 두 기 정도인데, 여러 사람들의 의논이 이 무덤을 파서 없애야 하늘에서 결국 비가 내릴 것이라고 하였다. 이 날 곧바로 관속들에게 이 열 두 기의 무덤을 파내게 하였다(오용원, 2009: 135 재인용)." 이는 민간에서 행하는 기우행위를 관에서 적극 수렴한 경우다. 관에서 이미 기우제를 지내고도 그것이 부족하다고 생각할 때 민간의 기우행위를 수렴한다.

그러나 남의 묘를 훼손하는 것은 그 목적의 공공성에도 불구하고 도덕적 측면에서 갈등을 남긴다. 조선시대에는 묘를 파헤치는 행위를 법으로 금지하기도 했다. "마을의 기우단은 매우 신령스런 곳이다. 그곳에 매장하는 사람이 있어 날이 가물므로 그곳에 매장하는 것을 엄금한다. 5~6년 전 이러한 일(기우제단에 암장한 일)이 있었는데, 마을사람들이 모두 함께 파내어 버렸다. 이것은 내 눈으로 목격한 것이다."는 기록으로 보아, 조선후기에도 만간기우의 방법으로 묘 파헤치기가 행해졌음을 알 수 있다. 그러나 조선 후기에는 묘지발굴과 시체유기에 대한 조치가 강력했으므로 민간의 기우행사는 여러 형태로 저항을 받게 된다. 일제강점기에도 시체에 대한 공격적인 이와 같은 기우행위는 범죄구성 요인이었으므로 경찰의 단속대상이 되기도 했다.

⑱에서 보듯이 1960년대 말까지 이러한 기우행위가 시행되었으며, 경찰이 남의 묘를 파는 사람을 잡아가기도 했다. 이러한 강력한 단속은 묘 파헤치기 기우제를 점차 쇠퇴하게 했던 것으로 보인다. 묘 파헤치기는 남의 묘를 훼손한다는 현실적인 도덕의식과 성지를 더럽힌 부정한 묘를 공공의 이익을 위해 훼손한다는 종교상의 정당성이 대립 갈등하면서 유지된 것으로 보인다.

여기서 주목할 것은 묘를 파헤친 뒤에는 반드시 강우의 효과가 있다는 설화자의 강렬한 믿음이 발화된다는 사실이다. 즉 설화 제보자들은 자신들이 경험한 기우행사에 관해 "제사지내고 산을 내려오는데 산 중턱쯤 내려오면 벌써 비가 퍼붓는다."와 같이 강우의 효과를 강력하게 주장한다. 그것이 실제로 비를 내리게 했는지의 경험적 사실이 중요한 것이 아니라, 그들이 경험한 묘 파헤치기 주술이 기우에 대한 가장 강렬하고 절실한 행위이며, 기우제의의 극치임을 설화한 것이다.

이 유형의 서사과정을 정리하면 다음과 같다.

<개인의 세속적 욕구> <집단의 신성적 욕구>

개인의 세속적 욕구는 금기에도 불구하고 신성 장소에 몰래 묘를 쓰게 한다. 이것은 명당의 기운이 그 땅에 묻힌 조상의 시체에 미쳐 발복하여 후손의 영화로 나타난다는 믿음에 근거한다. 그런데 이 개인적 욕망은 집단의 욕망과 갈등관계에 놓인다. 집단은 묘를 파헤침으로써 시체로 오염된 땅을 회복하고, 그 결과 비를 얻으려고 한다. 집단의 안녕은 개인의 세속적 욕구에 우선하기 때문이다. 따라서 남의 시체를 훼손하다는 도덕적 갈등은 공공의 이익을 위한다는 명분에 의해 해소되고, 묘 파헤치기는 집단의 신성의식으로 정당화된다.

신화의 창조행위를 모방하다

기우설화에는 신성한 제장을 피로 더럽히는 것과 더럽혀진 제장을 파헤쳐 깨끗하게 하는 대립된 행위가 존재한다. 행위의 대립에도 불구하고 이들은 강우라는 동일한 목적을 추구하고 있다. 이들 행위는 마을대표에 의해 행해지는 기우제와 달리 마을주민들에 의해 행해지는 집단주술이다. 또 이들 행위는 성속聖俗의 관념에 기초하고 있다는 점에서 집단의 신성의식을 드러낸다.

'피 뿌리기'는 동물을 희생으로 삼으면서 피로써 제장을 더럽혀 대상신을 움직인다는 점에서 단순한 제의보다 공격적이고 위협적이다. 이러한 위협적 기우행위는 집단의 가뭄에 대한 절실한 고통을 반영한다. "돌아서 산중턱을 내려오는 데 비가 퍼붓기 시작"했다거나, "옷이 흠뻑 젖어서 산을 내려왔다"는 등의 진술은 기우행위에 대한 강력한 믿음을 표출한 것이다. 이러한 믿음의 진술은 그들이 처한 가뭄의 고통을 해결하려는 의지와 상통한다. 이들 기우행위들이 기우제를 지내는 것과 별도로 행해졌으며, 가뭄을 해결하기 위한 가장 극단의 지점에서 행해진다는 점에서 집단의 고통을 반영한다. 그렇다면 집단의 고통을 이겨내려는 이러한 기우행위의 심층에 자리 잡은 믿음은 무엇인가 라는 문제를 남긴다.

가뭄의 고통 속에서 신성을 더럽히는 극단적 행위가 이루어지는 그 순간을 들여다보면, 그 순간이야말로 고통의 의미를 가장 명백하게 제시하고 있다는 것을 발견할 수 있다. 제의 주체가 인지한 사실은, 자신들의 세속적 욕망이 신성을 침범함으로써 신이 비를 내리지 않는다는 것이다. 그러므로 그 원인을 제거하기 위해 몰래 쓴 묘를 찾아 파헤쳐야 한다고 믿는다. 이러한 의식을 행함으로써 집단은 가뭄의 고통을 이겨낼 수 있으며 또한 비 내림이라는 신격의 구체적인 응답을 기대할 수 있는 것이다. 따라서 희생제의는 현실적 고통에 대항하는 주술적 수단이며, 거기에는 신성의 각성이라는 전제가 따른다.

위에서 살펴본 바와 같이, 국행기우제와 민간기우제는 희생동물이라는 동일한 제재를 각각 다른 방식으로 처리하고 있었다. '호랑이'나 '개'는 희생 동물이라는 점에서는 동일한 제재에 속한다. 그러나 국행기우제에서는 신에게 바쳐지는 제물이었고, 민간기우제에서는 신성을 더럽히는 제재로서의 성격이 강하다. 여기서 더럽힘은 살펴본 바와 같이 '개'라는 동물 자체의 더러움과 '피'의 더러움이 겹친다. 국행기우제의 희생은 신격의 기능이 발휘되도록 하는 제물로 선택되었고, 그 선택된 것이 가장 효과적으로 작용되도록 제물을 성소에 던져 넣는다. 또 그 희생물이 호랑이 머리인 것처럼 위협적 기능을 동시에 하고 있다. 그러나 민간기우제에서는 위협 대신 희생동물의 피로써 제장을 더럽히고 있다.

이러한 제재의 처리방식은 시체에 대한 태도에서도 차이를 드러낸다. 국행기우제에서는 불안전하게 오염되어 있는 방치된 시체를 안전하게 거두어 매장해준다. 이것은 통치자의 선행이며 그로써 하늘을 감동시키고 그 덕을 입은 결과가 강우로 나타난다고 믿는다. 민간기우제에서는 안전하게 매장되어 있는 시체 자체를 오염으로 간주하고 파헤쳐 파기하는 것이 신격을 움직인다고 믿는다. 즉, 국행기우제와 민간기우제는 동일한 희생을 사용하면서도 제장에 매개되는 방식이 달라진다. 그것은 신성관념의 차이에서 비롯된 것이다.

기우설화에서 '피로 더럽히기'와 '묘 파헤치기'는 '신성 더럽히기'와 '신성 회복하기'의 의미를 가진다. 그러면서 이들은 동일한 신화적 원리를 내포하고 있다. 더럽히기와 회복하기의 기우행위는 통과제의의 구조 위에서 해석될 수 있다. 통과제의가 제의적인 죽음과 부활을 내포하고 있는 '새로운 탄생'이라는 것은 익히 알려진 사실이다. 기우설화에서 바위 또는 산정으로 표상되는 제장은 새로운 탄생을 위한 죽음과 재생의 과정을 겪게 된다. 이것은 피로 더럽혀지거나 파헤쳐지는 행위로 상징된다. 이들은 창조신화의 또 다른 재현이다. 왜냐하면 대상신이 더 이상 능력이 발휘되지 않아 비를 부를 수 없는 시점에 이르면, 제의집단은 그를 폐기시켜야 한다는 것을 깨닫는다. 그 폐기는 죽음이며, 죽음을 통해서만이 새롭게 탄생될 수 있기 때문이다. [표] ⑪의 안동시 서후면 설화는, "그 뫼도 하마 여러 번 팠지. 여러 번

팠는데도 어떤 머식이 헛장일래도 씨게는 또 왜 그래 쓰는동 몰래"(『한국구비문학대계』 7-9: 515-517)와 같이 가뭄 때마다 헛장을 파헤치는 행위를 반복한다. 헛장은 시체가 들어있지 않은 무덤을 말한다. 그들에게 시체 자체는 중요하지 않다. 단지 땅을 파헤치는 행위 자체를 반복하는 것으로써 대상신의 능력을 새롭게 하고 있는 것이다. 이러한 경우는 생명이 다한 대지에 새로운 힘을 불어넣는 신화적 창조 관념이 훨씬 강하게 나타난 것이다. '피로 더럽히기'와 '묘 파헤치기'는 고대의 원초적인 신성관념을 기반으로 하고 있다. 이들은 원초적 창조행위를 반복함으로써 약화된 신성을 회복하려는 창조행위 그 자체다.

기우행위에 내재된 신화의 원리는 성스러운 공간에 대한 인식에서도 나타난다. 엘리아데에 의하면, 성소란 특히 성스러운 지역을 표상하고 있다. 성소는 주변을 둘러싼 우주적 환경과는 질적으로 다른 그런 영역이다. 속의 공간은 확실히 성의 공간과 대립된다. 그것은 이른바 '중심에 자리 잡은' '성화된' 공간이다. 성스러운 공간은 균질적인 공간이 파괴되면서 생겨난다. 그럼으로써 초-세계, 즉 초월적 실재와의 교통이 가능해진다(엘리아데, 1991: 191-192). 기우설화에서 더럽힌 후 씻기거나, 더럽혀진 후 파헤쳐 정화된 땅은 신화적 성소의 개념이다. 그곳은 '용'으로 표상되는 비를 관장하는 신격이 내재된 공간이기 때문이다. 그리고 기우제를 지내는 제장이기도 하다. 이 제장에 신격이 강림하고 집단은 신격을 향해 제사지낸다. 평소에는 누군가가 이 장소에 묘를 쓰고 더럽히기도 한다. 그러나 가뭄이 들 때는 일상적 행위라 할지라도 금기를 어긴 행위로 인식되고 묘는 파헤쳐지게 된다. 신격에 대한 각성이 있을 때만 그곳은 성스러운 특별한 공간으로 존재를 드러내기 때문이다.

천지창조는 죽음과 재생의 구조로 연례적으로 반복된다. 엘리아데(1982: 90)는 그리하여 "신은 하늘을 새로 창조했다. 죄인들이 모든 천체를 예배했기 때문이다. 그는 또 땅을 새로 창조하였다. 땅은 아담에 의하여 쇠퇴되어 왔기 때문이다. 새로운 창조는 신이 뱉은 침으로부터 생겨났다."고 했다. 더럽힘으로써 죽고 죽음은 새로운 탄생의 단초가 되는 것이다. 기우제가 행해지는 제장의 오염은 바로 이 새로 태어나기 위해 전제되어야 하는 죽음인 것이다. 여기서 제장의 오염으로 인한 신성의 죽음 뒤에 씻김과 파헤침이 수반된다. 이는 신성의 회복은 죽음 이후의 창조행위이므로 죽음은 반드시 재생을 수반하는 원리다. 그러므로 기우행위를 통해 회복된 신성은 원초적인 통일성, 즉 천지창조 이전에 있었던 상태를 회복한 것으로 간주할 수 있다.

죽음을 통한 재생의 절차나 방법들은 비록 그 형식상의 차이는 다양하다 할지라도, 동일한 목표를 지향하고 있음을 알 수 있다. 그것은 아득한 그 때에로의 끊임없는 회귀에 의하여, 다시 말하면 우주창조 행위의 반복에 의하여 신성을 회복하고, 그 회복된 신성의 힘으로 강우를 불러온다는 것이다. 완전한 죽음을 통한 재창조를 통해 보다 확실하게 생기를 회복한 신성은, 기우에 대한 집단의 염원을 달성시킬 능력을 갖게 된다고 믿어진다.

엘리아데(1982, 119-123 참고)는 생명은 우주 창조의 반복을 통하여 재창조된다고 하였다. 재생 제의는 그것이 집단적이거나, 개인적이거나 간에 언제나 그 구조와 의미 안에 원형적인 행위의 반복을 보여준다. 그러므로 매년 가뭄이 들 때마다 그들은 망각된 신성을 인식하고, 그 신성에 새로운 생명을 불어넣게 되는 것이다. [표] ⑪은 죽음을 통한 원초적 시간에로의 회귀와 재창조의 가장 모범적인 사례라 할 수 있다.

기우제장은 주기적 재생을 통해서 그 본래의 신성한 힘을 회복할 수 있다. 일상적 시간 속에서 신성은 기능이 쇠퇴하고 의미가 망각된다. 그러다가 가뭄이라는 위험이 닥쳤을 때, 공동체는 신성에 대한 존재의미를 확인하게 되고, 그 결과 신성의 회복을 도모하는 것이다. 기우행위는 창조행위의 끊임없는 반복이다. 반복은 본래의 활력을 상실해버린 신성한 장소에 순간만이라도 원초적 생명력을 불어넣음으로써 그 신성이 힘을 발휘하도록 하는 것이다.

기우행위를 통해 회복된 신성은 비를 내리게 하는 능력을 발휘하고, 그 순간만큼은 그 장소는 속의 장소와 철저히 분리된 신성공간으로 회복된다. 그 성소에 신격이 내리고 집단의 염원은 전달되며, 신격은 그에 감응하여 비를 내린다고 믿는다. 강우는 곧 신격의 힘을 증명해 보이는 것이다. 신격의 힘은 죽음을 통한 재생의 결과로서, 새로워진 원초적 생명 그 자체이다.

그러므로 기우설화의 '피로 더럽히기'와 '묘 파헤치기'라는 대립적인 행위는 그 심층에 '죽음과 재생'이라는 신화적 창조행위를 모방하고 있다. 이러한 점에서 기우설화의 두 양식은 신화의 범주에 포함된다. 이것이 신화적 범주가 될 수 있는 것은 기우행위의 집단들이 세속적 시간을 초월하여 절대적 실재에 대한 신앙에 의해 지배받고 있다는 사실에서 더욱 분명해진다.

새로운 생명의 세계로

이상은 기우설화의 희생제의에 나타난 '신성 더럽히기'와 '신성 회복하기'라는 대립적 현상에 주목하였다. 기우설화는 마을 대표가 주재하는 기우제와 별도로 집단에 의해 행해진 주술적 차원의 제의 행위를 전하고 있다. 따라서 기우설화는 설화 주체의 신성에 대한 인식을 해명하는 중요한 근거를 제공한다.

기우설화에서 신성한 장소는 주로 산꼭대기나 바위, 못, 시내, 굴 등으로 나타난다. 이곳은 비와 관련된 신성이 내재된 곳이며, 그 신성은 일반적으로 용신으로 나타난다. 가뭄이 계속되면 집단은 신성에게 동물희생을 바치거나 그 피로써 제장을 더럽히는 행위를 한다. 이것은 신격을 오염시키는 부정화의 방법으로써 신성에 직접적으로 위협을 가하는 것이다. 부정은 신격에 의해 인지되고 신격은 오염된 신성을 회복하기 위해 비를 내린다. 그럼으로써 제의 주체들은 강우라는 목적을 달성한다. 설화자는 이러한 희생제의의 즉각적인 효험에 대한 강한 믿음을 진술하고 있는데, 이것은 기우행위가 고통을 이겨내는 기재로 작용하고 있기 때문이다.

신성 회복하기의 희생제의는 신성한 장소가 시체로써 더럽혀지고, 묘 파헤치기를 통해 원래의 모습을 회복하는 구조를 가지고 있다. 신성을 더럽히는 주체는 가문의 영화라는 개인적 욕망을 추구하기 위해 집단의 신성을 침범한다. 가뭄의 원인을 신성의 오염이라고 인지한 집단은 이의 회복을 위해 묘를 찾아 파헤친다. 시체에 대한 도덕적 태도와 집단의 생존이라는 공공의 이익이 갈등하고 있다. 이 방법 역시 강력한 주술효과에 대한 진술을 수반한다.

신성 더럽히기와 신성 회복하기라는 기우형식은 성속聖俗의 관념을 기초로 하고 있다. 그리고 '가뭄-피 또는 시체로 더럽히기-씻기 또는 파헤치기-강우'라는 서사구조를 가진다. 이 서사구조는 '죽음과 재생'이라는 신화의 창조원리를 따르고 있다. 피 또는 시체로서 오염된 제장은 죽음을 상징하며, 씻기고 파헤쳐 정화된 제장은 새로운 탄생을 의미한다. 창조된 제장은 강력한 능력을 발휘할 수 있으며, 이는 가뭄이라는 죽음을 통과하여 강우라는 새로운 생명의 세계로 진입하고자 하는 기우집단의 소망을 담아내는 것이기도 하다.

참고문헌

『고려사』

『동국이상국집』

『동문선』

『삼국사기』

『삼국유사』

Edward Shils 저, 김병서·신현순 역(1992), 『전통』, 민음사.

M.엘리아데 저, 박규태 옮김(1991), 『상징, 신성, 예술』, 서광사.

____________, 이동하 역(1983), 『성과 속』, 학민사.

____________, 정진홍 역(1982), 『우주와 역사』, 현대사상사.

강용권(1982), 「한국의 기우풍속에 관한 연구」, 『석당논총』 6, 동아대학교 석당학술원.

______(1996), 『한국민속문화연구』, 집문당.

강원도 정선군 편(1998), 『강원전통문화 총서-설화』, 국학자료원.

고려대 민족문화연구소(1980-1982), 『한국민속대관』, 고려대학교출판국.

____________________(1996), 『한국고전문학전집』

권택경(2006), 「최고운전 연구」, 한국교원대대학원 박사학위논문.

김광순(1983), 『한국구비전승의 문학』, 형설출판사.

김기동(1980), 『필사본 고소설전집』 2, 아세아문화사.

김수중(1999), 「고소설에 나타난 최치원의 신화적 성격」, 『국어국문학』34집,

국어국문학회.

김열규(1971), 『한국민속과 문학연구』, 일조각.

김의숙(2001), 「물의 제의 연구」, 『강원인문논총』 9, 강원대인문과학연구소.

김의숙·이창식(2003), 『민속학이란 무엇인가』, 북스힐.

김재호(2007), 「기우제의 지역간 비교와 기우문화의 지역성」, 『비교민속학』 33, 비교민속학회.

______(2009), 「사시(徙市) 기우제의 기우원리와 시장의 소통성」, 『한국민속학』 50, 한국민속학회.

김재홍(2009), 「창녕 화왕산성 저수지 출토 목간과 기우제」, 한국목간학회 제4회 국제학술회의 자료집.

김종하 편(1962), 『창원군지』, 창원군.

김택규(1985), 『한국농경세시의 연구』, 영남대학교출판부.

김현룡(1998), 「<최고운전>의 형성시기와 출생담고」, 『고소설연구』 4, 한국고소설학회.

김형윤(1973), 『마산야화』, 태화출판사.

나인정(1999), 「이물교구 설화연구」, 충남대학교대학원 박사학위논문.

노성미(2011), 「최고운전」의 탄생모티프 연구, 『배달말』 49, 배달말학회.

마산문화원(2011), 『마산시사』, 마산시사편찬위원회.

메리 더글라스 저, 유제분·이훈상 공역(1997), 『순수와 위험』, 현대미학사.

무라야마 지준(1938), 『석전·기우·안택』, 조선총독부.

문경새재박물관(2007), 『문경민속지-민속신앙 편』, 민속원.

문창문화연구회(1992), 『문창풍아』, 은시루.

문화공보부 문화재관리국(1969-1981), 『한국민속종합조사보고서』 1-12권.

민긍기 역주(2005), 『역주 창원부읍지』, 창원문화원.

______(1999), 「지명이 생성되는 틀에 대하여」, 『연민학지』 7, 연민학회.

박계홍(1973), 『한국민속연구』, 형설출판사.

박일용(1999), 「<최고운전>의 작가의식과 소설사적 위상」, 『고전문학연구』 16, 한국고전문학회.

반 겐넵, 전경수 옮김(1985), 『통과의례』, 을유문화사.

서영대(1992), 「고려시대 '무' 관계자료」, 『비교민속학』 9, 비교민속학회.

서정화(2012), 「기우제문의 양식적 전통과 문학적 변주 양상」, 『한문학논집』 34, 근역한문학회.

예천군지편찬위원회(2005), 『예천군지』, 예천군.

오용원(2009), 「기우제의를 통해 본 영남지방관의 일상과 대민의식」, 『영남학』 16, 경북대 영남문화연구원.

오인택(2007), 「숙종대 국행 기우제에 나타난 한재 대응방식의 정치성」, 『역사학연구』 29, 호남사학회.

월촌문헌연구소(1986), 『한글필사본고소설자료총서』.

유광수(2011), 「<최고운전>의 설화적 전승과 '최치원설화'의 연원」, 『한국문학연구』 39, 동국대한국문학연구소.

유동식(1992), 『한국무교의 역사와 구조』. 연세대출판부.

윤혜신(2006), 『한국신화의 입사의례적 탄생담 연구』, 한국학술정보(주).

음성문화원·음성향토문화연구회(2005), 『음성의 구비문학』, 음성문화원.

이 욱(2009), 『조선시대 재난과 국가의례』, 창비.

이기태(2007), 「마을기우제의 구조와 사회통합적 기능」, 『한국민속학』 46, 한국민속학회.

이능화 저, 서영대 역주(2008), 『조선무속고』. 창비.

이동근(2005), 『경산지방의 설화문학연구』, 중문출판사.

이동철(2005), 『한국용설화의 역사적 전개』, 민속원.

이수경(2007), 「[조선총독부 조사자료]에 나타난 조선의 민간신앙」, 『일본연구』 32, 한국외대 일본연구소.

이월영(1986), 「<최고운전> 형성의 근거와 원리」, 『한국어문학』 24, 한국언어문학회.

이정룡(2002), 『한국 고지명 차자표기 연구』, 경인문화사.

이천시문화원(1999), 『이천시 장호원읍 문화유적·구전자료 보고서』.

이필영(1993), 「조선 후기의 무당과 굿」, 『정신문화연구』 53, 한국정신문화연구원.

이혜화(1989), 「용사상의 한국문학적 수용양상」, 고려대 박사학위논문.

이희덕(1981), 「고대시대 기우행사에 대하여」, 『동양학』 11, 단국대학교 동양학연구소.

임장혁(1999), 『기우제와 지역사회』, 민속원.

정학성(2000), 『역주 17세기 한문소설집』, 삼경문화사.

조상우(2004), 「<최고운전>에 표출된 대중화(對中華)의식의 형성배경과 의미」, 『민족문화사연구』 25, 민족문화사학회.

최기숙(1997), 「권력담론으로 본 최치원전」, 『연민학지』 5, 연민학회.

최삼룡(1985), 「최고운전의 출생담고-최치원의 출생과 관련하여」, 『어문논집』 24·25, 고려대학교 국어국문학연구회.

최영성(1998), 『역주 최치원전집』, 아세아문화사.

최운식(1980), 『충청남도민담』, 집문당.

최인학(1977), 『조선전설집』, 일본방송출판협회.

최종성(1997), 「국행기우제와 민간기우제의 비교연구: 시체처리와 제물처리를 중심으로」, 『종교학연구』 16, 서울대학교 종교문제연구소.

______(1998), 「무속의 국행의례 연구: 의례의 성격과 巫의 위상」, 『종교연구』 16, 한국종교학회.

______(1999), 「용부림과 용부림꾼: 용과 기우제」, 『민속학연구』 6, 국립민속박물관.

______(2007), 『기우제등록과 기후의례』, 서울대학교출판부.

한국정신문화연구원(1980-1992), 『한국구비문학대계』.

한석수(1989), 『최치원전승의 연구』, 계명문화사.

원천 자료를 읽는다는 것은 그 속에 내포된 다양한 의미를 발견하는 행위이다.

여기에는 별신제, 오광대, 최치원과 관련된 기록 중에서 창원지역에 관계된 자료만 가려 실었다.

이것이 원천 소재가 되어 또 하나의 스토리텔링이 이루어지길 기대한다.

5부 — 창원의 민속자료 읽기

마산 별신제

〈황성신문〉 1906년 4월 28일

<民望公決 >

南來人의 傳說을 聞한 則年前에 昌原馬山港에서 別神을 排設하얏는데 伊時에 各處 一般人民이 會集하야 或 設局賭技하는 者도 有하며 或 酗酒深色者도 有한데

• 해설

이 기사는 별신제의 직접 경험이 아닌 전해들은 내용을 적은 것이다. 주목할 것은 현재 '마산성신제'로 전해지는 제의 명칭이 '別神'으로 기록된 것이다. 그리고 별신제를 보기 위해 각지에서 사람들이 모여들고, 판을 벌려 도박이나 재주겨루기를 하는 사람, 술주정을 하고 여자

에 빠지는 등 흥청거리는 축제의 장면을 전하고 있다. 이 기사에서 말하는 '별신의 창설'은 1905년 별신제의 부흥을 의미한다.

〈중외일보〉 1928년 5월 22일

<馬山 魚船艙, 星神大會開催, 魚商總動으로 >

馬山에서 朝鮮人의 經濟界에 잇서 가장 重要한 基盤을 밟고 잇는 魚船艙 合浦社에서는 지난 17일 오전 10시 경에 별신(星神)大祭를 盛大히 擧行하얏는데, 該祭는 距今 約 二百餘年 前 마산이 合浦라는 이름으로 一小 漁村에 不過할 때부터 魚商들이 守護하야 오는 習俗이라는 바, 그 習俗이 漸次 衰滅하야 有耶無耶한 가운데 잇섯든 것을 該緣故者들은 遺憾으로 思하고 二十五年前 卽 甲辰年에 此를 復興시키어 五年과 十年에 난우어 中祭 大祭를 行한다는데, 今回가 마치 十年大祭인 만큼 魚商들의 總出動으로 星神大祭는 盛大 且 圓滿히 마치엇다더라 [馬山]

▶ 餘興으로 脚戱

別項 報道한 바와 가티 該祭가 圓滿裏에 마침에 딸하 餘興으로 脚戱大會를 開催하얏는데 受賞者는 卽左하다더라 [馬山]

1等=崔大奎 2等=崔夢致 3等=黃在助

• 해설

'별신星神'은 1906년 기사에서 말한 '別神'의 다른 표기이다. '별신'의 '별'을 하늘의 '별星'으로 인식하고 있다. 주목할 것은 이 시기 마산별신제가 어선창의 '합포사'에 의해 주도된 것이다. 이 시기 마산의 경제의 중심은 어선창이며 합포사는 어선창의 객주조합이다. 별신제가 200

년의 오랜 역사적 전통을 가진 축제인데 그동안 유야무야 되었고, 25년 전 갑진년은 1904년을 말한다. 이 기사는 마산별신제의 유구한 전통과 쇠퇴와 부흥의 과정을 확인시켜 준다. 1928년은 10년 대제가 있었던 해이고, 대제가 끝난 뒤 있었던 씨름대회 수상자를 기사화한 것으로 보아 대회의 규모가 컸음을 알 수 있다.

〈마산일보〉 1954년 5월 1일

<星神' 200년 大祭 鄕土色 담뿍 실고 嚴修>

200년이란 오랜 역사와 향토적인 由緖로서 전해온 星神大祭의 기념식전이 작 30일 새벽 3시를 기하여 어시장 神殿에서 엄숙히 거행되었다. 해방 후 첫 행사이며 10년만에야 한 차례 행해진다는 성신대제 200년제는 바다의 수호신이며 마산의 수호신이라고 숭상의 대상이 되고 있는 별신님(星神任)을 모시는 마산 독특의 기념제전 향토색을 담뿍 실고 거행된 대제에 모여든 선남선녀들은 고요한 묵상과 기원을 통하여 바다의 평온과 향토의 발전과 또한 마산을 키워준 어르신들의 유덕으로 마음껏 흠모하였다. 이날 (음) 3월 28일을 기하여 10년 만에 한 번씩 거행되는 대제에 뒤이어 어업에 종사하는 300여명 관계자들은 계속하여 상오 11시에 성신을 모시는 의의 있는 대제(200년제) 기념식을 또한 어업조합경매장에서 성대히 거행하였다. 기념식에는 어시장을 비롯한 관민유지 다수가 참석하였으며 대제위원장인 김준영씨의 인사와 함께 많은 인사들은 이 유서 깊은 기념일을 축하하였다.

고전미 풍기는 기념식장 주위에는 수백 군중이 몰려들어 더한층 성신님을 숭상하는 엄숙한 분위기를 자아내었던 바 이 같은 대제는 앞으로 10년 후에야 다시 마산의 후손들에 의하여 기념하게 될 것이다.

<성신대제 유래>

지금으로부터 200년 전 당시의 마산은 昌原郡 外西面 合浦라고 불려진 한 개의 조그마한 고기잡이 부락에 불과하였다. 이 같은 합포에 生을 托한 문명을 모르는 우리들의 선조는 원시적인 고기잡이로 생계를 영위하였으니 「바다」 그것은 부락민의 귀중한 생명선이 아닐 수 없었다. 그러나 예측할 수 없는 자연의 暴威는 間斷 없는 우리의 선조들이 出航을 위협하였으니 바다의 평온과 航海의 평안을 바라는 信心이야말로 이루 형용할 수 없는 정도였다. 그러나 어찌하랴. 기상예보 같은 근대과학문명을 알 수가 없었던 先人들에게는 예고 없는 狂亂怒濤의 海上事故를 알아낼 도리가 없었다. 그러나 어떠한 현老는 밤하늘에 반짝이는 별 때星群를 포착하고 이로서 항해안위를 측정하는 무기로 삼았다. 반짝이는 별이 뜬다면 해상은 平穩하다는 신심이 생겨지자 우리 선조는 이 신심을 그대로 <별>을 받드는 존엄성으로 확대시켰다. <별>이것이야말로 至尊至大한 것이며 생명의 신호등이기도 했던 것이다. 여기서부터 <별>은 합포만의 수호신으로 등장한 것이니 당시 문명의 혜택을 모르는 부락민들의 신심이 <별>을 합포의 수호신으로 奉祀한 것은 결코 우연한 일이 아니었다. 그러나 불행히도 1904년(甲辰年)에 돌발한 대폭풍우는 항해는 고사하고 합포부락에 치명적인 피해를 주었다. 부락민은 성신님의 발작이라 보았다. 신심만으로는 부족하다는 것을 깨닫게 되자 익년 1905년(乙巳年) 음력 3월 28일 비로서 神住를 건립하고 신위제단을 마련하였다. 우연기적이었는가 항해는 무사했으며 <합포>만은 어떠한 바다의 침해도 입지 않았다. 부락은 근대적 물질문명의 餘적을 입어 도시 형태를 갖추기 시작하였다. 「星神」사상은 자손들에게 끊을 수 없는 전통으로 되었다. 그리하여 5년을 두고 중제를 10년을 두고 대제를 합포가 창원으로부터 도립되고 오늘이 마산으로 이르기까지 통산 무려 300년 204회에 달하는 대제가 면

면히 마산 성신제전의 전통을 자랑하게 되었으니 마산 출신 고노층은 말할 것도 없이 대제전을 소홀히 하지 않은 것은 唯單 종교적 신념 만으로서는 이해할 수 없는 일이다. 그러므로 성신대제를 기념하는 마산인사들은 바다의 혜택과 더불어 위대한 우리 선조들의 부단한 건설적 노고를 추모함도 있을 만한 일이기도 하다.

• 해설

1954년 4월 30일은 음력 3월 28일이다. 일제강점기 일시적으로 제가 중단되었다가 해방 후 첫 대제가 열린 날이다. 이때도 마산별신제일의 전통은 변함없이 지켜졌다. 당시 대제위원장인 김준영 씨는 어선창의 대표적인 객주였다. 이 시기는 '성신'을 '별신님'으로 명명함으로써 '별신'을 별에 대한 신앙으로 받아들이고 있다. 제를 부흥한 계기는 1904년 폭풍우 피해 때문이었다. 폭풍우로 많은 피해를 입자 마산주민들은 성신님을 모시지 않은 벌이라 인식하고 1905년 신당을 짓고 신위제단을 마련하였다. 이후 바다의 평온과 마산의 발전은 모두 성신님의 수호 덕분이라 인식하고 있다.

어시장

마산의 한인 경제의 동맥이라고 일컫는 구마산 어시장의 연혁은 확실치 않으나 약 2백 수십 년 전부터라는 고노들의 추측으로서 생선과 일용품 시장은 6·70년 전까지는 구강(현 산호동)이라는 취락의 발상지라는 것이다.

지금은 어업조합으로 약진하여 부산에 버금되는 조합건물이 輪奐의 위세를 뽐내고 있지마는, 조합 이전의 어시장에서는 객주제도라는 것이 있어서 영세 어민에게는 조합자금을 대여함으로써 漁撈高의 몇 분의 얼마를 이자조로 공제하여 객주와 어민간의 상호유대를 견지해 왔던 것이다.

합포사라는 객주들의 협의기관을 조직하여 외래자금의 침투를 공고하게 방어하여 그 움직임이 일사불란하였다. 한 예를 들면 외래자금이라는 것은 특히 일인들을 지칭하는 것인바, 그 당시 욱일승천의 강압세력을 가진 신마산 방면의 일인들이 음양으로 한인업계를 침식코자 하였으나 난공불락의 한인 아성에 근접도 못했으며, 실례로 吉形이라는 일인이 점포를 빌리기는 했어도 상거래를 하는 사람들은 아무도 없었으니 그 결과는 명약관화로 수개월 만에 파산한 바 있었다.

재래의 업자 외에는 연고 없는 여하한 한인이라도 냉연히 거부함으로써 마산의 '몬로' 집단이요, 제2의 개성이라는 명예스런 평도 받았다. 그리고 연중행사의 하나로서 풍어를 기원하는 어민들은 별신당에서 가장 경건한 제사를 올리기도 한다. 별신제의 陰護라고 할까? 그때만 해도 어업 허가는 지금처럼 남발이 아니었고 남획도 없었던 탓인지 언제이고 규격에 맞는 계절 생선이 풍요하였을 뿐 아니라 창원강(진해만연안 즉 통영, 고성, 남해, 거제, 가덕의 총칭)의 생선은 그 진미에 있어서 멀리 동해와 서해의 것에 비교할 수 없이 월등하여 남녘 바다에서 합포만으로 몰려오는 어선은 장관을 이루었고 뭍에서 대기하고 있던 수십 필의 운반 우마차가 인근 郡部로 絡絡하는 殷盛相이었다.

그러던 것이 시세의 변천과 지방의 자연발전으로 옛날 선창 앞 해면을 매축하여 현재의 위치에 漁組의 면모가 일신하고 昔日의 어시장은 옛날의 모습을 간신히 유지하고 있을 뿐이다. 일인들은 매축으로 확장된 이곳에 공동권과 우선권을 방패삼아 소위 '內鮮 합자어업조합'을 강제로 조직하여 위세를 떨쳤으나 일본의 패전으로 진주한 지 불과 1,2년 만에 총퇴진하고 오늘에 이른 것이다.

• 해설

이 자료는 김형윤의 『마산야화』에 전한다. 마산 어시장 객주들의 협의기관인 합포사는 객주와 어민의 상호유대를 돕고 외래자금, 특히 일본인들의 자금이 어시장에 침투하는 것을 막기 위해 노력했다. 또 어민들은 매년 어시장 신당에서 풍어를 기원하는 별신제를 지냈다. 어시장은 마산의 도시발전의 토대가 되었다.

성신대제 대제관 김준영의 증언

<마산성신대제 고증>

고증인: 마산시 신포동 삼익아파트 301호 金駿榮(89세)

발굴자: 김종집(당시 마산문화원 부원장)

김준영 옹은 마산에서 25대(약800년)를 내려온 舊家로서 수산업계에 평생을 종사했다.

구가로서의 증거로는 옹의 5,6대조께서 이조 때 雙孝旌門을 세워(살구정에 있던 것을 산호공원에 옮겨 지방비지정문화재로 되어 있는데 移轉은 5년 전 도로확장으로 마산시에서 시비로 하였고 명칭은 作述門이다.) 나라에서 군포를 면해준 기록이 碑文에 있으니 마산에서는 가장 오래된 씨족의 하나이다.

비신將軍祭란 별신의 訛傳으로서 星辰 또는 星宿大祭가 옳은 말이며 자신은 80년 전인 8~9세 때부터 보아왔는데 先考 말로는 200년 전부터 내려왔으나 아득한 옛날부터 선창에서는 있던 행사였다고 들었다.

제는 매년 紀祭, 5년 만에 中祭, 10년 만에 大祭를 지냈는데 이것은 재정형편상 그러했고 옛날부터 매년 제가 있은 것은 사실이다.

대제 때(6~70년 전) 자신의 나이 20세 안팎의 뚜렷한데 수만 명이 모인 대축제로서 연도는 모르나 마지막 대제는 약 30년 전 자신이 大祭官(위원장이라고도 칭했다)으로서 직접 관장하였는데 지방 유력자라면 대부분이 수산업자여서 시장, 군수, 판검사까지 참석하는 성황이었다. 장소는 남성동 현재 영남식당 자리이며 그곳에 8평 정도의 사당이 있은 것을 5~6년 전 헐어버리고 그 자리에 수협 仲買人 조합 건물이 서게되어 동 조합사무실 3층 옥상으로 신주를 옮기고(사당은 이것 하나뿐이다.) 자신이 주관한 대제 후의 기제, 명절 제의는 약 30년 동안 중매인인 田三道씨가 모시면서 오늘에 이르렀다. (전씨 同席)

星辰이란 명칭은 문자 그대로 뱃사람들이 커항할 때 풍랑이 불면, 별이 희미하게 흐려져 항해가 어려운데 이것은 등대가 없던 상고시대부터 고기잡이 뱃사람들이 가장 두려워하였으니 '별'에 기원하는 풍습이 풍부, 안택, 고기장사 잘되기 등에까지 기복하게 되었을 것이다.

자신의 나이 20세 前後 때 대제 풍경은 마산시 인구 3,772호(정확히 기억) 그러니 15,000명 정도였는데 대제 때에는 이웃 각 고을사람까지 수만 명이 운집하였으며, 巫俗, 걸립패 등 온갖 놀이가 겹친 대축제였으며 선주, 漁場主는 물론 영세어민, 고기장수까지 다투어 큰 고기를 바치고 재정지원도 거리낌 없었다.

제문은 약 80년 전(옹의 선고 생존시) 마산의 갑부이며 학자였던 고 玉騏煥, 고 具聖得 두 분이 비로소 유교식으로 의식을 갖추기 위해서 지었고 그 전에는 그냥 어민 또는 이 지방의 대표될만한 분 중에서 깨끗한 사람이 沐浴齋戒 해서 焚香 獻酌하고 무속이 오랜 토속신앙으로 祈福굿을 했다는 구전이다.(玉 옹께서 大祭官한 적도 있다.)

紀祭를 음력 3월 28일로 예부터 定日로 삼은 유래는 잘 모르겠다.(조사자 견해: 생명의 부활, 고기잡이의 적기인 3월, 4×7=28宿의 동서남북 星辰數에 의한듯)

이러한 대제가 전통민속...문화행사로 보지 않은 시대사조 즉, 미신이니 타파하자, 비용이 많이 든다는 합리주의적 管理社會 때문에 퇴색하여 일부 수산업자만의 정성으로 기제와 명절제만 겨우 남았다.

또 한 가지는 여건상 재현은 어려우나 성신사당을 위한 神木 신앙민속을 꼭 기록이라도 남겨야 한다.

백 년 전 까지만 해도 자산동 뒷산은 松林이 蒼鬱했는데 자산동 송림 중 한 그루를 10년 동안 신목으로 지정하고 이 나무에는 금줄을 치며(범신론적) 성신신목이라 이름지어 신성시하였고 이 소나무는 아름드리의 巨木으로 자란 것을 辰祠堂 개축 보수 등에만 쓰여졌다....

新木 伐採時는 수백명의 어부들이 목욕재계에 반드시 희고 깨끗한 옷을 갈아입고 나무 앞에 제를 모신 후에 벌목을 다듬어서....

자산동 뒷산에서 선창 사당 옆에 미리 만든 제단까지 교대로 어깨에 메고 운반할 때는 어찌나 엄숙한지 길가는 어떠한 사람도 고개를 숙였고, 운반된 신목(1개)은 단 한가운데 電柱 모양으로 세워 상부에 나무를 가로질러 거기다가 방울을 여러 개 달고 제를 지낸 후 목수의 손에 넘겨져 사용하였는데...

운반행렬이 가장 장관이었고 제도 경건, 엄숙하여 조상들의 토속신앙이 원형 그대로의 遺俗으로 실현되었으면 하는 마음이다.

• 星辰, 星神, 星宿大將 '별'신 등 몇 가지 이름 중 예부터 내려오는 이름이 한학자의 의역으로 개명된 듯하므로 원 명칭에 가장 가까운 것으로 단일 사용토록 하여 전승할 것을 희망한다.

• 해설

이 증언록은 김종집 씨가 마산문화원 부원장으로 있던 시절 김준영 씨로부터 채록한 것이다. 김준영 씨는 어시장의 대표적인 객주였고 성신대제의 대제관을 지낸 인물이다. 전통문화 발굴이 전국적으로 일어나던 시기인 1984년에 마산문화원에서 성신대제를 지역축제로 살리기 위해 자료를 정리하였다. 이때 김종집 씨가 문화원장이 되어 주도하였다. 김준영 씨는 8세 무렵부터 성신제를 보아왔고 마지막 대제관까지 했으므로 성신제의 모습을 가장 잘 알고 있는 사람이므로 그의 증언은 신뢰도가 높다. 그는 '星辰' 또는 '星宿大祭'라는 이름은 '별신'의 다른 이름이라 했다. 김종집 씨도 '성신' 등의 이름은 한학자의 의역으로 개명된 것이라 하므로 현재 마산성신제의 원래 명칭이 '별신제'였음을 확인할 수 있다. 이 증언을 통해 신당의 폐지와 이전, 제의의 유교식 변화 과정, 신목의 지정과 운반과정 등에 대한 자세한 내용을 알 수 있다.

〈민주일보〉 1962년 4월 19일

<산제당>

목신이 있는 곳에서 20미터 아래에 길가에 조그만 옹달샘이 있는데 이름이 龍王井이다. 이 우물은 산제당이 생기면서부터 있었던 것이라 한다.

이 산제당은 22년 전(1940년) 곽보살이 독지로 불당인 善德庵과 종각, 山靈閣, 부속건물까지 갖춘 사찰로서의 면모를 갖춘 것이다.

곽보살의 시어머니가 남편을 잃고 인생무상을 느껴 금강산에 입산하여 일생을 수도했는데 유언에 따라 화장을 하니 서기가 발산했다고 한다. 곽보살은 시어머니의 위패를 모시기 위하여 완월동 무학산 기슭에 조그만 암자를 마련하고 아침저녁으로 기도를 드렸다. 그러나 내왕이 불편하여 다시 위패를 산제당으로 옮겨왔다.

이로부터 수도에 전념하여 일천 석 재산과 이십여 동의 가옥을 처분하여 모두 산제당을 위해 바쳤다. 남편과 4남매 자녀를 두고 일생을 불도로 마쳤다. 곽보살은 1961년 9월 1일 세상을 떠났다.

산제당은 추산동 후편의 속칭 수도산 중턱에 자리하고 있다. 이곳은 신라 선덕여왕 때 원효대가사 국록을 받다 이곳에 머물며 수도했던 자리라고 전해지고 있다. 원효대사가 떠난 후 세인들은 도력이 높은 그를 숭상하여 이곳 산제당에 석불을 모시고 기도를 올렸다.

이 산제당은 1950년쯤 기와집으로 개축하여 지금에 이른다. 목신과 용왕정은 산제당과 역사를 같이 하고 있다. 산제당 목신은 그 뒤편 바윗돌 위에 서 있는 海東木(은개나무)을 말한다. 원효대사가 이곳에 머물 때 심어 가꾸었다는 전설이 전해진다. 믿음이 착실한 신도들이게는 이 고목나무 속에서 머리에 수건을 동여맨 총각신이 나와서 꿈에 선몽을 한다는데 그렇게 되면 꼭 소원을 이룬다고 한다. 그래서 많은 신도들이 새벽에 물 떠놓고 기도를 올린다.

또 신목이 지니고 있는 전설 중에 1950년 늦은 봄 갑자기 이 고목나무에서 붉은 물이 2~3일 동안 흘러내린 일이 있고 곧 6·25 동란이 터졌다고 한다.

이곳이 해군 요새지였기 때문에 일본으로부터 수차례 제지를 받았으나 곽보살은 굴하지 않고 이곳에 가람을 세우고 병든 승려를 보살피고 굶주린 사람들을 돕는 등 자선을 베풀었다.

• 해설

산제당의 은개나무, 용왕샘, 산령각은 산제당의 원형을 보여주는 자료다. 현재 용왕샘은 묻혀 사라졌지만 그 자리에 용신각과 거북바위가 있어 옛 자취를 짐작할 수 있다. 산제당에 자리한 현재 대한불교조계종 성덕암은 1933년에 세워졌고 그 당시 산령각 등의 가람이 형태를 갖추게 되었다. 현재까지 지역민들은 성덕암을 산제당절이라 부른다.

용왕당 내부

산시각과 목신

용왕샘 자리의 거북돌

산제당에서 바라본 마산만

〈고려사절요〉의 '합포'

<제19권 충렬왕 1년>

밀직부사 박항朴恒을 원 나라에 보내어 성절聖節을 축하하게 하였다. 그리고 중서성에 글을 올려 군량을 가져다 탐라와 합포에 주둔하는 수비군에게 주기를 청하고, 또 주검鑄劍·채금採金·공삼貢蔘 등의 일을 파해 주기를 청하였다.

<1276년(병자 2년)>

원 나라에서 합포(合浦 경남 창원(昌原) 마산포(馬山浦))에 있는 군사들에게 각반과 윗옷을 하사하였다.

장군 최유엄崔有渰을 인물추고별감人物推考別監으로 삼아 장국강과 함께 합포에 가게 하였다.

원 나라에서 홀라대忽剌歹를 보내와서, 왕과 공주에게 명년 5월에 들어와 조회할 것을 명하였다. 또 합포 진변소鎭邊所의 사공과 수수水手를 없애고, 또 서해도의 귀부군歸附軍으로 하여금 저희들이 농사지어 먹게 하였다.

<제20권 충렬왕 2년 1278년(무인 4년)>

5월에 합포총관 유몽고대劉蒙古歹의 처가 아들과 함께 북으로 돌아가다가, 왕을 도중에서 뵙고 말을 헌납하였다. 왕이 이르기를, "총관은 군정이 공정하여 백성들이 칭송하였는데, 불행히도 세상을 떠났다. 지금 너희 모자를 보니 더욱 슬퍼진다." 하였다

<1279년(기묘 5년)>

겨울 10월에 원 나라에서 우단치亐丹赤 탑납塔納을 보내어 전함 만드는 것을 독려하고, 또 반윤樊閏을 보내어 역참驛站을 점검하였다. 왕이 광평공廣平公 혜譓에게 명하여 탑납 등과 함께 경상도와 전라도에서 전함 만드는 것을 독려하게 하였다.

<1280년(경진 6년)>

왜적倭賊이 고성固城·칠포漆浦에 침입하였으므로, 대장군 한희유韓希愈를 보내어 해도海島를 방수하게 하고, 또 홀치忽赤·순마巡馬·여러 영부領府의 군사 2백 명을 뽑아 경상도와 전라도를 나누어 지키게 하였다. 왜적이 또 합포合浦를 침략하니, 대장군 인후와 낭장 지선池瑄을 원 나라에 보내어 보고하였다.

<1281년(신사 7년)>

군부판서軍簿判書 주열朱悅을 명하여 형만호荊萬戶와 함께 합포合浦에 가게 하였다. 열을 강직하고 사방에 사신으로 나가서도 공정하고 청렴한 절조가 한결같았으며, 아첨하고 간사한 자를 보면 높은 관직에 있더라도 반드시 꾸짖었다. 형만호는 그 명성을 듣고 감히 범하지 못하였다.
원수 김방경과 만호 박구·김주정 등이 군사를 거느리고 합포로 떠났다.

<여름 4월 1일 병인>

왕이 합포에 행차하였다.

<신유일>

흔도·다구·김방경이 일본의 세계촌世界村 대명포大明浦에 이르러 통사通事 김저金貯로 하여금 격문檄文을 가지고 가서 그들을 효유하게 하였다. 김주정이 먼저 왜와 교전하여 여러 군대가 모두 배에서 내려와 싸웠는데, 낭장 강언康彦·강사자康師子 등이 이 싸움에서 죽었다. 여러 군대가 일기도一岐島로 향하였는데, 수군 1백 13명과 사공 36명이 풍랑을 만나 행방을 잃었다. 낭장 유비柳庇를 원 나라에 보내어 이를 보고하였다.

<6월 임신일>

이튿날 다시 싸우다가 패전하였으며, 군중에 전염병이 크게 유행하여 전쟁과 전염병에 죽은 자가 모두 3천여 명이나 되었다. (중략) 얼마 후에 문호

가 전함 3천 5백 척과 만군蠻軍 10여만 명을 거느리고 이르렀는데, 마침 큰 바람을 만나 만군이 모두 물에 빠져 죽었다. 시체가 밀물과 썰물에 밀려 항구로 들어가니, 이 때문에 항구가 막혀 밟고 다니게 되었다.

경상도 왕지별감慶尙道王旨別監 채모蔡謨가 백성들에게 많이 거두어 들여, 왕을 호종하는 권신 귀가에 선물로 보냈다. 또 유밀油蜜을 내시 양선대梁善大에게 보냈는데, 선대는 받지 않고 그 사람을 잡아 조리돌렸다.

원 나라에서 기마병 3백 명을 보내어 합포에 주둔하였다.

<기유일>

왕이 합포에서 돌아왔다

좌사의左司議 반부潘阜를 보내어 흔도·다구·범문호를 위로하였다. 흔도 등이 드디어 북으로 돌아갔다. 원 나라의 군사로서 돌아가지 못한 자가 무려 10만여 명이었고, 우리 군사로서 돌아오지 못한 자도 7천여 명이었다.

<1282년(임오 8년)>

상장군 인후를 합포에 보내어 주둔하게 하였다.

원 나라에서 불팔사不八思 풍원길馮元吉을 보내어 군량을 회계하게 하였다. 또 동정군東征軍이 폐하였으므로 군사 3백 40명을 보내어 합포에 주둔하게 하고 60명으로 왕경王京을 지키게 하여 불의의 변에 대비하였다. 동정 때에 지출한 군량은 12만 3천 5백 60여 석이었다.

<제19권 원종순효대왕 2년 1274년(갑술 15년)>

동정東征 갔던 군사가 합포로 돌아오니 동지추밀원사 장일張鎰을 보내어 위로하였는데, 돌아오지 못한 군사가 무려 1만 3천 5백여 명이었다.

<1272년(임신 13년)>

11월에 삼별초가 안남 도호부에 침입하여 부사府使 공유孔愉 및 그 처를 잡아가고 또 합포에 침입하여 전함 20척을 불태우며, 몽고 봉졸烽卒 4명을 잡아갔다.

<1271년(신미 12년)>

삼별초가 합포현(合浦縣 경남 창원(昌原))에 침입하여 감무를 잡아갔다.

• 해설

고려시대 합포의 이해는 여몽연합군의 일본정벌을 위한 정동행성을 중심으로 살펴보아야 한다. 합포는 남쪽 변방의 해안지역이므로 왜구의 침입, 삼별초의 침입, 정동군의 전진기지 등 수난의 역사를 살았다. 전선소戰船所의 설치와 목재의 채벌, 군사적 노역 등은 모두 바다로 인한 재난이 아닐 수 없다. 재난은 신앙 형성의 근원이 된다. 산제당이 있는 회원현성은 현을 다스리던 관청이 있던 현성縣城 자리이며 몽고의 일본정벌을 위한 전초기지였던 정동행성征東行省이 있었고, 합포성으로 옮기기 전의 절도사영 등 중요 군사시설이 있던 곳이다. 이곳에 위치한 산제당에는 산신과 해신이 공존한다. 마산별신제의 상당이기도 하다. 현재는 성덕암이라는 절이 있는데 마산사람들은 이 절을 산제당절이라 부른다.

〈송조선가送漕船歌〉

조운은 실로 국가대계에 관계되어
호조와 선혜청에서 제도를 정했다네.
새제 이남은 외딴 바닷가이지만
세공은 오히려 양호의 예와 같네.
위태한 고래 같은 엄청난 파도가 밀려오면

겨우 노량을 벗어나며 십중팔구 엎어졌다네.
뱃사람들은 멀리 피해 오지 않으려 하고
새는 배 일망정 어렵사리 찾아 겨우 싣고 보면.
찌는 더위와 장맛비는 물길을 가로막아
무수한 배들이 번갈아 전복된다네.
십 년 동안 침몰한 곡식은 칠만 포요
수중 귀신들의 통곡은 하늘에 사무친다네.
지금 우리 관찰사 이 폐단 없애려
만금을 아끼지 않고 큰 은혜를 베풀었나니.
비로소 두 조창을 지어 세곡을 저장하고
이어 많은 배 건조하여 바닷가에 대었다네.
삼월 중순에 세곡 싣기를 마치고는
좋은 날 가려 장차 떠나려니 갈 길이 아득하네.
경상감사 내려와 저녁 등을 밝힌 뒤에
고을의 원님들이 얼마나 많은지를 알게 되네.
좌우로 쭉 벌려 우뚝 솟은 집들
저 물가의 좌창과 우고라네.
다투어 말하기를 마산이 비록 장려하다 하나
진양에 지은 것은 이보다 배는 더할 걸.
뱃사공 수백 명 불러 모아서
뜰 안에 자리주어 줄지어 앉히고는
먼저 음식 먹여 위로하여 뭇 사람의 인심을 얻은 다음
포구에서 전별할 때엔 기생들이 춤을 추네.
여러 기생들이 배따라기를 연주하는데
가득 모인 양반과 백성들이 얼굴빛이 살아나네.
다음 날 아침 깃발이 바다 해구로 나가고

모든 배들을 점검하고 북과 나팔소리가 떠들썩하니.
대포소리 세 발이 울리면 일제히 닻을 들어올리고
닻줄 풀고 돛을 걸자 바람과 파도가 잠잠하네.
온갖 신들이 배를 따라 큰 바다 밖으로 호위하고
앞쪽의 키와 뒤쪽의 돛대가 서북쪽을 가리키네.
무서운 여울을 지나도 끄떡없었다 하여
아낙네와 아이들 다투어 와서 공덕을 칭송하네.
아아, 하늘이 응당 우리 관찰사의 정성에 감응했으리라 하여
어언 간에 항간의 노래가 되었다네.

• 해설

<송조선가>는 조운선을 떠나보내는 노래라는 뜻으로 『창원부읍지』 '제영題詠'에 실려 있다. 작가 김이건(1697~1771)은 정조11(1787)년에 진주목사로 있었다. '창고倉庫'에 의하면, 경상도관찰사 조엄(1719~1777)이 진주목사 조덕상에게 장계를 올리게 하여 창원의 마산창, 진주의 가산창, 밀양의 삼랑창 등 조창을 건설했다. 여름 4월에 먼저 조엄과 여러 고을의 관리들이 마산창 유정당 뜰에서 뱃사공과 군관 이하 4백 명에게 음식을 내어 위로하고, 기생들을 명하여 '선악船樂' 연주하게 하여 그들을 전별하고, 높은 언덕에 올라가 포를 쏘고 조운선의 출항을 지휘했다. 김이건의 시는 조덕상의 <惟正堂記>의 내용과 일치한다. 이로 보아 김이건이 이날 잔치에 참여하고 그날의 일을 시로 적은 것이다. 마산창에 세금을 거두어들이는 지역은 창원, 김해, 웅천, 칠원, 함안, 의령, 진해, 고성, 거제 등 9읍이었다. 따라서 마산창은 이들 지역으로부터 사람과 물자가 밀려오고 창촌倉村의 각종 오락이 풍부하게

연행되었음을 알 수 있다. 마산별신제는 이러한 조창 축제와 깊은 관련이 있으며 무당의 굿과 오광대 탈놀이, 기생들의 기예 등 다양한 예능이 발전할 수 있는 경제·문화적 기반이었다.

한시 번역은 문창문화연구회 「문창풍아」와 민긍기 역주 「창원부읍지」를 참고하였다.

마산별신제를 지켜낸 사람들

<별신제의 원형을 찾아 떠나는 항해>

2006년 8월 마산문화원에서 성신대제 복원을 위한 학술조사팀이 구성되었다.

연구자들의 앞에 놓인 것은 1928년 5월 22일자 중외일보 <마산어선창 성신대회 개최-어상총동으로->와 1954년 5월 1일자 마산일보 <星神 200년 대제 -향토색 담뿍실고 엄수>기사 두 조각이었다.

이들 기사는 연구자들의 항해에 중요한 나침반이 되어주었다. 먼저 성신제가 언제부터 왜 만들어졌으며, 제의를 행하던 제장은 구체적으로 어디였는가, 제의의 주체는 누구며 누가 주관하여 행했는가, 제의의 놀이구성인 오광대탈춤과 놀이의 모습은 구체적으로 어떤 것인가, 남해안 별신굿와 마산 성신제는 어떤 관계인가 등등 우선해결 과제들이 정해졌다.

출발점에서 연구자들은 다음과 같은 정보의 조각들을 정리했다.

성신제는 마산이 합포라는 조그만 포구였을 때부터 있었던 200여 년의 역사를 가진 제사다. 성신신앙은 더 오랜 역사를 가지고 있고 신앙의 출발은 선조들의 출항을 위협하는 바다의 평온을 기원하는 데서 출발했다. 마산포 주민들의 성신신앙은 형언할 수 없을 정도로 깊었다. 제의가 끊어져 신앙심만 있던 상황에서 주민들은 1904년 대폭풍우 피해를 당하게 되고 이를 계기로 성신제 부흥의 필요성이 대두되었다. 어시장 객주조합을 중심으로 1905년 3월 28일 어시장에 신위제단이 마련되었다. 현재까지 3월 28일의 기제사가 마산수협중매인협회 주관으로 유지되고 있고 현대식 사당에 신주를 모시고 있다.

연구자들은 맨 먼저 어시장 신당을 방문하고 관련인사들을 면담하고 산제당의 신목을 답사하는 것으로 출발의 신호탄을 올렸다. 환주산 꼭대기에서 내려다본 마산만은 정말 아늑하고 고요했다. 남해로 열리는 먼 뱃길을 바라보고 있는 동안 이 땅에 삶의 터전을 마련하고 살았던 선조들의 수난과 영화가 뒤섞이며 연구자의 마음속에 그 처음을 더듬고 싶은 의욕이 요동치고 있었다.

성신대제의 연원과 제당에 대한 연구를 맡은 필자는 먼저 지역의 어른들을 만나고, 민간신앙의 제당들을 찾아 조사지를 만들고, 토박이 할머니 할아버지들을 찾아 면담하는 한편, 혹시나 어디 숨어있을지 모르는 기록 한 조각을 찾기 위해 도서관의 먼지를 달게 들이마시며 많은 시간을 보냈다. 어시장 성신대제가 부활된 1905년의 200년 이전 시기인 1700년대의 마산과 뱃길관련 기록을 찾는 중에 조창의 폐지와 마산항 개항의 행정적 연계를 입증하는 기록을 찾게 되었다. 그 순간 앞이 환히 열렸고 마음속으로 맘껏 환호를 질렀다. 성신의 연원을 찾아 어둠 속을 항해하는 필자가 등대의 불빛을 만난 순간이었다.

성신제가 조창과 관련된다는 확신이 선 이후부터는 경상우도 우창인 진주 가산창과 남해의 '배선대', 별신제가 전승되는 통영·거제, 경상도 내륙지방의 세곡을 집산했던 가흥창이 있었던 충북 충주, 조창지와 포구의 역사를 보존하여 문화제로 발전시킨 전북 익산의 성포와 웅포 등지를 답사하며 조창제의의 흔적을 찾고 지역민들이 전승하고 있는 관련 문화적 전통을 조사했다.

여러 지역을 답사하고 사람들을 만나고 문헌을 탐색하는 동안 기록의 중요성과 더불어 한 사람의 생각과 땀방울이 얼마나 큰 의미를 유전시키는가에 대해 새삼 생각하게 되었다. 그리고 마산성신제를 기록함으로써 전통을 지켜갈 수 있게 해준 사람들에 대한 감사의 마음을 오랫동안 기억하고 싶었다.

<'송조선가'를 남긴 김이건(金履健, 1697~1771)>

영남관찰사 조엄趙曮이 조정에 장계를 올려 경상우도 우창인 가산창과 좌창인 마산창이 세워졌다. 마산창에는 '반산창'과 '해창'이 있었고 집무소인 유정당이 따로 있었다. 조엄은 조선통신사로 일본을 다녀오면서 고구마를 가져온 사람으로 잘 알려져 있다.

영조 36년(1760) 조덕상이 쓴 <유정당>기문과 박사해의 <조창유정당漕倉惟正堂>한시가 <경상도읍지>에 실려 있다. 그러나 이들은 의례적인 내용들로 구성되어 있다.

필자를 감동시킨 것은 첫 출항에 앞서 관민일체의 대규모 축제행사를 한시 <송조선가送漕船歌>에 담은 김이건의 기록이었다. 앞서 기록의 중요성에 대해 이야기했지만 김이건의 한시는 성신대제의 연원과 제의의 목적, 축제내용의 구성에 대한 중요한 단서를 제공하고 있다.

이 시에는 조운선이 떠나기 전날 소공梢工 수백 명을 조창 유정당의 뜰에 불러 모아 자리를 마련하여 음식을 돌리고 격려했으며, 나루터에서 기생들이 전별하는 춤을 추고 '선유락船遊樂'을 연주한 내용이 담겨 있다. 또한 이 연회가 뱃사람과 백성들과 관리들이 함께 어우러진 관민일체의 대축제였음도 알려주었다.

축제를 베푼 다음 날 아침 배를 점검하고 북과 나팔 신호에 맞춰 돛을 걸고 출항했는데, 배가 무서운 여울을 지나도 안전했던 것을 백신百神의 호송 덕분이라 한 내용에 주목했다. <조선왕조실록>에는 경상도 세곡운반 과정의 빈번한 사고와 관리들의 문책, 뱃사람들의 어려움에 대한 계청과 의논들이 여러 번 나온다. 이들 기록과 유사한 내용들이 <송조선

가>의 절반을 차지하고 있다.

성신을 '마산의 수호신'이며 '뱃길의 무사안전을 지켜주는 신'으로 제사한 것은 조선漕船의 험난한 항해에서 겪게 되는 주민들의 수난에서 비롯된 것이다. 세곡을 실은 조선이 거센 파도를 못 이겨 노량을 벗어나지 못해 빈번한 사고를 당하게 되고, 이것은 세곡이나 배의 손실은 물론 책임자들의 문책으로 돌아와 뱃사람들이 도망가고 관리가 파면되는 등의 고난을 불러왔다.

이러한 고난의 역사 속에서 형성된 마산포 주민들의 오랜 신앙은 1760년 조창 유정당의 낙성과 함께 첫 출항한 조운선의 안전운항을 기원하는 별신굿 형식의 축제를 형성시킨 것이라는 맥이 잡혀가기 시작했다.

<송조선가>에 전하는 뱃노래 '선악船樂'은 다시 정현석(1817~1899)의 『교방가요』에서 확인할 수 있었다. 정현석은 진주목사 시절 '의암별제'를 창시했으며, 김해부사 시절 교방가요를 집필했다. 그리고 조선통신사의 항해일기인 『해유록』이나 『일동장유가』의 기록을 뒤져 뱃길의 안전을 위한 제사와 연회에 불려온 창원기생, 밀양기생, 진주기생들을 찾아냈다. 이들의 존재는 마산창에서 놀았던 '선유락'이 진주교방의 놀이와 같은 것임을 입증하는 중요한 단서로 확보되었다. 왜냐하면 통신사들을 위해 불려간 창원기생 '운정이'를 비롯한 관변 기생들이 올린 기예들은 『교방가요』의 총목에 실린 것과 다르지 않을 것이기 때문이다.

조선시대 도포를 입은 한 관리의 예술에 대한 가치인식이 깐깐하고 꼼꼼한 기록을 낳았고, 그가 어둠 속을 항해하며 성신을 찾고 있는 필자에게 내린 은혜는 너무나 큰 것이었다.

<한국 민속학의 창시자 송석하(宋錫夏, 1904~1948)>

석남石南 송석하는 1933년 마산에 머물면서 남해안지역의 별신제와 기타 민속신앙을 조사했다. <중외일보>기사에 1928년 '별신星神대제'를 하였다고 했으므로 송석하가 마산에 머문 1933년은 5년마다 열리는 중

제中祭가 있었던 시기이다.

선생은 1935년 <줄다리기에 관한 고찰>에서 남해안 일대의 별신대 민속을 소개했다. 남해안에는 다른 지방과 마찬가지로 별신(別神 또는 星神)이라 하여 장대를 세우는 입간신앙立竿信仰의 민속이 있다고 했는데, 이 내용은 어시장 성신사당에 있었다고 전해지는 '별신장군'과 남해의 '배선대' 등의 실체를 드러내는 귀중한 자료이다.

아쉬운 것은 선생의 보고서에 마산성신제를 직접 그려내지 않고 그것을 거제, 통영, 마산 등의 남해안 일대 일반민속으로 소개한 것이다. 거제에서 별신제를 지내고 마을주민 중의 한 사람이 동티가 난 사건과 그 동티를 풀기위해 마산과 통영에서 무당을 불러온 사건은 기록했다. 그러면서 마산성신제 관람기를 따로 쓰지 않은 것은 유감 중의 유감이었다. 그는 마산성신제의 별신대 세우기를 무라야마 지준이 이미 발표한 <巨濟島의 立竿民俗>을 빌어, 이 민속이 남해안 일대의 공통된 민속으로 확인된다고 했다.

그리고 남해안에는 삼 년에 한 번씩 몇 명의 무부巫夫에 의하여 별신제가 행하여진다고 했다. 그 과정은 우선 전야제로서 천왕대신에게 제사드리는 당산제가 당산나무 아래에서 행해지고, 다음날은 미명에 산에 올라가 산신에게 제사를 지낸다. 아침식사를 마친 뒤 장승에게 가서 제물을 바치는 것으로 되어있다. 이것은 별신장군을 받들고 잡귀와 객귀를 쫓기 위해서라고 했다. 또 용왕에게 제사지내고 그 뒤에 마침내 별신장대를 세운 곳에 모여 동대부洞大夫라는 마을의 주신主神에게 제사지내는 큰 굿을 하게 된다는 내용을 담고 있다.

이 시기 송석하는 마산에 머물면서 통영, 거제를 드나들며 원시종교와 연극의 관계를 알기 위한 탐방도 병행했던 것을 알 수 있다. 그가 무당들을 만나 면담을 성공시키기 위해 술병을 들고 다니는 풍경이 오늘날 답사를 다니는 필자의 모습과 너무 같아 새로운 맛으로 다가왔다. 선배

학자의 고생이 동병상련으로 다가오기도 했지만 한편으로는 황금어장에서 양복을 입고 그물질을 하고 있었을 선생의 모습을 떠올리니 왠지 모를 고소가 입가에 피어오르기도 했다.

어쨌든 한국 민속학의 창시자 송석하 선생이 마산을 거점으로 삼아 통영, 거제 등 남해안 민속을 조사했다는 자체는 당시 마산성신제의 한국민속에서 차지하는 위상이 어떠했는지를 상징적으로 말해준다.

<1954년 성신대제의 마지막 대제관 김준영>

마지막 대제관(위원장)을 지낸 김준영은 환영수산공사를 설립한 대 객주 김한영의 동생이다. 그는 해방 후 1948년 마산수산주식회사를 설립했는데 나중에 이 협회는 마산어업조합중매인협회로 흡수되었다. 중매인협회의 대표가 된 김준영은 1954년 당시 59세의 나이로 성신대제의 대제관이 되었다.

이 시기는 이미 성신제의 무속적 색체는 지워지고, 명칭도 '별신'을 한자명 '성신星神'으로 바꾸었으며 제의절차와 복식, 제문 일체도 유교식으로 정비되어 있었다. 그리고 성신사당 개보수를 위한 신목신앙과 별신대 민속이 의례로 정착되어 있던 시기다.

1984년 마산문화원에서 성신대제 복원을 위한 조사를 했는데, 당시 89세인 김준영의 증언을 기록한 자료가 마산문화원에 보존되어 있다. 그는 이 증언을 통해 성신제는 보존 전승해야 하는 마산의 전통민속문화라고 강조하고 일부 미신으로 보는 시대사조에 대해서 강한 우려를 표명하고 있다. 그리고 조상들의 토속신앙을 원형그대로 보존하여 실현할 것을 당부하며 그 절차를 증언했다. 그것은 성신대제 뿐만 아니라 '별신대 세우기' 복원의 중요한 단서가 되었다.

그의 증언에 의하면 자산동 뒷산의 송림에서 소나무 한 그루를 신목으로 지정하고 10년 동안 이 나무에는 금줄을 쳐 '성신신목'이라 이름 지어 신성시하였다. 신목을 벌채할 때는 수백 명의 어부들이 목욕재계에 반드시 희고 깨끗한 옷을 갈아입고 나무 앞에 제를 모신 후에 벌목을 다듬어서 자산(척산)동 뒷산에서 선창 사당 옆에 미리 만든 제단까지 교대로 어깨에 메고 엄숙하게 운반했다. 운반된 신목은 단 한가운데 세워 상부에 나무를 가로질러 방울을 여러 개 달고 제를 지낸 후 목수의 손에 넘겨져 사용하였다.

이 내용은 <몽고식품 100년의 발자취>에도 '성신대제에 얽힌 일화'로 소개되어 있다. 이날 소나무를 운반하는 20여 명의 목도꾼을 몽고장유양조장 뒤편에 있는 자산동회 마당에서 쉬게 하고 화산탁주도가의 막걸리와 돼지수육을 푸짐하게 대접한 일화가 있다. 이를 통해서도 마지막 대제 당시 신목운반 행사의 규모와 풍경을 짐작할 수 있다.

재미있는 것은 <조선왕조실록>정조 5년의 기록에, 조창의 배를 만드는 어려움에 대한 의논과 성신제 주기의 상관관계이다. 기록에 의하면 송산松山이 곳곳이 모두 민둥산이 되어 있어서, 조선漕船을 5년 만에 수리하고 10년 만에 개조改造하는 것이 참으로 계속하기 어려운 걱정이 있다고 했는데, 조창의 배를 수리하고 만드는 주기와 성신제의 5년 중제中祭, 10년 대제大祭 주기의 일치이다.

앞으로 조창의 조선漕船 수리·개조의 주기와 성신제의 주기, 신목신앙 등을 아우르는 좀 더 합리적이고 신중한 해석이 필요하다고 생각한다.

한 개인의 기록과 증언이 성신제를 살리고 지켜나가는데 얼마나 중요한가는 새삼 말할 필요가 없다. 위의 예들은 그 중의 가장 큰 예에 불과하다. 아마 절대 잊지 말아야 할 분들은 대제가 단절된 지금까지도 사당을 유지하고 '성신위星神位'의 위패를 모시면서 3월 28일의 제일을 지켜온 마산수협중매인협회 관계자들일 것이다. 그분들의 소리 없는 기도가 없었다면 마산의 중요한 전통문화 자산 하나는 희미한 옛 추억의 그림자가 되고 말았을 것이다. 이 자리를 빌어서 그분들께 감사를 표하고 싶다.

<성황당봉수대의 발전을 위한 제안>

1. 우리 마산의 전통문화로 자랑할 만한 '봉화문화제'는 그 제의의 전통이 오래되고 역사적 근거를 가진 가치 있는 민속 문화유산이다.
2. 오랜 기간 동안 선조들이 유지해오던 '봉화제'는 1990년 석전동 '근주향우회'에서 지역발전과 전통문화 유지를 목적으로 의례를 더욱 체계화함으로써 부흥의 계기가 되었다.
3. 봉화산의 봉수는 <조선왕조실록> <동국여지승람> <경상도도읍지 '창원부읍지'> 등에 '성황당봉수'로 기록되어 전한다. 그리고 이 지역은 조선시대 근주역近珠驛의 역참이 있던 곳이어서 지역사 자료로 보존될 가치가 있다.
4. 성황당봉수는 성황당이 있던 곳에 세워진 봉수를 말한다. 성황당은 성황신을 섬기는 곳이고, 성황신은 산신과 같은 것으로 지역수호신격을 의미한다. 이 성황당 제의는 고려시대부터 내려오는 중앙과 지방을 매개하는 중요한 제사였으며, 우리 마산의 제당 중에 추산동의 산제당과 석전동의 성황당이 현재 알 수 있는 가장 오래된 제당터이다.
   현재 그 모습이 유지되고 있지는 않지만 '산왕대신山王大神'을 제사하는 무속의례로서 그 흔적이 남아있다. 봉화문화제는 성황당봉수를 중심으로 행해지던 우리지역의 가장 오래된 제의의 전통을 계승한 것이다.
5. 조선시대 유교를 표방한 시기에도 지역의 성황제는 민간에서 크게 유행하였으며 나라에서도 그 제사를 금할 수 없었던 오랜 전통을 가진 민간신앙으로 자리 잡았다고 할 수 있다.
   ▶ <조선왕조실록>중종 25권 11년 6월 03일 (계축) '주강에서 남형을 금할 것과, 이교와 음사를 혁파할 것 등에 대해 아뢰다'에 보면,
   "천자天子라야 천지天地에 제사하고 제후諸侯라야 산천山川에 제사하

여 각각 등급이 있는 것입니다. 그런데 지금은 기축祈祝하는 풍습이 크게 유행하여 민서民庶도 산천에 제사하니, 그 예도를 넘고 분수를 지나는 것이 심합니다."라고 했다. 이는 당시 민간에서 산천, 성황신에 제사하는 풍습이 더욱 확산되었음을 알 수 있다.

태종 6년 윤7월 21일에는 "원단圓壇·적전籍田·사직社稷·산천단山川壇·성황당城隍堂의 단장壇場과 난원欄園을 수리하게 하고, 인하여 수호守護하는 인정人丁을 차등 있게 주었다."고 하여 나라에서 각 지역의 오래되어 낡은 성황당을 수리하고 관리하도록 지원했음을 알 수 있다. 이후 성황당城隍堂을 짓는다는 핑계로 탐오한 관리들을 추핵한 사건을 기록하고 있고, 탐오한 수령을 추핵하기 위해 경상도와 전라도에 감찰을 보낸 사건이 있었다.

6. 그러나 조선 후기에 오면 성황당이 폐쇄되거나 민간신앙화 되어 점점 쇠퇴하게 된다. 그리고 성황당을 폐지하고 그 자리에 봉수를 설치하게 한다. 봉화산 봉수의 경우 그 시기를 정확히 알 수는 없지만 일반적인 성황당 폐지의 역사적 흐름에 따라 폐쇄되었다고 할 수 있다.

▶ <조선왕조실록>중종 26권 11년 10월 22일 (경오) '후손 없는 제후와 대부에게 제사하는 것과, 왕씨의 후손을 세워 제사하는 일을 논의하다'에 의하면,

"외방外方의 성황당城隍堂 및 모든 무당들 짓은 마땅히 일체 금단해야 합니다."는 논의들이 일어나고, '吾道' 즉 유교를 바로 세우기 위해서 도교, 불교와 더불어 성황당 제의 등을 배격해야 한다는 의논이 일어나게 된다. 그리고 성황당의 성황신을 '외방外方의 음사陰祀'로 규정하고 있다.

▶ <조선왕조실록>숙종 61권 44년 3월 27일 (병자) '역질疫疾이 치열하게 만연되었기 때문에 중신重臣을 보내어 경도京都의 산천山川과 성황당城皇堂에 제사지내게 하였다.'에서와 같이,

유학자들은 조정에서 성황당사城隍堂祠에 쌀을 내줌으로써 민속民俗의 폐단을 금할 수 없다는 지적을 하여 성황당 제사를 배격의 대상으로 여겼지만, 민간에서는 "성황신이 내려온다는 때에는 사족士族의 남녀까지도 모두 모여"들 정도로 그 영향력이 소멸되지 않은 채로 여전히 그 제당으로서의 기능을 유지하고 있었다.

7. '성황당봉수'는 성황당의 폐지와 더불어 세워졌으므로 자연히 성황당이 위치했던 산이 봉화를 올리는 烽燧臺로 변한 것이다. 봉화대가 있지만 제의가 단절된 지역에서는 그 봉수를 제당터로 인식하지 못한다. 다행히 우리 마산은 그 제의의 맥이 민간에 의해 유지되고 있다. 봉수가 폐지된 것은 고종 때 전국의 봉수 폐쇄령에 의한 것이다.

▶ <세종실록지리지>조선 太善 원년(1401)에는 봉화를 올리는 곳으로서의 성황당이 4곳이 있었음을 전하고 있다. 즉 경상도의 開寧縣, 昌原都護府, 榮川郡 및 평안도의 安州가 바로 그 예들이다. 창원도호부의 성황당봉수가 바로 그 중의 하나이다.

▶ <증보문헌비고>(1903~1908)에 의하면, "고종 31(1894)년에 八路의 봉수를 모두 폐지하였다."고 했다. 마산의 경우도 이 시기에 폐지된 봉수로 보인다. 현재 복원된 봉수는 지역민들의 애향심으로 이루어진 또 다른 지역사의 흔적이다.

8. 무학산으로부터 마을로 낮은 구릉의 형태로 돌출되어 있는 봉수터는 제의의 장소나 봉수를 올리기에 적합한 지형적 이점을 가지고 있는 곳이다.

▶ <신증동국여지승람> 창원도호부', '사묘祠廟'에 보면 '성황사가 창원도호부 북쪽 검산에 있다'고 하였다. 또 <昌原府邑誌>에는 '성황단이 창원도호부 북쪽에 있는 첨산에 있는데 관문에서 1리의 거리다'라고 하였다.

9. 지역문화는 그 지역민의 정신적 유대를 강화하고, 그 지역의 전통문화

는 지역민의 정체성을 확보하는 아주 중요한 문화적 자산이다. 따라서 우리 마산의 전통문화 중 그 근거가 분명하고 역사적 보존 가치가 있는 성황당봉수제를 다시 정의하고 이를 후손들에게 올바로 물려줄 의무가 우리에게는 있다.

현재 봉수대는 지역민들이 주변의 흩어진 돌들을 모아 이미 복원된 다른 지역의 봉수를 참고하여 복원한 것이다.

지역사의 자료가 되는 봉수를 재정비하여 민속자료로 지정하고, 교육자료로 활용할 수 있는 가치가 있다.

또한 지역수호신격에 대한 제사라는 본래의 의미를 살려 봉화문화제를 좀 더 확대하고 의미 있게 구성함으로써 마산문화의 자긍심을 높이는 계기가 되었으면 한다.

이를 계기로 실제 봉화를 올려 동쪽으로 웅천 고산과 북쪽으로 칠원 안곡산까지 서로 응하는 이벤트 같은 것도 실연해본다면 볼거리도 있고 역사체험도 되는 봉화축제가 될 수 있을 것이다. 그리고 근주역의 표지석을 세우고 조선시대 역참의 이동경로 같은 것을 그림으로 그려 꾸민다면 지리와 소통에 대한 교육자료가 될 수 있을 것이다.

• 해설

이 자료는 필자가 2006년 12월 마산 석전동 봉화산의 성황당봉수를 답사하던 중 만난 이일종 씨로부터 받은 것이다. 이일종 씨는 당시 65세로 마산시의원과 석전동새마을금고 이사장을 지낸 지역 유지였다. 현재까지 전해오는 봉화제는 매월 음력 8월 17일 석전동민의 마을축제다. 현재 봉화산 성황당봉수는 1360년 창원도호부성이 합성동으로 옮겨진 시기, 또는 왜구의 침입으로 환주산의 회원현성이 불타고 난 뒤 지어졌을 것으로 보인다. 성황신에 대한 제의는 19세기 어느 시점에서 단절된 것으로 보이며, 그것이 산왕대신山王大神이라는 무속신과 봉화제의 성황당신으로 이어진 것으로 보인다. 석전동민들은 조선시대 근주역이 있었던 때의 지명을 살려 향우회 이름을 근주향우회라 짓고 봉화제를 이어가고 있다.

마산합포구 석전1동의 봉화제

마산
오광대

최상수 채록 '마산오광대'

<第 一 五方神將舞 科場>

五方神將 다섯이 패랭이에다 虎鬚를 네 개씩 꽂아 쓰고, 긴 소매 달린 두루마기를 입고 나온다. 먼저 누런 服色을 입은 黃帝將軍이 舞臺 中央에

나와 서면, 그 다음은 푸른 服色을 입은 靑帝將軍이 東쪽에, 그 다음은 붉은 服色을 입은 赤帝將軍이 나와 南쪽에, 그 다음은 흰 服色을 입은 白帝將軍이 나와 西쪽에, 그 다음은 검은 服色을 입은 黑帝將軍이 나와 北쪽에 서면, 各各 네 神將이 中央의 黃帝將軍을 보고 고개를 숙여 절을 한 뒤, 打令 장단에 맞추어 한바탕 춤을 추고, 그 다음 굿거리장단에 맞추어 춤을 춘다.

<第 二 上佐·長老중 科場>

(앞의 五方神將이 마지막 춤을 추고 있을 때 上佐·長老중이 나오면 五方神將들은 退場한다.)

고깔을 쓰고 소매에 紅白 달린(或은 靑白) 두루마기를 입은 上佐가 앞에, 그 뒤에 송낙을 쓰고 長衫을 입고 袈裟를 두르고, 목에 念珠를 걸고, 팔목에는 環珠를 끼고, 허리에 붉은띠를 맨 老長중이 打令 장단에 맞추어 나와, 四方으로 돌아보면서 한바탕 춤(僧舞)을 추는데, 上佐와 중이 춤을 추면서 중타령을 한다.

(唱: 중타령)

“중 하나 나려온다. 중 하나 나려온다. 석가산 봄바람에 중 하나 나려온다. 長衫 소매를 펄럭이며, 거들거리고 나려온다. 흔들흔들 흐늘거리고 나려온다. 저 중의 거동 봐라. 瀟湘班竹 열 두 마디 쇠고리 채여 들러 걸고 철철 거리고 나려온다."

<第三 문둥이 科場>

문둥이 한 名이 平服을 입고 이마에 흰 手巾을 동여매고 한 다리를 걷어 올리고 왼 손에 북을 들고, 오른 손에는 북채를 쥐고 兩팔을 우구려 험상궂은 문둥이 탈을 가리고 打令 장단에 맞추어 登場한 뒤, 가렸던 팔을 떼고 수그렸던 얼굴을 들고는 한바탕 打令 장단에 맞추어 춤을 춘다.

<第四 兩班 科場>

청보兩班: (개털冠을 쓰고, 흰 두루마기를 입고, 지팡이를 짚고 나오는데, 打令 장단에 맞추어 우쭐거리는 춤을 추면서 나와 가지고는 지팡이를 잡고 뜬다. 그리고는 한 번 씩 左右로 넘어져서는 일어난다.)

次兩班: (程子冠을 쓰고, 灰色 두루마기를 입고, 打令 장단에 맞추어 우쭐거리는 춤을 추면서 나온다.)

紅白: (平服을 입고 두 손으로 얼굴을 가리고 춤을 추면서 한 가운데에 나와 가렸던 얼굴을 나타내고 춤을 춘다.)

눈멀이떼: (平服을 입고 춤을 추면서 나온다.)

턱까불: 平服을 입고 춤을 추면서 나온다.)

초란이: (平服을 입고 춤을 추면서 나온다.)

콩밭골손: (平服을 입고 춤을 추면서 나온다.)

말뚝이: (홑 패랭이를 쓰고, 반소매 靑服의 윗저고리와 靑바지를 입고, 한 쪽 다리를 걷어 올리고, 紅띠를 띠고, 손에는 채찍을 들고서 打令 장단에 맞추어 춤을 추면서 나온다.)

一同: (함께 어울리어 한바탕 춤을 추고 논다.)

청보兩班: (지팡이를 들고 내저으며) "쉬—"(춤과 音樂은 그친다.)

一同: (一列로 나란히 선다.)

청보兩班: "兩班의 자식이 先은 있고 後는 있고, 後는 있고 先은 있고."

一同: "양반의 자식이 先은 있고 後는 있고, 後는 있고 先은 있고."

청보兩班: "얘, 이놈 말뚝아—"

一同: (제각기 한 마디씩 부른다.) "얘, 말뚝아—"

(이렇게 청보 兩班과 一同이 세 번 反復한다.)

말뚝이: "예, 올소이다. 洞庭은 廣闊하고 千峰萬壑은 기림(그림)으로 기(그)려 있고, 水上浮雁은 池塘에 변듯, 楊柳千萬絲 繫留春光 자랑하고, 探花蜂蝶은 春風에 흐늘흐늘, 別有天地 非人間에 어디서 말뚝아, 불러 계시는가 저희는 몰라."

(채찍을 가지고 청보 兩班의 이마를 딱 때린다.)

청보兩班: "아이고 나무리(이마)야!"

一同: "아이고 오지라(싸다). 아이고 오지라. 아이고 오지라.(제각기 깡충 깡충 뛰면서)"

말뚝이: (나란히 서있는 一同 하나하나를 順次로 채찍을 들어 가리키면서) "이 兩班은 누고(구)시며, 이 兩班은 누고시오? 저 兩班은 누고시며, 저 兩班은 누고시오?

청보兩班: (次兩班을 가리키며) "이 兩班은 내 동생이다.

(紅白을 가리키며) 이 兩班은 한 쪽은 南陽 洪氏가 만들었고, 이 쪽은 水原 白書房이 만들었다.

(눈멀이떼를 가리키며) 이 兩班은 四月달에 난 때문에 눈멀이떼이다.

※말이 四月에 나면 눈이 먼다고 하는 俗說이 있다.

(턱까불을 가리키며) 이 兩班은 冬至 섣달에 낳기 때문에 추이를 타서 턱까불이다.

(초란이를 가리키며) 이 兩班은 山中에서 낳기 때문에 초란이다.

(콩밭골손을 가리키며) 이 兩班은 저거마니(제 어머니)를 데리고 콩밭골손에 가서 接觸하여 낳았더니 콩밭골손이다."

말뚝이: "예— 小人은 常놈이라 이놈 저놈 하거니와 小人의 根本을 들어보시오. 우리 六代, 七代, 八代, 九代, 十代祖는 勿論하고, 우리 五代祖께옵서는 時年이 二八이요, 古之韓信이요, 今之英雄이라. 謁聖及第 都壯元에 參議參判을 지냈으니 그 根本 어떠하며,"

청보兩班: "좋다 좋다. 그래서?"

말뚝이: "우리 四代祖께옵서는 八道 先輩 모도 빼여 三綱五倫 追榮 달고, 弘文館 大提學을 지냈으니 그 根本은 어떠하며, 우리 할아바시께옵서는 二十에 登科하여 正言으로 待敎하고, 左贊成, 右贊成, 左議政, 右議政을 다 지냈으니 그 根本은 어떠하오."

청보兩班: "좋다 좋다. 그래서?"

말뚝이: "우리 아버지께옵서는 五十에 反武하야 黑角궁, 羊角궁 둘러메고, 舞鶴舘 너른 땅에 땅재주 시키고, 七百 武士 우뚝 出身하야 左水營, 右水營, 南兵使, 北兵使, 五軍門 都大將을 지냈으니 그 根本이 어떠하며, 此所謂 일러기를 堯之子도 不肖하고, 舜之子도 不肖로다 하였으니 내 집 싸리門만(도) 못한 놈들에게 이놈 저놈 하는 소리 아니꼽(꼬)아 못 듣겠네."

(말뚝이가 채찍을 들어 청보 兩班이마를 탁 친다.)

청보兩班: "아이고 나무리(이마)야, 말뚝아 말뚝아, 이놈 말뚝아, 少年堂上 아기도령 左右를 벌려 서서 말 잡아 장구 매고, 소 잡아 북 매고, 개 잡아 小鼓 매고, 安城 맞치(맞춤) 갱수(꽹과리)치고, 雲峰 내기 징 치고, 술 빚고 떡치고, 鴻門宴 높은 잔치 項莊이 칼춤 출 제, 이 몸이 閑暇하야 石담에 빗겨 앉아 古今事를 곰곰이 생각하니 이 제애미를 붙고, 금각 대명[潭陽] 아홉 바우를 갈 놈들이 날이 떠떠무리하니 兩班의 철융 뒤에 일 없이 나와서 웅박 캥캥 하는 소리 잠 못 이루어 나왔더니, 이호이 나온지라 말뚝이나 불러 볼까? (樂士가 三拍子 장단을 치면 거기 맞추어) 말뚝아, 말뚝아, 말뚝아!"

말뚝이: (춤을 추며 썩 나서면서)

(唱) "황혼이 지여 다 기봉하니 적막강산에 근백년이라."

一同: (그러면 "차잔 찻잔" 하면서 打令 장단에 맞추어 함께 어울리어 춤을 추면서 한바탕 논다.)

청보兩班: (지팡이를 들고 내저으며) "쉬—"

(춤과 青樂은 그친다.) 이놈 말뚝아, 말뚝아, 말뚝아! 이 때는 어느 때냐, 春三月 好時로다. 夕陽은 재를 넘고 각馬 슬피 울 제 草堂에 앉은 兩班 공연히 恐動시켜 興도 나고 춤도 출 제, 紅桃 白桃 香氣 중에 주인이 누길련고? 英陽公主, 蘭陽公主, 朱彩鳳, 桂蟾月, 白菱波, 沈臯烟 온갖 春興 모도모도 모였난데 저희는 나를 보고 待接으로 인사하나 玉態花容 고운 態度 눈을 들어 상장에 가만히 살펴보니, 이내 신이 청청 일어난다."

次兩班: (그 말 듣고 청보 兩班을 보고 썩 나서며) "이런 제 애미를 붙고, 全羅 대명[潭陽]을 갈 兩班이 얽어도 장에 가고, 굶어도 떡 해 먹고, 노랑털에 붓쟁이 새이고, 통시 깨구리 보지 물고, 헌 두덕이 신이 몹시 꼴린다 하더니 허허 이상하다."

청보兩班: "이놈 말뚝아, 말뚝아! 그 말 저 말 다 버리고 科擧 날이 바빴으니 行裝을 차렸나냐? 못 차렸나냐?"

말뚝이: "예, 서방님, 生員님 모실랴고 馬板에 썩 들어가니 노生員님이 매이십디더(다)."

청보兩班: (次兩班을 보고) "여보 同生, 저 놈이 우리들 辱을 하니 분해 죽겠다. (말뚝이를 보고) 이놈 노生員이라니?"

말뚝이: "예 아니로소이다. 청노새란 말씀이요."

청보兩班: "그러면 그렇지, 청노새란 말이지."

말뚝이: "예 옳소이다. 청노새, 청노새."

一同: ("청노새 청노새" 하면서 打令 장단에 맞추어 한바탕 덧배기 춤을 추고 논다.)

말뚝이: (청보 兩班 앞에 썩 나서며) "예 옳소이다. 서방님, 生員님을 모실랴고 馬板에 썩 들어가서 西産 나기[나귀] 몰아내어 솔질을 살살, 가진 鞍裝 지을 적에 紅艶자개 珊瑚 皮籠 광금 피향금도 青紅絲 고은 구리 앞뒤 잡아 겹쳐 매고, 뒤로 잡아 느리치고 청천 달에 銀入 燈盞 虎皮 도듬을 새겼난데, 이라, 이 말 채질하야 일팔은 이죽개, 三淸洞, 社稷골, 五宮터, 六曹앞, 칠패, 팔패, 구리개, 십장(자)개[十字街] 鐘路 네거리로 썩 내리(려) 가니, 어여쁜 아이 녀석이 물상자를 받쳐 들고 외기를 '여보 이 兩班, 이것도 사고, 저것도 사고, 명지 당지 호금당 홍능지 뚝 떨어졌다. 갈밑집 빗집 찌아 안 사려' 歷歷히 내가 듣고 그 곳을 背反하고, 弘濟門, 舞鶴재를 넘어 弘濟院을 當到하니 一等 美色이 七寶丹粧 정히 左右로 버려 서서 酒肴가 狼籍키로 飢寒이 氣盡하야 不拘廉恥라 이 내 말뚝이 돈 두 푼 내어 술 한 잔을 사서 훌쩍 마시고 가만히 살펴보니 샌님 자친[慈親]신인가 싶읍디다."

청보兩班: (말뚝이를 보고) "이놈 말뚝아! 내 慈親신이라니?"

말뚝이: "예 아니로소이다. 色酒家란 말씀이요."

청보兩班: "그러면 그렇지."

一同: ("色酒家 色酒家" 하고 굿거리장단에 맞추어 덧배기 춤을 추면서 한바탕 논다.)

청보兩班: (지팡이를 들고 내저으며) "쉬—" (음악과 춤은 그친다.)

말뚝이: "그 곳을 背反하고 한 곳을 넘즛 바라보니 고이 수상은 備人間之五福이요, 周公 패월은 應天上之三光이라. 검은 黑板에 黃金大字로 뚜렷이 새겼시(으)되, 萬病回春이라 새긴 것을 仔細히 살펴보니 藥藏이 놓였시(으)되, 藥名이 뭐라고 하니 이렇든가 보더라.

(唱 : 중모리 장단)

人蔘, 甘草, 陳皮, 厚朴, 白朮, 蒼朮, 栢子藥, 乾材藥, 고령, 乾薑, 대木皮, 羌活, 獨活, 枳實, 五味子, 當歸, 牛蓮, 葛根冬, 車煎子, 烏茱萸, 死藥이라 한 것을 歷歷히 내가 보고 그곳을 背反하고, 또 한 곳을 바라보니, 난데 없난 風流聲이 風便에 들리거늘, 仔細히 살펴보니 이난 神仙堂이라. 天衣童子 앉아 글을 읽거늘 이내 말뚝이 求景하고 그 곳을 背反하고, 우리 生員님을 찾일(을)려고 上湯에 머리 감고, 中湯에 沐浴하고, 下湯에 손발 씻고, 七日 齋戒 정히 하고, 八道江山을 遊覽할 제 京畿道 들어서서 左右 山川을 바라보니, 三角山이 主山이요, 往十里 左靑龍 되고, 萬里峴 白虎로다. 大山大河에 천보金城이요, 명궁양신이 추호만당이라. 그 곳을 背反하고, 江原道를 들어가서 金剛山을 求景하고, 咸景道를 들어가서 白頭山을 求景하고, 黃海道를 들어가서 九月山을 求景하고, 平安道를 들어가서 練光亭, 乙密臺, 大同江을 求景하고, 忠淸道 내려와서 鷄龍山을 求景하고, 全羅道를 들어가서 智異山을 求景하고, 慶尙道를 내려와서 太白山, 矗石樓, 岳陽樓, 嶺南樓를 求景하고, 아무리 생각을 하야도 生員님을 찾을 수가 없어서 곰곰이 앉아 생각하니, 난데 없난 風流聲이 風便에 들리거늘, 우리 生員님이 身病이 있는 연고로 해서 나 여기 나와서 보니 판중에 노난 것을 보니, 우리 生員님이 이미 分明히거나, 이내 말뚝이도 한분(번)놀고 갈까?"

一同: (함께 어울리어 굿거리장단에 맞추어 한바탕 춤을 추고 논다.)

<第五 영노 科場>

兩班: "이놈, 네가 무엇이냐?"

영노: "내가 영노다."

兩班: "네가 영노면 어데 사느냐?"

영노: "내가 대국에 산다."

兩班: "니(네)가 대국 살면 여기 무엇 하러 나왔느냐?"

영노: "내가 대국서 兩班을 아흔아홉을 잡아먹고 朝鮮에 兩班이 하나 있단 말을 듣고 잡아묵(먹)으러 나왔다."

兩班: "허허, 내가 兩班이 아니다."

영노: "兩班 아니고 常놈이면 더욱 좋다."

兩班: "허허, 이놈 보소. 내가 그러면 쇠다."

영노: "쇠도 좋다."

兩班: "내가 염소다."

영노: "염소도 좋다. 더 좋다."

兩班: "내가 개다."

영노: "개면 맛있고 더 좋다."

兩班: "내가 돼지다."

영노: "돼지면 더 좋다."

兩班: "내가 뱀이다."

영노: "뱀도 좋다."

兩班: "내가 구렁이다."

영노 : "구렁이도 좋다."

兩班: "이놈아, 뱀이나 구렁이나, 예끼 더러운 놈, 내가 소매(소똥)다."

영노: "좋다."

兩班: "내가 오줌이다."

영노: "좋다."

兩班: "예끼 더러운 놈, 똥이나 오줌이나 닥치는 대로 좋다 하니 어찌 하면 免할까? 내가 이제 海産物로 들어가 보아야겠다. 내가 그러면 삿치다."

영노: "삿치도 좋다."

兩班: "내가 칼치다."

영노: "칼치도 좋다."

兩班: "내가 멜치다."

영노: "멜치도 좋다."

兩班: "내가 삼치다."

영노: "삼치도 좋다."

兩班: "내가 헌치다."

영노: "헌치도 좋다."

兩班: "내가 꽁치다."

영노: "꽁치도 좋다."

兩班: (기가 막혀 어떻게 하면 免할까 窮理를 하다가) "내가 너 할아비다."

영노: "세상에 어찌하여 할아비를 잡아 묵(먹)겠느냐?"

兩班: (그러자 그제야 한숨을 내쉬고) "내가 진작 이런 말을 하였으면 욕을 덜 볼 것을" (하고, 부채를 들고 흔들어서 영노를 못 오게 한다.)

영노: (그러자 꼬챙이를 가지고 兩班을 보고 흔들면서 대어 들어 兩班의 부채를 겁탈하려 한다.) 서로 싸운다.

兩班: 이 부채를 안 뺏기려고 사타구니에 놓는다.

영노: 뒤에서 뺏어 간다. (부채를 뺏을 때 단모리 장단을 친다.)

兩班: (이 때에 엎어진다. 그리하여 "휴— 휴—" 하고 숨을 쉬면서 일어나 부채를 찾으니 부채가 없으므로 주머니 속에 넣은 단수[占卦]를 내어 점을 치니, (이 때 세마치장단이 들어감.) 저 쪽(영노 있는 쪽)에 있다는 占卦가 나오므로 그 곳으로 살그머니 가서 살펴보니, 부채가 놓여 있으므로 영노가 보는가 안 보는가 하여 눈을 힐끔힐끔 쳐다보면서 영노가 곁눈을 팔 때에 부채를 집으려고 한다.)

영노: (이 때에 달려 와서 집으려고 하는 兩班의 손을 차버린다.)

兩班: (그 통에 손가락을 다쳤으므로 주머니에서 침을 내어 침을 주어서 손가락을 고치고(형용을 한다.), 그런 다음에 또 그 부채를 가지고자 前과 같이 하여 부채 있는 가까이 가서 이번에는 발로 부채를 끌어 온다.)

영노: (그 때에 와서 兩班의 발을 차버린다.)

兩班: (그 통에 이번에는 발가락을 다쳤으므로 또 침을 내어 침을 주어서 발가락을 고치고(형용을 한다.), 그런 다음 그 부채 있는 곳을 영노가 보는가 안 보는가를 눈으로 힐끔힐끔 보다가 영노가 저 멀리가 있는 틈을 타서 (그 때 영노는 "비비" 소리를 내면서 四方을 돌아다닌다. 살그머니 기어가서 부채를 집어 가지고는 좋아서 부채를 펴들고,)

"허허 아이고, 이 사람들, 이제 내 扇子를 찾았다. 이 사람들아, 오늘 내가 場에 나왔다가 저 놈을 만나 죽을 辱을 當했네. 이미 내가 나온 짐(김)에 短歌나 한바탕 하겠다."

(이 때에 영노 퇴장)

(唱 : 短歌)

"竹杖 짚고 芒鞋 신고 千里江山을 들어가니, 瀑布도 좋다마는 廬山 景致가 이 아니냐? 飛流直下 三千尺은 옛말로 들었더니, 果然 여기 와서 보니 虛言이 아니로다. 이곳을 背反하고, 箕山을 넘어들어 潁水로 當到하니 巢父는 어이하여 팔을 걷고 귀를 씻고, 許由난 어이하야 소곱비를 거사렸노. 滄浪歌 반겨 듣고 소리 좇아 내려가니, 嚴陵灘 여울물에 고기 낚는 漁翁들이 羊衣 갓옷 떨떠리고 벗을 줄을 모르더라. 嗚呼라 世人이 棄君平하니 美哉라 君平 亦棄世라. 黃谷山을 돌아드니 竹林七賢이 모였는데 寧戚은 소를 타고 孟浩然은 나귀를 타고 牡牧之 본 연후에 白樂天을 찾아가니 呂洞賓은 사슴 타고 張騫은 乘槎로다. 孟東野 너른 들로 臥龍崗 내려가니 鶴氅衣의 革帶 띠고 八陣圖 縮地法과 孫吳兵書 胸藏萬甲하야 두고, 草堂을 조을며 大夢詩만 읊네그려. 物外俠逕 다 바리고 坦坦正路 다시 찾아 汶水에 배를 타고 伊川으로 흘리저어 明道에게 길을 물어 廉溪로 나려(내려)가서 晦菴에 들어가니 性理大典 家禮册을 左右에 버려 놓고 四書三經 禮記春秋集註를 내시니 豪僯之風이요, 聖賢六學이로다. 古來天地 幾千年고, 金聲玉振 여기로다. 江山風景 每樣보니 風月이나 하여 보자. 吟詠緩步 夕陽天에 村廬로 돌아오니 淸風은 徐來하고 明月은 滿庭이라. 江山風景이 이러하니 禁止하리 뉘 있으리. 어화 벗님네야 貧賤을 恨치 마라."

※ 이 短歌는 반드시 하는 것은 아니다.

<第六 할미·영감 科場>

큰 머리를 틀어 얹은 할미가 자주色동 소매를 한 누런색동저고리에다 흰 몽당치마를 내려 입고 허리가 드러나게 하고, 뒤 치마는 걷어 올려서 피 묻은 月經띠가 나오도록 하여 세마치장단에 맞추어 "영감, 영감, 우리 영감" 소리를 하면서 나오는데, 손에는 긴 장대를 들고(그 대 꼭대기에는 댓잎사귀를 꽂고 방울을 달았다.) 三絃廳 있는 데로 와서 樂士를(마을사람들을 뜻함.) 보고,

할미: "여기 영감 한 분 안 지나갑디까?"

마을사람: "생기기를 어떻게 생겼소?"

할미: "잘 생겼지요. 얼굴은 질(길)죽하고, 코가 크며 美男子로 생겼지요."

마을사람: "그러면 그런 영감 이리 지나갔소."

할미: "아이고, 그러면 우리 영감이 어디를 갔는지 굿이나 한분(번) 해봐야 겠다. (손에 쥔 대를 흔들어 방울 소리를 내면서)"

(唱) "이거리 중천 리 거리야 거리야.
이도 거리, 저도 거리, 삼도 네 거리야.
우리 영감을 찾일랴고 나는 갑네."

(하고는 영감을 찾아 가다가(舞臺를 돌아다니며) "영감, 영감, 우리 영감" 소리를 하고는 앉아서 미영질을 한다. 손을 가지고 形容을 三·四次 한다.) 그리고 나서 오줌을 누러 가는데 치마 아랫도리를 거져(걷어) 올려서 피 묻은 月經띠가 다 보이게 하고, 엉거주춤 하면서 오줌 방울을 떨어뜨리는 形容을 三·四次 한다. 그렇게 한 뒤에는 "山神祭를 올려야 한다." 하고는 祭를 올리는데, 촛불을 켜놓고, 사발에다 물을 떠놓고는 祝願을 한다.

(祝願)

"山神 제왕님네, 우리 영감을 만나게 해줍시샤."

영감: (개털관을 쓰고 흰 두루막을 입은 영감이 登場. 三絃廳 樂士 앞에 와서 樂士(마을사람들을 뜻함.)를 보고) "여보게, 여기에 웬 할맘(멈) 하나 지나가지 않던가?"

마을사람: "생기기를 어떻게 생겼소?"

영감: "잘 났지요. 얼굴이 포루쪽쪽하고, 연지 찍고, 분 바르고, 색골로 생겼지요."

마을사람: "그러면 그런 분 이리 지나갔소."

(이 동안에 할미는 山神祭를 다 지내고 딴 데 가서 영감을 찾고 있다.)

할미: (唱) "영감, 영감, 우리 영감—"

영감: (唱) "할맘, 할맘, 우리 할맘—"

(이렇게 서로 三·四次 반복을 하면서 서로가 돌아다닌다. 그러다가 서로 兩쪽에 갈라서서 할미와 영감이 서로 자기 이마에다 손을 대고 뭐가 보이는 듯이 쳐다보면서)

할미: (唱) "영감, 영감—"

(영감이 할미 소리를 듣고)

영감: (唱) "할맘, 할맘—"

(할멈이 영감 소리를 듣고)

(이렇게 서로 三·四次 반복을 하면서 점점 서로 거리가 가까워진다.)

할미: (唱) "영감, 영감, 우리 영감—"

영감: (唱) "할맘, 할맘, 우리 할맘—"

(하고 둘이 만나 서로 부둥켜 얼싸안고 좋아하면서 춤을 춘다.)

영감: "내가 할맘을 찾일(을)랴고 朝鮮 八道를 다 댄겼(다녔)고, 사립 사립이 개 지키고, 面面 村村이 坊坊 谷谷이, 얼개빗 틈틈이, 챔(참)빗 골골이 찾다가 오늘 이 자리에서 만났구나!"

할미: "내가 영감을 찾일랴고 朝鮮 八道를 다 댄겼고, 사립 사립이 개 지키고, 面面 村村이 坊坊 谷谷이, 얼개빗 틈틈이, 챔빗 골골이 찾다가 오늘 이 자리에서 만났구나! 그런데 영감, 좋은 青紗道袍 입성에 주란 당줄 대모 貫子 금옥 탕창을 입혀서 놓았더니 어데 가서 다 팔아 묵(먹)고, 개가죽 두루망태를 쓰고 다니느냐?"

영감: "그도 내 福. 너는 복도다래 석자 지장(길이) 비단 옷을 입혔더니, 어데 가서 다 팔아 묵고 이 모양이 되었느냐? 그도 니(네) 福. 그런데 할맘, 내가 할맘을 찾일랴고 仁川을 들어갔더니 거기서 제물집을 하나 얻었다. 一等 美色이지."

할미: "그래서 어디 그 美色을 좀 보자."

(이 때 영감이 작은 마누라 제물집을 불러낸다.)

영감: "仁川 제물집!"

(인천 제물집이 登場한다. 제물집은 쪽진 머리에 분홍저고리 옥색 치마를 입는다.)

할미: (제물집을 한참 보고 나서) "아이고 이 사람들아, 이 人物이 내 人物과 같나? 내 人物보다 못났지 내가 잘났지?"

영감: "여보게 할맘, 仁川 제물집이 아이를 뱄다. 이 달이 順産 달이다."

제물집: "아이구 배야, 아이구 배야."

(하면서 아이를 낳기 시작한다. 아기 울음소리가 난다.(아기는 貴童子로 생겼다.))

영감: (좋아서 아기를 부둥켜안고 어른다.)

(唱)

"둥둥 내 아들, 딸이라도 뭣할 텐데, 깨묵 불 우(위)에 고추를 찼으니 어찌 아니 좋을 소냐? 얼씨구 절씨구 子息아!"

할미: (샘을 보아 영감이 딴 데를 보고 있을 동안에 아이를 짓밟아 버린다.)

— 아이는 죽음 —

영감: (이것을 보고) "이 년이 이 아이를 직(죽)였다."

(하면서 몽둥이를 들고 할멈을 때리니, 할멈이 죽는다.)

(제물집·영감 퇴장한다.)

喪主들: (屈巾을 쓰고 대지팡이를 짚고 五名이 "아이고 아이고 울 어매(어머니)가 죽었다."고 哭소리를 하면서 登場한다.)

큰喪主: "殺人者는 死다. 죽었으면 그 뿐이지 初喪이나 치자."

喪主들: (五名이 屍體를 메고, 喪徒軍소리를 하면서 나간다.)

(唱 : 喪徒軍소리)

"觀世音菩薩,

"너허 넘차, 너허 넘차. 어이 가리 넘차 어화야.

北邙山川이 머다더디(멀다더니) 건너 앞山이 北邙이로구나!

너허 넘차, 너허 넘차. 어이 가리 넘차 어화야.

남문을 열고 바레(바라)를 치니 鷄鳴山川이 밝아온다.

너허 넘차, 너허 넘차. 어이 가리 넘차 어화야."

<第七獅子舞科場>

먼저 담비가 打令장단에 맞추어 춤을 추면서 나오고, 이어 獅子가 打令장단에 맞추어 고갯짓을 하고 꽁지도 치면서 나와 舞臺 한 가운데에 身長과 목을 움츠리어 앉는다.(눕는다.) 잠시 그렇게 한 뒤에 이슬털이를 하면서 벌떡 일어나 고갯짓과 꼬리 짓을 하면서 노는데, 이때에 담비가 獅子左右로 돌아다니면서 약을 올리자 獅子가 機會를 엿보다가 마침내 담비를 잡아먹고는 역시 打令 장단에 맞추어 춤을 추면서 한바탕 논다.

• 해설

오광대에 대한 소개는 송석하의 '오광대소고'를 시작으로 정인섭의 '진주오광대 탈놀음 극본' 일부와 최상수의 '오광대·야류 가면극 해제'

및 '진주·동래 가면극본', '진주오광대 가면극', '고성오광대 가면극 해제' 및 '고성가면극 극본', '통영오광대 가면극 해제' 및 '통영오광대 가면극본' 등이 발표되었다. 그러나 이들은 대사 소개 내지 간략한 해설에 지나지 않았다.

최상수는 1935년부터 27년간의 현지조사를 정리하여 1963년 <경남도지>에 '야류·오광대 가면극'을 발표하였다. 이때 '마산(창원)오광대 가면극 극본'이 발표됨으로써 마산오광대의 실체를 알 수 있게 되었다. 여기에는 마산오광대의 과장 명칭, 등장인물에 대한 해설이 있다. 또 오광대의 각 지방 전파경로를 세 가지 경우로 해석했다. 첫째는 초계 밤마을에 각 지방에서 모여든 장사꾼들이 왕래하다가 이곳의 탈놀음을 배워서 각자의 고향으로 가서 퍼뜨린 것이고, 둘째는 초계대광대 일단이 각 지방에 순회공연을 했을 때 그 지방 사람들이 보고 이것을 본받아 배워서 시작한 것이며, 셋째는 인접 고을에서 하는 것을 보고 자기네 고을에서도 이를 본받아 한 것이 그 하나라고 하였다. 이는 오광대와 야류가 지역적 상호 영향관계 속에서 형성되었음을 의미한다.

과장별 사진은 선유풍물연구소의 마산오광대 공연 장면이다.

최치원

최치원 전설

금돼지가 낳고 학이 키운 최고운

『한국구비문학대계』 8-11, 경남 의령군 정곡면 설화

고운 선생은 생장지가 마산 돝섬이다. 최치원의 아버지가 창원부사로 왔는데 그 어머니가 아주 예뻤다. 밤마다 금돼지가 와서 유혹해 갔다. 부인이 명주실을 몸에 묶어 금돼지 있는 곳을 찾게 했다. 군인을 풀어 금돼지를 잡았으나 부인이 임신한 것이 부끄러워 애를 돝섬에 내다버렸다. 그랬더니 학이 품어 아이를 기르고 말을 가르쳤다.

최고운의 탄생

『한국구비문학대계』 8-9, 경남 김해군 녹산면 설화

최고운이 돼지자식이라는 전설이 있는데, 우리나라 전라도, 경상도 부산, 칠원 고리도 앞, 고성·칠원 앞, 마산 앞바다 돝섬이 다 최고운이 난 곳이라 한다. 마산이 창원군이었는데, 부사가 부임만 하면 삼일 만에 반드시 부인을 잃어버렸다. 아무도 부임할 사람이 없었는데 최고운의 아버지가 자원을 해왔다. 부인이 현명해서 명주실 꾸리를 들고 잤다. 부인이 사라진 후에 부사가 찾아가니 섬에 큰 바위 틈으로 들어갔다. 금돼지가 부인을 데리고 있는데, 부인은 남편이 찾아온 줄을 알고 금돼지가 제일 무서워하는 것이 사슴가죽인 것을 알아가지고 돼지가 잠든 사이에 코에 붙여 죽였다. 나와서 이후에 최고운이 태어났다.

최고운 일화

『한국구비문학대계』 8-4, 경남 진양군 대곡면

최고운은 금돼지 소생이다. 최고운의 어머니가 미인이었는데 금돼지가 잡아가서 마누라로 삼았다. 실을 매 놓았다가 찾아가서 최고운의 아버지가 노루껍데기를 금돼지 코에 대서 죽게 했다. 그렇게 구해왔는데 와서 최고운을 낳았다. 부끄러워서 고성 어디 물가에다 버렸다. 밤이 되면 학이 덮어주고 해서 대인이 되었다.

최고운의 화살 시합

최운식, 『함께 떠나는 이야기 여행』(민속원, 2001)

신라 말에 고운 최치원 선생이 돝섬에 살았는데, 고운 선생은 무술훈련을 하면서 애마에게 화살보다 빠르지 않으면 목을 베겠다고 하였다. 고운 선생이 활을 쏘고 달려가 보니 화살이 없었다. 화가 난 고운 선생은 말이 화살보다 늦은 것이라고 생각하여 말의 목을 베었다. 그런데 말의 목이 땅에 떨어지는 순간에 화살이 날아왔다.

• 해설

최치원 전설에서 최치원은 돼지의 자식으로 신비로운 출생을 했으며 돝섬과 월영대는 최치원의 탄생지로 말해지고 있다. '최치원의 화살 시합'은 명마와 활쏘기 시합을 하는 영웅이야기의 전형이다. 이른바 치마대 전설, 말 무덤 전설 등으로 전하는 광포전설에 최치원을 등장시킨 것이다. 최치원은 명마를 가지고 있고 말보다 빠른 활쏘기 능력을 가진 영웅이다. 그러나 섣부른 판단으로 자신의 명마를 죽이고 만다는 이야기다. 문장가인 최치원이 무술능력을 지닌 인물로 이야기된다는 점에서 최치원의 영웅화의 한 편으로 이해할 수 있다.

〈최고운전〉의 돝섬과 월영대

그 틈을 따라 들어가니 그 안의 땅은 넓고 기름졌으며, 꽃과 나무가 빽빽하고 기이한 새들이 꽃나무 가지에 가득 늘어앉아 있었다. 이에 충이 탄식하며 이적을 돌아보고 말했다. "세상에 어찌 이 같은 땅이 있겠느냐? 이는 필시 신선의 땅일 것이다."

마침내 동쪽으로 행하여 50보쯤 되는 곳에 이르니, 한 채의 큰 집이 있는데 매우 장대하고 아름다워 마치 하늘나라 궁전과 같았다.

금돼지가 말하길, "이곳에 사는 사람은 죽는 법이 없소. 바라건대 슬퍼하지 마시오."

그는 사람 수백 명을 거느리고 해구海口로 가서 아이를 위해 해도海島에 누대樓臺를 지었다. 충이 그 아이를 불러 이 누대의 이름을 짓도록 하니, 아이는 대의 이름을 월영대月影臺라 하고 누를 이름하여 망경루望景樓라 하였다. 이에 최충이 자신의 허물을 자책하며 말하길, "나 또한 너에게 부끄럽다." 하고, 쇠지팡이鐵杖 하나를 그 아이에게 주고 돌아왔다.

5일이 지나자 선비 수천 명이 하늘에서 내려와 그 대 위에 모여 각각 자신들이 배운 것을 모두 아이에게 가르쳐주었다. 아이는 이로 말미암아 문리文理를 크게 깨우쳐 마침내 문장文章을 이룩하게 되었다. 아이는 항상 쇠지팡이로 천자문을 대 밑에 있는 모래 바닥에 썼는데, 길이가 3척이나 되던 쇠막대가 닳아서 거의 반척半尺 밖에 남지 않았다. 그 아이의 사람됨이 청결淸潔하였으며, 시부詩賦를 읊조릴 때마다 모두 운율이 딱 들어맞아 그 소리를 듣는 자들은 칭찬하지 않음이 없었다.

중원 황제가 뒤뜰에 나와 노니는데 멀리서 시 읊는 소리가 들려왔다……"신라 유생의 시 읊는 소리입니다."….황제는 재사才士를 보내어 신라 문사文士와 더불어 서로 재예才藝를 겨뤄보고 싶었다. 그리하여 천하의 학사 중에서 탁월한 자 두 사람을 뽑아 보내었다.

이에 학사들이 바다를 건너 월영대 아래에 이르러 그 아이에게 물었다. "너는 무엇하는 아이냐?" 아이가 말하기를, "저는 신라 승상 나업羅業의 창두蒼頭입니다." "나이 아직 7세에도 이르지 못한 아이의 재능이 이와 같으니, 그리하니 우리가 비록 신라에 들어간들 어찌 능히 대적하여 재예를 겨룰 수 있겠는가? 이대로 돌아가는 것이 더 낫겠다."

• 해설

위 내용은 <최고운전>에서 돌섬과 월영대가 등장하는 부분이다. <최고운전>은 최치원의 일생을 다룬 고소설이다. 현재까지 알려진 이본은 한문필사본 17종, 국문필사본 16종, 한문판각본 2종, 국문활자본 4종 등이 있다. 소설에서 최치원의 일생은 역사적 사실에 따른 것이 아니라 고대신화의 영웅의 상을 따라 형상된다. 주인공의 일생은 '영웅의 일생'의 서사구조 속에 놓여있다. 주인공의 고귀한 혈통은 최치원의 출생이 금돼지의 아들이라는 것으로 드러난다. 금돼지가 있는 두척산의 바위굴은 신성한 공간으로 설정되어 있으며, 돼지와 사람의 결합은 주인공의 비정상적 출생을 드러낸다. 주인공의 탁월한 능력은 천하문장과 석함 속의 비밀을 푸는 능력 등으로 증명된다.

신화 주인공의 어려서 고난은 최치원에 있어서 돼지의 자식이라고 부친에게 버림받는 것으로 나타난다. 조력자를 만나 위기를 벗어나는

1920년대의 월영대 모습 _ 대석과 유허비

것은 버려진 아기를 봉황이 안아 기르고 하늘에서 천녀가 내려와 젖을 먹여 기르는 것, 하늘의 유선들이 내려와 글을 가르치는 것, 중국으로 가는 길의 노구가 주는 도움으로 표현된다. 중국에서의 문장겨루기는 주인공이 자라서 다시 위기를 맞은 것이고, 고난을 극복하고 승리자가 된 모습은 동국문종의 자리를 차지한 것, 신선이 되거나 주인공이 신격화된 여러 표지들로 나타난다.

돝섬 기우제의 유래

돝섬은 마산 앞바다에 떠 있는 조그마한 섬으로, 월영도라 부르기도 한다. 옛날 김해 가락왕의 총애를 받던 미희가 있었는데, 어느 날 밤에 홀연 그 흔적이 없어졌다. 왕은 낙담고심한 끝에 사람을 사방에 파견하여 상금을 걸고 수색을 벌였는데, 우연히 바다에서 고기잡이 하던 어부가 골포 앞 바다의 조그마한 섬에서 세상에 둘도 없는 절색미녀를 봤노라 하기에 왕에게 보고하였다.

왕은 급히 특사를 파견하였더니 과연 그 섬에 미희가 배회하고 있음을 보고 환궁還宮하기를 재촉했으나 미희는 홀연 금빛의 돼지로 화하더니 큰 울음소리와 동시에 먹구름이 충천衝天하는 가운데 두척산 상봉의 큰 바위틈으로 사라져버렸다. 특사는 급히 왕에게 그 경위를 보고했다.

왕은 의심이 덜컥 났다. 당시 백성들 가운데 간데 온데 없이 없어지는 예가 자주 일어났는데, 밤마다 금돼지가 나타나서 사람을 잡아 가

되 특히 어린 계집아이나 젊은 부녀자를 좋아한다는 풍설이 퍼져서 왕의 귀에까지 들린 터였다. 왕은 느낀 바 있어 군병을 동원하여 두척산의 바위를 포위했다. 활과 창을 비껴들고 일제히 산이 진동하는 고함을 지르며 포위망을 압축, 바위에 육박해가자 홀연 바위 위에 요염한 미희가 나타났다. 군병들은 환궁할 것을 청하자 순간 미희는 늙은 금돼지로 변해 날카로운 이빨로 군병에게 달려들 기세라 군병들은 활·창·칼·돌로써 금돼지를 내리쳤다.

드디어 금돼지가 바위 밑으로 굴러 떨어지자 한 줄기 요운妖雲이 아지랑이같이 그 섬으로 뻗어 사라지고 말았다. 바위틈 굴 안에는 인골人骨이 수북 쌓여 있어 보는 사람으로 하여금 모골을 떨게 했다. 그 후 그 섬 근방에는 밤마다 돼지 우는 소리와 함께 괴이한 광채가 일기 시작했다.

신라 거유 崔致遠이 골포의 산수를 즐기려고 월영대에 향학을 설치하고 기뻐하던 무렵, 어느 초승달 밤에 이 괴이한 현상을 보고 그 섬을 향해 활을 쏘았더니 괴이한 광채는 별안간 두 갈래 길로 갈라져 사라지고 말았다. 이튿날 고운이 그 섬에 건너가 화살이 꽂힌 곳에 제를 올린 뒤로는 이러한 현상은 없어졌다 한다. 이 섬이 바로 돝섬인 것이며 고운선생이 제를 올린 곳에서 기우제를 지내면 영험이 있다 하여 후세에 오랫동안 그 풍습이 이어졌다 한다.

• 해설

이 설화는 김형윤의 『마산야화』(태화출판사, 1973)에 전한다. 『마산야화』는 마산의 역사와 풍물, 사건 등을 기사형식으로 쓴 것으로 돝섬에 대해 이 지역에 전해오는 전설을 채록하여 적은 것이다. 이 설화는 여인을 납치해가는 지하굴의 금돼지를 퇴치한 이야기와 금돼지가 죽고 나서 생긴 요운을 쏘아 사라지게 한 최치원의 능력에 대한 두 개의 삽화로 구성되어 있다. 전반부의 삽화는 소설 <최고운전>에서 주인공의 신성한 탄생을 말하는 '금돼지의 자식 최치원' 모티프와 동일하다. 후반부 삽화는 돌섬기우제의 유래를 설명하는 신앙적 전설이다. 이들이 하나의 설화 속에서 공존할 수 있는 것은 최치원의 신성에 대한 인식이 있기 때문에 가능한 것이다. <구비문학대계>에 보고된 최치원 설화들도 문장가 최치원을 신화적 인물로 해석한 설화구연자들의 인식을 보여주는 것이다.

샘, 신신바위, 석불,
새로 조성된 월인각

돝섬 기우제

부내 각 집에 황토를 뿌리고 금줄을 두른 항아리를 엎어서 끈을 꼬았다. 마산만 내 돝섬에서 용왕신께 빈다. 제물은 생돼지를 사용하고 밤중에 부민중에 선발된 제관 1명이 기우한다. 제물은 전부 바다에 버린다. 요즘은 관민이 모두 제일 높은 산에 올라 단지 불을 놓는 것으로, 주로 용신을 제사한다.

• 해설

이 자료는 1938년 무라야마 지준의 조선총독부 조사보고서, 『조선의 향토신사 제2부: 석전·기우·안택』에 실린 것이다. 돝섬이 마산의 기우제장으로 실질적인 기능을 하던 때의 상황을 알 수 있다. 그리고 기우제의 형식과 제물, 기우제의 변화과정을 기록했다는 점에서 중요한 민속적 기록이다. 1980년까지 돝섬에는 주민들이 살았다. 주민들의 기도처인 신신바위가 있었고 그 앞의 샘물은 섬 주민들의 유일한 식수원이었다. 그곳에 석불이 세워져 지금까지 보존되고 있다. 최근 2014창원조각비엔날레 때 월인각이라는 보호각을 세웠다. 돝섬이 묘를 쓰지 못하는 신성한 공간으로 인식된 것, 식수원이 있던 자리에 신신바위라는 기도처가 있었던 것, 그곳에 석불이 안치된 것 등으로 미루어 보아 이곳이 돝섬기우제의 제장으로 추정된다.